세상을 바꾸는 표준

저자소개

정병기

약력

서울대 정치학과 졸업
베를린 자유대학교 정치학 박사
영남대 정치외교학과 부교수(현)

대표 저서 및 논문

『미래 사회와 표준』(공저, 한국표준협회, 2013).

『기초 자료로 본 독일 통일 20년』(공저, 서울대학교출판문화원, 2011).

『상상력에 권력을』: 1968혁명의 평가』(역, 메이데이, 2008).

『미국 사회과학의 기원』 전 2권 (공역, 나남, 2008).

"동서독의 표준화 체계와 표준 통일 과정: 남북한 표준 협력에 대한 함의," 『한국정치연구』 제22집 1호(공저, 2013).

"사회적 책임(SR) 국제표준이 노동계에 미치는 영향 및 한국 노동조합의 인식과 대응," 『산업노동연구』 제18권 1호(2012).

"공적 표준화의 이해갈등구조와 코포라티즘적 갈등조정," 『국가전략』 제16권 3호(세종연구소, 2010).

세상을 바꾸는 표준

초판 발행 2015년 1월 20일
지은이 정병기 **펴낸이** 노석균 **펴낸곳** 영남대학교출판부

출판등록 1975년 9월 5일 경산 제16-1호
주소 경북 경산시 대동 214-1 **전화** 053) 810-1801~3 **FAX** 053) 810-4722
홈페이지 book.yu.ac.kr

정가 17,000원 **ISBN** 978-89-7581-501-0 93320
※잘못 만들어진 책은 바꾸어 드립니다.

이 도서의 국립중앙도서관 출판예정도서목록(CIP)은 서지정보유통지원시스템 홈페이지(http://seoji.nl.go.kr)와 국가자료공동목록시스템(http://www.nl.go.kr/kolisnet)에서 이용하실 수 있습니다. (CIP제어번호 : CIP2015000477)

세상을 바꾸는 표준

정 병 기 지음

영남대학교출판부

책을 내며

세상은 하루가 다르게 변하고 있습니다. 자고 나면 또 어떤 변화가 기다리고 있을지 확신할 수 없을 정도입니다. 그 변화에는 개인과 조직의 행위가 작동하고 이들 간의 관계로 형성되는 구조적 요인이 작용하고 있습니다. 또 거꾸로 이 변화로 인해 개인과 조직 및 구조가 영향을 받기도 합니다. 이러한 변화들을 표현하고 더 나은 새로운 방향을 제시하는 기준과 규칙이 무엇일까 하는 고민을 오래도록 해왔습니다. 그 단초를 표준에서 찾을 수 있었습니다. 이 책은 그 단초를 기술하고 학술적 논의로 발전시키고자 시도했습니다.

우선 표준의 종류와 기능 및 효과를 설명하고 표준 제정 원리를 기술한 후 표준의 새로운 분류와 이를 바탕으로 표준화 갈등 조정 방식을 제안했습니다. 또한 표준을 통해 역사를 재구성하는 도전을 감행하고, 표준을 권력 현상의 하나로 보면서 정치의 표준화에도 도전했습니다. 다음으로 이데올로기, 노동, 인권, 복지, 교육, 생명, 감성과 예술 및 일탈과 다양성으로 나누어 표준의 의미를 논하면서 새로운 규범성을 제시하고자 했습니다. 이러한 논의를 통해 국제 질서와 한반도 통일 등 다양한 정치 · 경제 · 사회 관계에서 표준의 새로운 역할을 기대하며 국제규범성과 사회통합규범성 및 리좀Rhizome적 촉진성을 강조했습니다. 그리고 마지막에는 표준학의 전망과 가능성을 에필로그로 담았습니다.

지금까지 저는 표준의 새로운 위상을 기대하며 표준학회의 창립에도 힘을 보태면서 나름대로 표준학의 태동과 발전을 위해 노력해왔습니다. 이처럼 제가 표준이라는 새로운 가능성에 관심을 갖게 된 것은 고등학교

동기로서 국가기술표준원에 근무했던 선향 박사의 영향입니다. 이 자리를 빌어 수년 전 표준의 세계에 발을 들여 놓게 이끌어 준 선향 박사에게 감사한 마음을 전합니다. 선향 박사의 영향은 이 책에도 반영되어 있습니다. 대화를 통한 조언도 조언이지만, 달리 출처를 밝히지 않은 것들을 비롯해 이 책의 몇몇 그림들은 선향 박사가 도안해 강의 자료 등으로 사용되던 것들입니다.

이 책은 2009년 말부터 2012년 초까지 〈기술표준〉지에 기고한 칼럼들을 모아 다듬고 보완해서 만들어졌습니다. 칼럼에서 쓰지 못한 출전들을 다시 찾아 밝히고, 단행본으로 구성하기에 부족하거나 빠진 주제들에 대해서는 그동안 써온 논문들과 2008년 국가기술표준원 프로젝트로 집필한 국가표준정책 교육교재를 참조해 보완하거나 새로 작성해 추가했습니다. 가능하면 모든 분야를 아우르고자 힘썼지만 각 분야에 적절한 예들을 다 찾을 수 없어 일부 사례들은 논리가 허용하는 범위 안에서 반복적으로 사용했습니다. 다소 거슬리더라도 너그럽게 이해해주기를 바랍니다.

끝으로, 이 책의 발간을 기꺼이 맡아주신 영남대학교출판부 허창덕 부장님과 이종백 선생님께 감사드립니다. 아울러 이 책은 또한 2011년도 정부재원(교육과학기술부 사회과학연구지원사업비)으로 한국연구재단의 지원(NRF-2011-330-H00002)을 받아 연구된 결과임을 밝힙니다.

2015년 1월 10일

정병기

차례

들어 가며

왜 지금 표준이 중요한가?

"갈수록 아는 것이 적어진다." 현대 사회의 지식 범람을 두고 회자되는 말이다. 많이 알게 되면 될수록 점점 모르게 된다는 뜻이다. 이를 역설로 풀어보면, 안다는 판단이 불가능할 정도로 지식의 영역이 무한히 확대된다는 얘기다. 특히 인터넷의 발달로 모든 지적 추구가 가능할 정도로 정보가 홍수를 이루고 이 정보들은 자유로운 교류를 통해 끝없이 재생산되고 있다.

"현대는 바야흐로 생비자의 시대다." 생산자와 소비자의 영역이 중첩되는 생비자(生費者, prosumer)[1] 현상을 두고 유행하는 말이다. 생산은 더 이상 생산자의 전유 영역이 아니며 소비자도 단순히 상품과 서비스를 구매하는 소비 주체가 아니라는 것이다. 드라마 시청자들이 시청 의견을 적극적으로 개진해 이후 방영될 드라마 뒷부분을 바꾸는 것처럼, 현대 사회에서는 생산자뿐만 아니라 소비자도 생산 과정에 영향을 미쳐 상품과 서비스를 함께 변화시키기 때문이다. 이를 또한 역설로 풀어보면, 소비자의 힘이 강해지는 만큼 기업과 같은 생산자들의 횡포도 커져왔다는 이야기가 된다.

생산과정에 대한 소비자들의 관심이 커진 것처럼, 생산자가 소비자에

1 생산자(producer)와 소비자(consumer)의 합성어.

미치는 영향력도 커졌다는 것이다. 이제 기업도 자신의 생산 영역에서 무한 책임을 져야 한다. 그만큼 기업의 역할이 중요해졌을 뿐 아니라 그 힘도 매우 막강해졌기 때문이다.

이 모든 현상을 다양성의 확대로 해석할 수 있다. 다양한 정보가 생산되고 소통될 뿐만 아니라, 강자의 획일성 주장에 대응하는 것도 약자의 다양성 요구일 수 있다는 것이다. 그러나 무규범의 다양성 속에는 언제나 약육강식의 법칙이 도사리고 있다. 약자의 다양성 요구와 강자의 획일성 주장 사이에 다시 약육강식의 논리가 작용하기 때문이다. 이 다양성을 더욱 확대하여 질 높은 실질적 다양성으로 발전시키고 무한 경쟁에서 상호 발전의 가능성을 보장하는 새로운 규범이 필요하다.

새로운 규범은 국가가 전일적으로 규정하거나 시장에서 무규제적으로 생겨나는 원리가 되어서는 안 된다. 국가사회주의의 폐단이나 시장자유주의의 실패를 우리는 역사에서 끊임없이 봐왔다. 요컨대 사회 행위자들에 의한 자발적인 규범 생산이 필요하다. 그것을 표준이라는 새로운 논의에서 찾을 수 있다.

표준은 이미 우리 주변에 생활화된 현상이다. 표준은 비단 생산과 무역에 국한된 것이 아니라 인문과 사회 각 분야에 널리 퍼져 있다. 표준시를 비롯해 표준 교과서나 한글 맞춤법 통일안 및 각종 도량형과 단체 설립 표준 등을 떠올릴 수 있다.

전통적으로 표준은 호환성 확보, 기본 품질 보장, 정보 제공이라는 세 가지 기능을 수행해 왔다. 그러나 변화와 다양성의 시대를 거치면서 제품과 공정뿐 아니라 제도와 경영 및 문화와 윤리의 영역에도 확대되어 이제는 법률의 대체 개념으로까지 등장하고 있다. 그리고 변화와 다양성의 시대를 넘어 표준은 무역 규범, 사회통합 수단, 사회적 책임SR 이행 수단, 기업경영 전략, 기술혁신 도구, 지속가능발전 도구로도 기능한다. 뿐만 아니라 교육, 노동, 환경, 문화, 행정, 복지 및 윤리에 이르기까지 표준의 기능은 더욱 확장되고 있으며, 실제 각종 표준화 기구들이 이 분야들에서 표준을 제정하고 있다.

표준이 사회경제적으로 미치는 영향도 실로 막대하다. 세계 무역의 약 80%가 표준의 영향을 받고 있으며, 유럽연합EU의 맹주로 간주되는 독일에서 표준이 창출하는 경제적 효과가 연간 GNP의 1%에 해당한다고 한다(DIN 2000, 28). 영국에서는 표준화에 의한 노동생산성 상승효과가 13%에 이르고, 오스트레일리아에서는 국가표준이 1% 증가하면 생산성도 0.17% 상승한다고 한다. 사회적 책임과 안전 보장 및 기본품질 보장 기능에 따른 사회적 영향도 사회 전반적으로 심대한 것으로 나타나며 갈수록 증가하고 있다(정병기 2008, 55).

이와 같이 표준이 미치는 막대한 사회경제적 영향은 표준의 본질적 기능이 산출하는 표준화 효과를 통해 가능하다. 표준의 효과는 차차 설명하겠지만 크게 수확체증 효과, 네트워크 외부성 효과, 확장성 효과, 공공성 효과로 나눌 수 있다. 물론 표준의 사회경제적 효과들이 반드시 긍정적으로 작용하는 것은 아니다. 이 효과들과 직·간접적으로 얽혀서 발생하는 부정적인 효과들도 있다. 고착화 현상과 양분화 현상이 대표적이고, 그밖에 네트워크 효과와 직접 관련된 부정적 파급 효과도 있다.

그렇지만 이 부정적 효과들은 긍정적 효과들과 맞물려 발생하는 만큼 긍정적 효과들을 충분히 살리면 미연에 방지할 수 있다. 또한 부정적 효과들은 대부분 무한 경쟁이 난무하는 '사실 표준de facto standards' 이나 시장의 논리에 치우친 '공식 표준de jure standards' 에서 나타나므로,[2] '공식 표준' 의

2 공공 기구에 의해 공식적으로 제정되지 않았음에도 실제 시장에서 표준으로 통용되는 것을 '사실 표준(de facto standards)' 이라고 하며, 공공 기구가 표준으로 제정하여 문서로 발행한 것을 '공식 표준(de jure standards)' 이라고 한다. 라틴어와 영어가 합성된 이 두 개념은 현재 '사실상 표준' 과 '공적 표준' 으로 번역되어 통용되고 있지만, '공적' 이라는 개념은 '사적' 이란 개념과

구속력 확대나 공정한 제정 규칙 혹은 메타 표준의 제정을 통해서도 일정한 해결이 가능하다.

현대 사회는 다양성의 사회라고까지 부른다. 그에 맞추어 표준의 영역과 기능도 무한히 확장되어 왔다. 그러나 이제 표준은 국가에 의한 강제 규정이나 통일성 확보에 머물지도 않지만, 극단적 다양성의 추구를 정당화하거나 시장에 방임되지도 않는다. 표준의 성격은 본질적으로 공적 접근성을 가지며 갈수록 그 공공성이 확대되고 있다.

표준은 공적 성격을 띠지만 자발적 영역에 속하기 때문에 구속성을 갖는다하더라도 법이나 명령 혹은 조례와 같이 강제적 구속력을 갖지는 않는다. 합의를 통해 제정되고 임의에 의해 수용된다. 때문에 표준을 선점한 자와 수용한 자 및 수용하지 않은 자 사이에서 갖가지 기능과 효과는 다르게 나타나고, 현실적으로 표준 자체가 새로운 경쟁의 수단과 목표가 되기도 하며 무임승차가 발생하는 것도 사실이다. 따라서 그 공적 성격을 제도적으로 확보할 것이 요구된다.

사회가 복잡해질수록 법으로 규정하고 규제할 수 없는 영역이 확대되지만, 그와 동시에 자발성의 영역도 넓어진다. 이 자발성의 영역은 근본적으로 다양성의 영역이라고 할 수 있다. 전자를 규제하는 법이나 후자를 다루는 사적 계약과 달리 표준은 공적 접근성과 다양성의 보장을 함께 추구하는 새로운 시대 규범이다.

국제적으로도 국가들간 협정이나 국제법만으로는 더 이상 국제 사회를 온전히 규율할 수 없게 되었다. 성, 문화, 인종, 종교, 언어 등의 모든 현

대응되므로 적절하지 않고 '사실상' 이라는 단어는 부사어이므로 명사를 꾸미기에 적절하지 않다. 그리고 'de facto' 와 'de jure' 는 법률혼과 사실혼의 용례에서 보는 것처럼 법률에 의해 공식 인정되는 경우와 비공식적이지만 사실로 인정되는 경우를 지칭한다. 따라서 표준은 반드시 법률이 아니기 때문에 '법률' 이라는 개념과 결합하는 것은 적절하지 않지만 '공식' 과 '사실' 이라는 개념으로 수식하는 것은 적절하다.

상들이 세계화를 통해 통일성을 지향하면서도 결코 단일성으로 귀결될 수 없는 다양성의 복합을 필요로 하기 때문이다. 이러한 질서에서 필요한 것은 최소한의 질적 기준이 될 뿐만 아니라 발전 지향적 모범이 되는 규범이다. 그리고 이 규범은 국가들뿐만 아니라 모든 이해관계자들이 함께 논의하고 합의한 결과로서 그들의 이해관계를 반영해야 한다.

인류 역사는 원자화의 시대에서 통일로 발전하고 다시 통일에서 다양성으로 발전해 왔다. 시황제의 진秦 나라와 로마 제국 이전에 동 · 서양은 제각기 수많은 나라들이 각축하던 원자화된 사회였다. 이 시대가 진 제국과 로마 제국으로 통일되었고, 이 제국들은 다시 해체되어 봉건사회를 이루었다. 그러나 이 봉건 사회는 과거의 원자화된 소규모 국가들보다는 큰 규모의 국가들이 각축하는 사회였다. 원자화와 통일의 변증법적 발전이 이루어져온 것이다.

이후 봉건 사회의 제후국들은 다시 통일의 수순을 밟아 민족국가를 이루고 급기야 양차 대전을 전후해서는 파시즘 국가들과 자유주의 국가들이라는 두 진영으로 분리 · 통합되었다. 그리고 이 형태는 양차 대전 이후 현실사회주의와 자본주의라는 두 진영으로 재분할되었다. 이른바 동맹의 형태로 통일이 이루어져온 것이다.

그리고 1980년대 말 이후에는 지식과 감성으로까지 기술 개념이 확장되는 다양성의 사회가 도래했다. 그와 동시에 세계화라는 흐름 속에서 새로운 통일성의 기운이 팽창하기도 한다. 그러나 과거의 통일성이 다양성을 대체할 수는 없다. 역사는 언제나 과거와 현재를 비판적으로 성찰하고 발전적으로 종합하면서 전개되어왔기 때문이다. 따라서 현대의 다양성은 획일성을 요구하는 세계화가 아니라 다양하게 포진하고 있는 인간과 집단들의 이해관계가 골고루 반영되는 새로운 통일성으로 연결될 것이다. 그 새로운 통일적 규범이 곧 표준이라고 할 수 있다. 새로운 규범으로서의 표준은 다양성을 포기하는 것이 아니라 최소한의 기준을 마련함으로써 보다 질 높은 다양성을 추구하는 것이다.

표준이 현대 사회의 모든 문제를 해결할 수 있는 요술 지팡이나 도깨비 방망이라는 얘기가 아니다. 부정적 효과를 차단하고 긍정적 효과를 살려야 한다. 그러나 변화하는 시대에 과거의 규범들이 퇴색해 갈 때, 표준은 분명 새로운 규범의 전망을 제시해준다. 아직 덜 다듬어지고 충분히 정립되지는 못했지만, 변화와 다양성의 시대를 표현하고 더 나은 미래를 향해 세상을 움직이는 새로운 규범의 가능성을 품고 있다.

제1부

표준의 진화

제1장

생명과 유목의 역사, 그리고 표준

지성계에는 두 번의 커다란 지각 변동이 있었다. 1859년 찰스 다윈의 「종의 기원」과 1899년 지그문트 프로이트의 「꿈의 해석」이 그것이다(Darwin 2009; Freud 2004). 첫 번째 지각변동에서 인간의 역사가 생명의 역사에 속한다는 사실이 드러났으며, 두 번째 지각 변동에서 무의식도 인간의 정상적인 정신 활동에 속한다는 사실이 밝혀졌다. 「종의 기원」이 다른 생명체들과 인간의 관계 속에서 신체적 진화의 원리를 발견했다면, 「꿈의 해석」은 의식과 무의식이라는 인간의 내면적 관계에서 정신적 진화의 가능성을 열었다.

한편, 이 두 지각 변동이 공통적으로 밝혀낸 것은 인간의 본질이 유목(遊牧, nomadism)과 순환에 있다는 것이다. 인간을 호모 노마드homo nomade로 규정한 자크 아탈리Jacques Attali에 따르면, 다윈은 인간이 진화의 산물이고 인생은 여행이며 인류는 떠돌아다니는 원숭이 단계에서 출발했다고 논증했고, 프로이트는 인간 내면의 노마디즘이라는 내면의 여행으로 우리들을 안내했다(Attali 2005, 332).

그렇다면 인간은 원칙도 방향도 목표도 없이 그저 떠돌아다니기만 하는 것일까? 그 대답은 아탈리가 인간의 역사를 유랑이 아니라 유목이라고 정의한 데서 찾을 수 있다. 단순히 떠돌아다니는 유랑과 달리 유목은 무엇인가 길러낸다는 목표가 있으며 그 목표를 위해 원칙과 방향이 정해진다.

길러내는 것이 상징하는 것은 결국 인간의 진화며, 이 진화가 비록 무의식적으로 진행된다 할지라도 이 무의식 역시 정상적 정신생활의 한 형태다. 그리고 인간 진화의 목표를 향해 제기되는 원칙과 방향이 상징하는 것이 표준이다. 곧 인간의 역사는 생명의 역사의 하나로서 진화를 위해 표준을 제정하고 발전시켜온 것이라 할 수 있다.

정주의 역사와 유목의 역사, 그리고 표준

다윈의 「종의 기원」을 통해 역사는 더 이상 인류의 역사만이 아니라 모든 생명체의 역사이자 유목의 역사가 되었다. 이로써 인류는 자연 위에 군림하는 별개의 존재가 아니라 자연 속에 함께 하는 생명의 하나라는 인식이 싹텄다. 이제 중요한 것은 인간 중심의 우주관이 아니라 생명체들 간 순환 관계를 중시하는 우주관이 되었다. 프로이트의 「꿈의 해석」은 인간의 정신세계를 파헤쳐 무의식의 존재를 알렸다. 인간이 인식하지 못하는 무의식은 꿈에서뿐만 아니라 정상적 정신생활에서도 나타난다는 것이 드러났다. 꿈에서와 같이 특별한 계기를 통해 이 무의식은 의식 직전 단계인 전前의식을 거쳐 의식의 영역으로 옮겨온다. 인간의 정신은 무의식과 전의식, 의식의 영역으로 순환한다는 것이다. 이로써 신체적 진화뿐만 아니라 정신적 진화에서도 유목과 순환의 모습이 드러나게 되었으며, 무의식적으로 진행되던 인간의 진화라는 목표가 문명을 통해 의식의 영역에 진입함으로써 의식적으로 진행될 수 있게 되었다.

그러나 이 두 지각 변동을 통해 우리 눈앞에 더욱 명확하게 드러난 것은 아는 세계보다 모르는 세계가 더 넓고, 확실한 것보다 불확실한 것이 더 많다는 사실이었다. 때문에 인간은 끊임없는 유목의 역사를 거치면서 정착하고 정주定住하려는 욕심을 가져왔으며, 그 정착은 또 다른 유목의 도전에 의해 해체되고 진화되었다. 서양 최초의 정주민 제국이라 불리는 로마 제국이 고트족과 반달족 등 주변 유목민들의 공격으로 쇠망했으며, 역시 동양 최초의 정주민 제국이었던 진秦 나라도 북방 기마 민족으로 알려진 유목민들의 끝없는 위협으로 멸망했다.

이 최초의 정주민 제국들은 표준을 발전시킨 것으로 잘 알려져 있다. 로마는 도로와 마차라는 산업 표준을 발전시켰으며 공화정이라는 정치 표준을 개발했다. 진은 도량형이라는 산업 표준을 도입하고 군주정이라는 정치 표준을 정립했다. 그러나 최초의 표준이라고 알려진 이 표준들은 유목의 역사로 볼 때 최초의 표준이 아니었다. 말이라는 이동수단 표준이 발전한 것이 로마의 산업 표준이며 민주정을 혼합 정치로 전환시킨 것이 로마의 공화정 표준이었다. 마찬가지로 물량의 거대한 증가에 따라 발전해 온 측정 수단들을 공식적으로 정립한 것이 진의 도량형 표준이라면 춘추전국 시대의 만개한 정치 형태를 통일 국가에 맞춘 것이 진의 군주정 표준이었다. 이 표준들은 각기 다른 의미에서 정주의 역사로 후퇴해 쇠망의 원인이 되는가 하면 유목의 역사를 발전시키는 진화의 원인이 되기도 했다.

도로와 마차라는 로마의 산업 표준과 도량형이라는 진의 산업 표준은 소통과 유통을 더욱 원활하게 했다. 이러한 의미에서 이 표준들은 유목의 역사를 살리는 원칙과 방향에 충실함으로써 인간의 진화라는 목표에 부합했다. 반면 공화정은 아테네 민주정이라는 유목적 정치 표준의 일부만 수용해 황제와 귀족이라는 정주적 요소와 결합함으로써 진화적 발전을 저해했으며, 군주정은 동양 유목민들의 초기 선거제도의 맥을 끊고 분서갱유와 같은 오점을 남기면서 춘추전국 시대의 다양성을 말살했다. 이후 서양의 봉건 시대와 동양의 왕정 시대는 근대 민주정의 부활이 있기까지 사실상 정치사상의 암흑기로 귀결됐다고 할 수 있다.

로마 공화정과 진의 군주정이 공통적으로 범한 오류는 표준 본래의 흐름을 벗어나 법과 관습의 영역인 노모스nomos에 갇혀버린 것이다. 로마의 공화정은 아테네 아고라의 전통을 법으로 대체했고 진의 군주정은 백가쟁명을 법가사상으로 획일화했다. 엄밀히 말해 이 두 정치 표준은 이미 표준이 아니게 되었다고 할 수 있다. 이제 세 번째 지성사의 지각변동이 있다면, 그것은 유목의 역사를 이어받아 불확실성의 시대에 새로운 원칙과 방향을 제시함으로써 인간의 진화라는 목표에 부합하는 표준을 정립하는 것이다.

노마드가 노모스에 선행하듯이 표준이 법에 선행한다.

불확실성의 시대는 다양성의 시대다. 이러한 시대상을 두고 혹자는 '신도 잘못을 저지르는 세상' 이라고까지 한다. 불확실성의 시대에 고정불변적인 것은 없으며, 세상은 생성되는 것과 소멸되는 것들의 끝없는 갈등으로 전개된다. 그러나 인간의 역사가 단순한 유랑이 아닌 것처럼 불확실성의 시대에도 질서와 무질서가 공존한다. 이를 두고 우리는 질서cosmos와 무질서chaos의 합성어를 만들어 카오스모스chaosmos라고 부른다. 이것은 항상 유동적인 변화를 보이는 복수성이나 다양성을 지니는 사물들 속에서 질서 속의 무질서 혹은 무질서 속의 질서를 발견할 수 있다는 생각과 연결된다. 잘못된 질서를 타파하고 무질서 속에서 새롭고 올바른 질서를 창출해간다는 것이다. 이러한 의미에서 올바른 표준의 정립이 카오스모스를 바로 세우는 중요한 원칙과 방향으로 작용한다.

유목의 세상은 노모스nomos를 반드시 필요로 하는 것이 아니다. 사실 노모스란 유목민을 뜻하는 노마드nomade의 어원이 된 단어지만, 그 본뜻은 대지의 획득과 분할 및 분배 혹은 경계의 획정과 공간의 측정을 통해 새로운 질서를 부여하는 시원적 행위다. 다시 말해 개개의 법률이나 규칙에 선행하지만 요즘에 와서는 대개 법을 뜻하는 것으로서, 국내의 치안 유지를 위해 유랑자들을 처벌하며 특정한 질서에 묶어두어 오히려 유목을 제한하고 불가능하게 만드는 조건으로 작용한다. 그러므로 노모스가 노마드에 선행하는 것이 아니라, 노마드가 노모스에 선행한다. 다양성과 변화를 지향하는 현대 사회에서 경직된 법과 같은 노모스는 자유로운 활동과 순환의 흐름을 방해하는 규범이 된 것이다. 노마드가 따르는 것은 노모스가 아니라 코즈모스다. 노모스가 생명의 흐름을 차단하는 인간의 질서라면, 코즈모스는 인간을 포함한 생명의 흐름을 담아내는 우주와 자연의 질서다.

표준은 최소 품질과 안전을 보장함으로써 보다 질 높은 다양성을 촉진하는 코즈모스의 세계에 속한다. 유목이 정주에 선행하듯이 변화와 다양성이 안정과 통일성에 선행하며, 그 세계에서 표준이 작동한다. 물론 법을 필요로 하는 영역도 존재한다. 그러나 인간 생활의 다양한 측면에서 표준이 기본 규범이 되고 그 가운데 특정한 이유에 따라 정치적으로 필요하다고 판단될 때 제정되는 것이 법이다. 따라서 노마드가 노모스에 선행하듯이 표준이 법에 선행한다.

표준은 순환의 이득을 최대화하는 증여처럼 생명의 흐름을 따른다.

표준은 순환의 이득을 최대화하는 생명의 흐름과 같다. 역시 현대 사회를 노마디즘을 통해 조명하고자 하는 이진경(2007, 368~371)에 따르면, 생명이란 어떤 순환계 안에서 순환의 이득을 획득할 능력이다. 이때 순환의 이득은 각 생명체가 자신에게 없는 것을 다른 생명체로부터 받음으로써 생기는 이득이다. 뒤집어 말하면 각 생명체가 이웃한 다른 생명체에게 그에게 없는 것을 줌으로써 생겨나는 이득이다. 따라서 순환의 이득이란 생명체를 구성하는 요소들이 순환적으로 의존하는 관계를 표시하며, 그 의존의 양상이 서로에게 없는 것을 제공하는 증여의 관계임을 의미한다.

이러한 의미에서 순환은 서로가 가진 가치들을 일부 양보하여 주고받는 교환과는 다르다. 교환은 어떤 경우에도 마이너스를 포함하지만 증여는 자신에게 필요하지 않은 것을 주고 필요한 것을 받는다는 의미에서 순수한 플러스의 과정이다. 예를 들어 식물이 동물에게 산소를 제공하고 동물은 식물에게 거름을 제공할 때 그것은 증여의 관계다. 산소와 거름은 각각 식물과 동물에게 버려야 할 배설물에 불과하지만 이를 받는 동물과 식물에게는 생존에 꼭 필요한 자양분이기 때문이다. 생명의 순환은 이러한 증여를 통한 발전의 과정이며, 이 발전이 무한히 거듭되고 특정한 계기를 만날 때 진화가 생겨난다.

표준이 순환과 같은 유목적 흐름을 차단하는 노모스가 아니라면 이와 같이 생명 본연의 흐름을 따르는 것이며 또 그래야 한다. 유목민들이 잠시 오아시스에 머물지만 그것은 다시 떠나기 위한 휴식에 불과하듯이, 표준은 통일성을 도모하지만 그것은 다양성과 발전의 흐름을 더욱 촉진하기 위한 과정에 다름 아니다. 「종의 기원」과 「꿈의 해석」이 드러낸 카오스모스의 세상에서 표준이 노모스가 아닌 코즈모스를 형성해야 한다. 그것이 제3의 지각변동이 될 것이다.

제2장

복잡다단한 현대의 새로운 규범 '표준'

'표준' 을 사전에서 찾아보면, "사물의 정도를 정하는 목표나 기준 혹은 규격"(『국어대사전』, 2001)으로 적혀 있다[3]. 한자 표기를 살펴보면, 그 어원은 '높이 내건 안표眼標로서 측정을 위한 기준基準' 이며, 이것이 합성되어 '표준標準' 이 되었다. 영어의 '스탠더드' standard도 유사한 어원을 가지고 있다(김상배 2007, 6~7). 곧, '스탠더드' 의 어원인 'stand hard' 는 '전쟁터에서 지휘관들이 명령을 내리는 신호 깃발을 세우는 집결지' 를 의미한다. 여기에서 유래하여 'standard' 는 '측정이나 참조를 위한 비교의 근거나 기준' 이라는 의미를 띠게 되었다고 한다. 어느 어원으로 보나 표준은 측정이나 참조 혹은 판단을 위한 근거, 기준, 목표, 규격 등을 의미함을 알 수 있다. 따라서 표준은 공공성을 띠는 경우가 많다.

그러나 현실 세계에서 이 표준은 반드시 공공 기관에 의해 제정되는 것은 아니다. 자유 시장 경제든 계획 경제든 생활상의 필요에 따라 사회구성원들에 의해 임의로 정해져 통용되는 경우도 있을 수 있고 시장에서 경쟁의 결과 생겨나기도 한다. 이러한 표준들을 '사실 표준de facto standards' 이라고 하며, 공공 기관이 제정하여 문서로 표현한 것을 '공식 표준de jure standards' 이라고 한다. 자유 시장 질서에서는 소비자를 비롯한 수많은 사회 구성원들에게 폭넓은 영향을 미치는 시장의 사실 표준이 중요하다. 그러

3 이후 출간된 여러 개정판 사전들에도 서너가지로 세분화해서 정의했을 뿐 전체 뜻은 유사하다.

나 사회가 점차 교류가 증대하고 네트워크화함에 따라 국내적으로나 국제적으로 '사실 표준'의 영향력이 커지고 그로 인해 '사실 표준'의 공공성도 커지게 되었다. 때문에 '사실 표준'도 공공 기관에 의해 규정됨으로써 '공식 표준'으로 전환하는 추세다.

'공식 표준' 개념의 확대

공식 표준을 중심으로 공공 기관이 규정한 표준의 의미를 살펴보자. 가장 대표적인 국제 표준화 기구인 국제표준화기구ISO와 국제전기기술위원회IEC의 규정ISO/IEC Guide 2은 공식 표준의 성격을 잘 반영하고 있다. 이 규정에 따르면, 표준은 "공인된 기관이 공통적이고 반복적인 사용을 위하여 합의에 의해 제정하고 승인한 것으로서, 주어진 여건 하에서 최적의 질서를 확립함을 목적으로 하는 활동이나 그 결과를 위한 규칙 혹은 가이드라인이나 특성을 제시하는 도큐멘트"다.

세계무역기구WTO의 '무역기술장벽 협정Agreement on Technical Barriers to Trade'도 이를 준용하여 "규칙이나 지침, 또는 상품의 특성이나 관련 공정 및 생산방법을 공통적이고 반복적인 사용을 위하여 규정하는 것으로서, 공인된 기관에 의해 승인되고 그 준수가 강제적이 아닌 도큐멘트"라고 정의하였다Annex 1, Terms and their Definitions of this Agreement, 2. 또한 유럽의 지역 표준화 기구인 유럽표준화위원회CEN가 규정하고 유럽 대부분의 국가들이 수용하고 있는 유럽표준화위원회 규정EN 45020도 역시 표준을 "합의에 의해 제정되고, 공인된 기구에 의해 수용되며, 규정이나 가이드라인, 혹은 활동이나 그 결과물들을 위한 안표라는, 공통의 반복적인 용도를 위해 제공되는 도큐멘트"라고 규정했다CEN 홈페이지. 이 규정들의 특징은 표준을 '비강제적 도큐멘트문서'라고 정의한다는 것이다.

이와 같이 이 정의들은 자발성과 합의성에 큰 의미를 두고 있다. 그러나 다른 한편으로 이 정의들은 표준의 형식을 '도큐멘트' 에 한정할 뿐만 아니라 과학 기술적 표준에 초점을 두어 언어 · 부호 · 법규, 능력 · 태도 · 행동규범 · 책임 및 전통 · 관습 · 가치 · 권리 · 의무를 망라하는 인문사회적 성격을 배제하고 있다. 현대 사회에서는 표준이 인문 사회 영역으로 확대되어 가고 있다는 점에서 이러한 규정은 중요한 한계를 내포하고 있다(정병기 2009, 91~97, 103~105).

반면, 우리나라의 표준 정의는 이러한 한계로부터 다소 벗어나 있다. 국가기술표준원은 한국산업규격(KS A 3001)의 규정에 따라 표준을 "관계되는 사람들 사이에서 이익이나 편리가 공정하게 얻어지도록 통일 · 단순화를 꾀할 목적으로 물체 · 성능 · 능력 · 동작 · 절차 · 방법 · 수속 · 책임 · 의무 · 사고방법 등에 대하여 정한 결정" 이라고 규정했다(국가기술표준원 홈페이지). 한국표준협회도 이를 받아 "표준이란 관계되는 사람들 사이에서 이익 또는 편리가 공정하게 얻어지도록 통일 · 단순화를 도모할 목적으로 물체 · 성능 · 능력 · 배치 · 상태 · 동작 · 절차 · 방법 · 수속 · 책임 · 의무 · 권한 · 사고방법 · 개념 등에 대하여 규정한 결정" 이라고 명기함으로써 상대적으로 유연한 정의를 내리고 있다(한국표준협회 2007, 19). 곧, 사고방법이나 개념 같은 용어들을 부가하여 인문사회적 혹은 사회문화적 표준까지 포괄했으며, '문서' 대신 '결정' 이라는 단어를 선택함으로써 시야를 확대했다. 여기에 관습과 가치에 대한 고찰을 덧붙인다면 매우 포괄적인 시각이 마련될 것이다.

표준의 위상: 법과 표준

표준을 모든 인간 삶의 영역을 망라하는 새로운 규범으로 보는 취지에서는 과학과 기술의 영역에 한정하거나 성문화된 문서인 도큐멘트에 한정하는 것은 무리가 있다. 즉, 예절과 언어(예를 들어 맞춤법통일안) 혹은 학술적 기준이나 덕목 혹은 사회적 책임 같은 도덕과 가치도 포함돼야 한다. 그리고 그 형식은 반드시 성문적일 필요가 없으며, 실제로도 불문 형식의 관습과 가치가 우리 주변에는 적지 않다. 또한 인문사회적 혹은 사회문화적으로 확장할 때 표준은 "어떠한 사상이 미래를 예측하기 어려울 때 이를 예측할 수 있는 상태로 질서를 잡기 위한 기본적인 조치" 까지도 포함한다(한국표준협회 2007, 32). 따라서 표준은 "무게 · 질량 · 범위 · 품질 등의 측정 원칙이나, 공정 · 분석방법 등의 기술, 혹은 사회문화적 관습이나 가치 등이 합의에 의해 결정된 것" 으로 규정하는 게 타당하다.

이러한 규정에서는 '공인된 기관' 이라는 의미에 얽매일 필요도 없다. '사실 표준' 에서 볼 때 표준은 반드시 공공기관에 의해 인정되는 것만은 아니기 때문이다. 따라서 자율적인 당사자들 간의 계약이나 묵시적인 사회적 인정도 포함해야 할 것이다.

현대 사회는 다양성의 사회다. 그에 맞추어 표준의 영역과 기능도 무한히 확장되어 왔다. 이제 새로운 시대 규범으로서 표준은 국가에 의한 강제규정에 머물지도 않으며 시장에 방임되지도 않는다. 그러나 표준의 성격은 본질적으로 공적 접근성을 가지며 갈수록 그 공공성이 확대되고 있다.

표준의 공적 성격과 위상

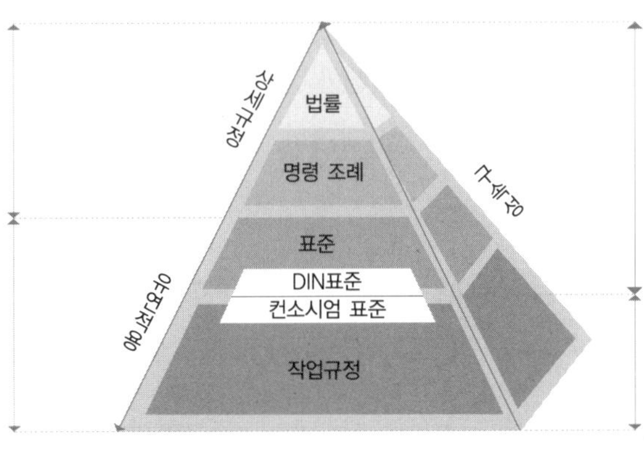

출처 : DIN홈페이지

그림에서 보는 것처럼 표준은 공적 성격을 띠지만 자발적 영역에 속하기 때문에 구속성을 갖는다하더라도 법이나 명령 및 조례와 같이 강제적 구속력을 갖지는 않는다. 합의를 통해 제정하여 임의로 수용하도록 하는 것이다. 그러나 표준의 기능과 효과에서 본 바와 같이 표준을 선점한 자와 수용한 자 및 수용하지 않은 자 사이에서 갖가지 기능과 효과는 다르게 나타난다. 따라서 그 공적 성격을 제도적으로 확보할 것이 요구된다.

사회가 복잡해질수록 법으로 규정할 수 없는 영역이 확대되며 그에 따라 자발성의 영역이 넓어진다. 이 영역은 근본적으로 다양성의 영역이라고 할 수 있다. 새로운 시대 규범으로서의 표준의 성격은 이와 같이 공적 접근성과 함께 다양성의 보장과 관련된다.

국제적으로도 국가들 간 협정만으로는 더 이상 국제 사회를 온전히 규율할 수 없게 되었다. 성, 문화, 인종, 종교, 언어 등의 모든 현상들이 세계화를 통해 통일을 지향하면서도 결코 단일성으로 귀결될 수 없는 다양성의 복합을 필요로 하기 때문이다. 이러한 사회에서 필요한 것은 최소한의 질적 기준이 될 뿐만 아니라 발전 지향적 모범이 되는 규범이다. 그리고 이 규범은 국가들뿐만 아니라 모든 이해관계자들이 함께 논의한 결과로서 그들의 이해관계를 반영해야 한다.

다양성과 통일성의 변증법적 발전을 통한 새로운 규범성

인류의 역사는 실로 원자화의 시대에서 통일로 발전하고 다시 통일에서 다양성으로 발전해 왔다. 진시황의 진 나라와 로마 제국 이전에 동 · 서양은 제각기 수많은 나라들이 각축하던 원자화된 사회였다. 이 시대가 진 제국과 로마 제국으로 통일되었으며, 이 제국들은 다시 해체되어 봉건사회를 이루었다. 그러나 이 봉건 사회는 과거의 원자화된 소규모 국가들보다는 큰 규모의 국가들이 각축하는 사회였다. 원자화와 통일의 변증법적 발전이 이루어져온 것이다.

이후 봉건 사회의 제후국들은 다시 통일의 수순을 밟아 민족국가를 이루고 급기야 양차 대전을 전후해서는 파시즘 국가들과 자유주의 국가들이라는 두 진영으로 분리 · 통합되었고, 이 형태는 양차 대전 이후 현실 사회주의와 자본주의라는 두 진영으로 재분할되었다. 이른바 동맹의 형태로 통일이 이루어져온 것이다.

그리고 1980년 말 이후에는 지식과 감성으로까지 기술 개념이 확장되는 다양성의 사회가 도래했다. 그와 동시에 세계화라는 흐름 속에서 새로운 통일성의 기운이 팽창하기도 한다. 그러나 과거의 통일성이 다양성을 대체할 수는 없다. 역사는 언제나 발전적으로 종합하면서 전개되어왔기 때문이다. 따라서 현대의 다양성은 획일성을 요구하는 세계화가 아니라 다양하게 포진하고 있는 인간과 집단들의 이해관계가 골고루 반영되는 새로운 통일성이 될 것이다. 그 새로운 통일적 규범이 곧 표준이라고 할 수 있다. 새로운 규범으로서의 표준은 다양성을 포기하는 것이 아니라 최소한의 기준을 마련함으로써 보다 질 높은 다양성을 추구하는 것이다.

다양성을 포괄하는 표준은 다시 표준화 영역의 다양성으로 연결된다. 표준은 그동안 전통적 기술 분야에 국한되어 제정되어 왔다. 그러나 기술의 의미가 확장된 것처럼 표준의 의미도 확대되고 있다. 사회적 책임을 포괄하는 설명에서 보았듯이 이제 표준은 위기 관리, 교육, 재무관리, 정보보안, 공공 행정 등 다양한 분야로 그 대상 분야를 확장해 나가고 있다. 그에 따라 표준의 기능도 능률과 효율뿐 아니라 삶의 질 개선 같은 다양한 사회적 이슈로 확장되어가고 있다. 표준은 이제 특정 사회나 국가에만 한정되지도 않으며 전통적인 기술 영역에 제한되지도 않는다. 따라서 표준은 현대와 미래 사회의 모든 영역을 포괄하는 새로운 규범으로 자리잡아간다고 할 수 있다.

제3장

표준은 대중을 위한 것

전통적으로 표준은 호환성 확보, 기본 품질 보장, 정보 제공이라는 세 가지 기능을 수행해 왔다. 그러나 변화와 다양성의 시대를 거치면서 제품과 공정뿐 아니라 제도와 경영 및 문화와 윤리의 영역에도 확대되어 이제는 법률의 대체 개념으로까지 등장하고 있다(Hallstrom 2004). 그리고 변화와 다양성의 시대를 넘어 표준은 무역 규범, 사회 통합 수단, 사회적 책임SR 이행 수단, 기업 경영 전략, 기술 혁신 도구, 지속 가능 발전 도구로도 기능한다. 뿐만 아니라 교육, 노동, 환경, 문화, 행정, 복지 및 윤리에 이르기까지 표준의 기능은 갈수록 대중 생활 깊숙이 확장되고 있으며, 실제 각종 표준화 기구들이 이 분야들에서 표준을 제정하고 있다.[4]

호환성 확보 기능

호환성 확보는 제품의 기능이나 성능을 유지하면서 장치나 기기의 부품 등 구성 요소를 다른 기기의 요소와 서로 바꾸어 쓸 수 있는 조화 가능성compatibility과, 치수나 형상을 통일하여 성능과 기능을 대체할 수 있는 교체 가능성interchangeability을 확보하는 것을 말한다. 특히 생산 공정에서 표준화를 추진하는 경우에는 생산 원가를 절감하고 공급을 원활하게 하여 가격 경쟁력을 확보함으로써, 생산 요소 투입량의 증대나 생산 규모의 확대

4 이하 표준의 기능에 대해서는 정병기 2009, 93~97.

에 따른 생산비 절감 혹은 수익 향상의 이익을 내게 하는 이른바 '규모의 경제economies of scale'를 가능하게 한다. 곧 표준은 생산 공정의 복잡성을 단순화하고 표준을 통해 통일함으로써 호환성을 확보하게 하여 대량 생산과 규모의 경제를 가능하게 하는 것이다.

호환성을 갖춘 제품들은 소비자 대중들에게 저렴한 물건을 살 수 있는 기회를 확대하고 부품 교체 같은 측면에서 폭넓은 편의를 제공한다. 반대로 호환성이 확보되지 않았을 경우에는 대중들에게 상당한 불편의 정도를 넘어 대형 참사를 가져오기도 한다. 1904년 미국 볼티모어 시내 중심가에서 발생한 대형 화재가 그 좋은 사례다(연합뉴스 2006, 27~30). 행인이 무심코 버린 담배 꽁초에서 발화된 이 화재는 인근 상점으로 옮겨 붙어 주위의 건물 전체를 태웠다. 초동 진압에 실패한 소방 당국은 워싱턴 D.C.를 비롯한 인근 지역 소방서에 긴급 지원을 요청했고 1,231명의 소방관과 57대의 소방차를 동원했다. 그러나 신속한 대피활동은 성공했으나, 56만여㎡와 1,526채의 건물이 소실되고 1억 달러 이상의 피해가 발생하며 35,000여명의 시민들이 일자리를 잃는 등 시 전체가 잿더미가 될 때까지 화마를 잡지 못했다. 이른바 '볼티모어 대화재'라 불리는 이 사건은 호스와 소화전을 연결하는 소방차 부위의 규격이 달라 벌어진 참사였다. 바로 호스와 소화전 연결 부분의 호환성이 갖추어지지 못해 일어난 표준 재앙이었던 것이다. 그후 미국 동부 일대의 모든 소방 호스와 소화전 연결을 단일 규격화하여 호환성을 확보하였음은 물론이다.

우리나라에서도 호환성 확보 기능의 결여로 불편을 겪는 사례가 있다(정병기 2008, 34). 서울지하철 4호선은 1995년 개통 이후 10여 일 동안 22건의 사고가 발생했다. 당고개역에서부터 남태령역까지는 서울메트로 관할로 직류 운행(1,500 V)을 하는 반면, 선바위역에서부터 오이도역까지는 한국철도공사가 교류 운행(25,000 V)을 하기 때문이다. 따라서 그 교체 구간인 남태

령역과 선바위역 사이는 무동력 운전을 하며 일시적으로 일부 전원이 차단되어 불이 꺼진다. 당고개 방향에서 사당역으로 운행하는 전동차 중 사당역이 종착역이 되는 이유도 여기에 있다. 교직 겸용 운행을 하는 당고개-오이도간 열차와 달리 직류 운행을 하는 이 전동차는 교류 구간을 운행할 수 없어 회차 시설이 있는 사당역까지 운행하는 것이다. 직접적인 사회적 비용인 교환기 설치 비용만 1,500억 원 이상이 투입된 것으로 알려져 있으며, 환승으로 인한 사회적 비용은 가히 예측하기 어려운 수준이다.

기본 품질 보장 기능

기본 품질 보장 기능은 제품이나 서비스의 기본 품질 요건을 마련하고 이 최소한의 요건을 만족시키도록 하는 것을 의미한다. 이 기능은 소비자 대중의 기대에 부응하고 공정한 거래를 보장하기 위해 법 · 제도와 연계하여 강제 적용하는 경우가 많다. 표준은 또한 환경, 안전, 보건 분야에서 생활의 편익을 증진하고 삶의 질을 향상시키는 기능을 수행한다. 그렇지만 제대로 지켜지지 않을 때에는 우리 삶에 직접적으로 치명적인 위험을 초래할 수 있다.

어린이의 건강과 관련된 문제가 특히 그러하다(정병기 2008, 36). 세정제나 접착제 등과 같은 제품들은 약 85%가 어린이들이 쉽게 개봉할 수 없도록 제작되고, 장남감은 유아가 삼키지 못하게 하기 위해 유아 목젖 크기 이하의 부품을 사용하지 못하도록 표준으로 규정되어 있다. 어린이 놀이 시설의 경우에도 충격을 흡수하는 바닥재를 사용하고 바닥면의 중금속을 규제하여 어린이의 건강을 보호하도록 되어 있다. 이와 같이 어린이의 안전을 위한 사항들이 표준으로 제정되어 기본 품질 보장 기능을 수행하고 있다.

전기 제품들도 표준으로 품질이 보장되는 경우가 많다(정병기 2008, 36). 220V 32W 형광등은 최소한 8,000시간 이상 작동하는 요건을 갖추어야 하고, 220V 60W 백열등은 1,000시간 이상 불이 켜져야 하며, 방전등은 초기 밝기의 70% 수준을 유지하도록 표준으로 기본 품질을 규정하고 있다. 조명 기구들을 종류별로 수명 기준을 정한 이러한 표준들은 소비자 보호뿐만 아니라 조명 산업의 경쟁력 확보에도 중요한 요소로 작용한다. 최소한의 품질 기준을 강제함으로써 생산자들은 저품질 제품들로 가격 경쟁을 하기보다 기본 품질을 갖춘 제품을 생산하고 더 나아가 이 기준을 명확히 알고 있기 때문에 보다 나은 제품을 생산할 욕구를 가질 수 있을 것이다.

정보 제공 기능

표준의 내용은 사실상 정보 자체라고도 할 수 있다. 규격을 단순화하고 통일함으로써 호환성을 확보한다거나 최소한의 품질 기준을 정해 이를 지키도록 할 때, 그 규격과 품질의 내용은 일정한 정보에 해당하며, 이를 통해 수행하는 기능이 정보 제공이다. 호환성 확보와 기본 품질 보장의 기능은 표준 정보 자체만으로 발휘되는 것이 아니라, 제정된 표준이 법이나 제도 혹은 생산 과정을 통해 제품이나 서비스에 적용된 후에야 비로소 소비자를 비롯한 표준 이용자들에게 발휘된다. 반면, 정보 제공은 표준 자체가 소비자와 표준 이용자들에게 직접 다가가고 이들에 의해 이용되는 정보로서의 기능이다.

그림과 색을 가미한 교통 및 시설의 안내판을 보면, 그 표시 자체가 표준이고 정보다(정병기 2008, 37). 초록색 바탕에 문을 나서는 사람의 모습을 새긴 표지나 노랑 바탕에 미끄러지는 차의 모습을 담은 표지는 모두 픽토그램pictorgram이라는 그림 표지다. 별도의 설명 없이 이 표지들만으로 사람들은 그 내용을 이해하고 이용한다. 화장실 문 앞의 남녀 구분 그림들도 마찬가지다.

호환성 확보나 기본 품질 보장 기능을 수행하는 표준의 경우에는 해당

되는 제품의 표준 내용을 알지 못해도 큰 문제가 없다(정병기 2008, 38). 예를 들어 휴대폰 충전기 연결잭의 크기와 모양 혹은 어린이 놀이시설의 표준 규격은 소비자가 아니라 제품 생산자들이나 소비자 감시 센터 등의 경우에만 알고 있어도 된다. 일반 소비자들은 호환 가능 상품이나 표준 인증 표시(예를 들어 KS)만으로 그 제품의 호환성과 안전성을 알고 또 대부분 그렇게 믿는다. 그러나 정보 제공의 기능을 수행하는 표준의 경우는 표준 이용자들이 그 표준의 내용, 즉 정보를 알고 있어야 한다. 비상구 표지판의 의미를 모른다면, 그 비상구를 이용할 수 없을 것이다. 초등학교 때 교통 표지판과 같은 표준들을 배우는 이유가 바로 그것이다. 특히 현대 도시에서 교통 표지판을 이해하지 못한다면 그것은 바로 안전 사고로 연결된다.

기술과 관련되는 경우, 표준은 그 자체로 유용한 기술 정보가 된다(정병기 2008, 38). 기술 관련 표준은 두 거래당사자의 의사소통을 원활히 함으로써 거래 비용을 감소시키고 오해로부터 발생할 수 있는 손실 비용을 절감시킨다. 예를 들어, 섬유 산업이나 페인트 산업 등에서 색을 사용할 때, 표준 색도 번호CIE number를 지정함으로써 의사소통이 명확해질 수 있다.

특히 이러한 정보 제공 기능은 원하는 부품이나 제품을 찾아내기 위한 탐색 비용과 성능 측정 비용을 감소시키기도 한다. '조화로운', '해맑은' 등과 같이 감성적 표현은 생산자와 디자이너 간의 감성 전달이라는 의사소통에 많은 불편을 준다. 색은 감성적 표현의 대상으로서 관찰자의 상황이나 환경에 따라 변하기 때문이다. 따라서 표준색은 섬유 · 의류 같은 부문의 생산업체와 기업 디자이너 간의 커뮤니케이션 등을 위해 매우 중요하다.

표준의 확장된 기능과 대중 생활

현대 사회에서 표준은 더 이상 전통적 기능만을 수행하지 않는다. 그 새로운 기능으로 꼽을 수 있는 첫 번째가 무역 규범으로서의 기능이다. 물론 무역 규범의 기능은 무역 장벽의 기능을 의미하기도 한다. 공개와 합의에 기반하지 않은 표준은 자칫 특정 국가에게 유리한 무역 장벽으로 기능할 수 있고 그에 따라 약소국과 그 국민들의 삶에 직·간접적 불이익을 줄 수 있다. 국제 표준화 기구들이 환경, 보건, 안전 등에 관한 국제 표준을 제정하는 것은 이 부문들이 국제 무역 경쟁의 수단이 됨으로써 인간의 행복추구권을 침해하는 것을 방지하기 위해서다. 특히 현실주의 입장에서 볼 때, 국제 질서는 약육강식의 정글 법칙이 작용하는 무대다. 따라서 위와 같은 국제 협약이나 기구들조차 강대국의 이익을 위해 희생될 수 있다고 할 수 있다. 회원국 모두가 함께 참여해서 공동으로 제정할 수 있는 규칙이 보장된다면, 국가들 간 합의에 의한 국제 표준을 통해 이러한 무역 경쟁을 제한할 수 있을 것이다. 이러한 의미에서 표준은 국제 사회에서 국가와 기업뿐 아니라 대중 생활에 영향을 미칠 수 있는 새로운 무역 규범으로 작동한다.

둘째, 표준은 사회 통합 수단으로 기능한다. 세계는 정치에서 시작해 산업과 정보에 이르기까지 통합의 역사를 거쳐 왔고, 앞으로도 통합의 역사를 창조해 나갈 것이다. 어느 사회든 통합은 규범을 통해 이루어지며, 그 규범이 강제적이 아니라 동의와 합의를 통해 이루어질 때 통합은 보다 견고하고 오래 지속될 수 있다. 또한 동의와 합의에 기반해 생성된 규범은 다시 사회적 동의를 거쳐 그 유용성과 실익을 인정받을 때 모든 사회 구성원들에게 강제성을 띠는 약속 내지 법률로 제정되기도 한다. 그리고 기존의 규범이 약화되거나 사라지고 새로운 규범이 등장하는 것을 볼 수 있는데, 그것은 그 규범이 통합의 기능을 상실했기 때문이다. 표준은 동의와 합의를 기반으로 하고 자발적 수용을 전제로 하기 때문에 진정한 통합의 기능을 수행할 수 있으며, 현재 국내·국제적으로 새로운 통합 규범으로 등장하고 있다.

셋째, 표준은 사회적 책임SR: Social Responsibility의 이행 수단이다. 세계는 경제 사회의 통합뿐만 아니라 다른 다양한 영역들의 통합으로도 나아가고 있다. 그러나 세계는 여전히 군사적 알력이 아니라면 경제적 다툼의 장이다. 그리고 경제적 갈등과 다툼이 심해질수록 국제 사회에서도 경제 주체들의 사회적 책임에 대한 요구가 높아져 왔다. 그에 따라 사회적 책임은 비단 기업뿐만 아니라 다양한 이해관계자들에게 공통적으로 요구되고 있다. 이미 2002년부터 국제연합UN은 유엔환경계획UNEP의 세계협약Global Compact을 통해 기업의 사회적 책임에 관한 논의를 진행해 왔다. 그러나 이후 국제표준화기구ISO가 이 문제를 진지하게 논의하면서 '기업의 사회적 책임CSR' 에서 '기업' 을 삭제하고 '사회적 책임SR' 이라는 용어로 변경했고 이어 2010년에는 사회적 책임을 조직 거버넌스, 인권, 노동 관행, 환경, 소비자, 지역사회, 공정 운영 등의 일곱 가지 부문으로 확장해 국제 표준을 제정했다. 곧, 대중들의 생활과 밀접하게 관련되는 모든 사회 조직들에게 사회적 책임을 표준으로 권고하게 된 것이다.

넷째, 표준은 지속 가능 발전의 수단으로 기능한다. 무절제한 경제 발전의 문제는 사회 통합과도 관련된다. 사회 통합의 문제는 실업과 빈곤 문제의 해결 같은 경제 사회의 통합뿐만 아니라 다양한 소수자의 삶을 보장하는 것도 포함한다. 또한 환경과 관련된 삶의 질 보장도 진정한 사회 통합을 위한 주요 요건 가운데 하나다. 표준의 지속가능발전 수단의 기능은 경제 발전이 저해할 수 있는 환경 보전과 사회 통합의 문제를 고려하여 이 세 가지 문제 해결이 함께 이루어지는 발전을 추구한다.

그밖에 기업과 직접 관련된 것으로 기업 경영 전략 기능과 기술 혁신 도구 기능이 있다. 기업경영 관련 표준은 계획Plan하고 실시Do하고 확인Check하고 실행Action하는 기본적 기업 업무 추진 방법을 표준화한 것을 말한다. 기업 경영 전략으로 이 표준을 도입하는 것은 경영의 효율화를 위해 중요하며, 특히 벤처 기업을 대기업으로 성장시키는 데 유용하다. 즉, 표준이 제정되는 과정에서 많은 기업 경영의 경험을 가진 전문가들의 조언을 듣고 각종 보고서를 참고하기 때문에 표준은 투자의 위험 요소를 알려 주고 경영 성과의 지름길을 제공해 주는 것이다.

기술 혁신 도구의 기능과 관련해서는 새로운 기술을 개발하고자 할 때 표준 기술이 기본 지표로 작용한다는 점이 중요하다. 표준화된 기술은 이미 그 내용과 정보를 공개한 것일 뿐만 아니라 당대에서 가장 널리 사용되는 기술이며 대부분 가장 앞선 기술에 해당하기 때문이다. 표준을 알면 학습 효과뿐 아니라 실패를 최소화할 수 있는 간접 경험 효과도 거둘 수 있다. 다시 말해 표준은 기술 경제적 혜택을 극대화할 수 있는 최선의 기술state-of-the-art을 선택할 수 있는 기회를 제공하고 성공 사례로부터 신뢰성을 확보할 수 있는 최상의 관행best practice을 발견하며 개발 목적에 가장 근접한fitness for purpose 기술을 개발하도록 유도한다.

기업과 관련된 이러한 기능들은 대중과 관련이 없는 것으로 여길 수도 있다. 사실 이러한 기능들이 기업에게만 속해 있고 그 임의에 맡겨진다면 그럴 수 있다. 그러나 사회적 감시를 통해 표준을 준수하도록 압력을 행사한다면 이야기가 달라진다. 기업의 경영과 기술 혁신이 종업원과 사회 구성원들에게 불리하지 않게 이루어지도록 할 수 있기 때문이다. 이때 기업 경영 전략과 기술 혁신 도구로서의 기능들은 사회통합 기능이나 사회적 책임 이행 기능과 결합되어 표준의 긍정적 성격을 더 현저하게 발현한다.

실제 2006년 UN과 ISO의 협정은 표준의 기능을 더욱 확장했다. 사회통합과 환경 보호를 표준의 대상에 포함시켜 표준을 지속 가능 발전 도구로 확립한 이 협정은 교육, 문화, 행정, 복지 및 윤리 같은 더 많은 관련 영역들로 확대될 수 있는 여지를 갖추게 한 것이다. 이를 통해 확장된 표준이 기능하는 영역은 아래 그림에 나타낸 것처럼 위기 관리, 건설, 교통, 교육, 소방, 방재, 환경, 노동, 문화 관광, 정보 보안, 공공 행정, 재무, 예산, 해양 수산, 물류 유통, 보건 복지 및 윤리에까지 이르고 있다(정병기 2008, 46~48). 이러한 새로운 영역들은 모두 사회 구성원 전체의 삶과 밀접한 것으로서 특히 대중들의 생활과 직접 관련된 분야라고 할 수 있다.

표준 기능의 확장

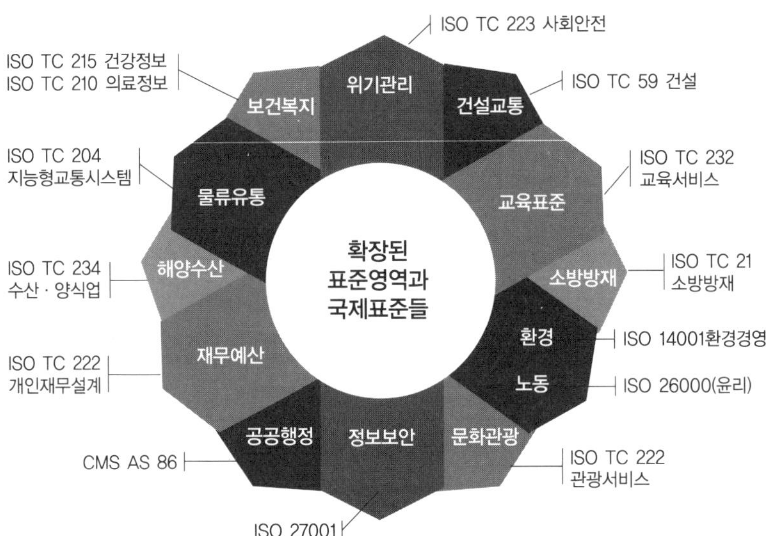

출처: 정병기 2009, 97.

제4장

표준의 사회경제적 영향

표준이 사회경제적으로 미치는 영향은 실로 막대하다. 세계 무역의 약 80%가 표준의 영향을 받고 있으며, 유럽연합은 사회 통합의 도구로서 표준을 매우 중시하고 있다(김창수 2001, 2). 독일표준협회DIN는 독일에서 표준이 창출하는 경제적 효과를 연간 160억 유로Euro로 추산하는데, 이는 독일 GNP의 1%에 해당한다고 한다(DIN 2004, 6). 영국표준기구BSI도 표준화에 의한 노동생산성 상승 효과가 13%에 이른다고 평가하며, 오스트레일리아표준기구SA도 국가표준이 1% 증가하면 생산성도 0.17% 상승한다고 보았다(정병기 2008, 55). 그밖에 사회적 책임과 안전보장 및 기본품질 보장 기능에 따른 사회적 영향도 비록 계량적 측정은 어렵지만 사회 전반적으로 심대한 것으로 나타나며 갈수록 증가하고 있다.

이와 같이 표준이 미치는 막대한 사회경제적 영향은 표준의 본질적 기능이 산출하는 표준화 효과를 통해 가능하다. 표준의 효과는 크게 수확체증 효과, 네트워크 외부성 효과, 확장성 효과 및 공공성 효과로 나눌 수 있다. 그러나 이러한 효과들이 대개 긍정적 측면을 반영한다면, 이 효과들로 인해 나타나는 부정적 측면도 있다. 고착화 현상, 양극화 현상, 악단차 효과와 속물 효과가 그 부정적 측면이다.[5]

5 이하 표준화 효과에 대해서는 정병기 2008, 55~65와 정병기 2009, 97~103.

수확 체증 효과

표준의 첫 번째 긍정적 효과는 수확 체증의 효과다. 수확 체증 효과는 한 마디로 일단 시장에서 성공한 제품이나 기업, 다시 말해 표준화를 획득한 제품이나 기업은 계속해서 성공하는 반면, 실패한 기업은 계속해서 실패하는 이른바 '긍정적 환류positive feedback' 효과를 의미한다. 어떤 제품이 시장에서 한 발 앞서 나아가기 시작하면, 그 앞선 것 때문에 시장에서 계속 앞서 나아가는 선발자先發者 이익이 극명하게 나타날 가능성이 크다는 것이다. 가격이나 기술에서 우위를 가리기 힘든 제품들이 경쟁하고 있을 때, 긍정적 환류 현상은 초기의 작은 우위성에 의해 어떤 하나의 제품이 표준화되면 이 제품이 시장 전체를 장악하여 고정되는 잠김 현상lock-in으로 연결된다. 이러한 원리가 작용하는 표준화 경쟁에서 기업은 초기 수요자 선점을 통해 선순환 효과를 이용하려고 다양한 시장 확보 전략을 모색한다(현대원 · 김광재 2007, 77).

수확 체증이란 노동시간이 추가될수록 산출량이 증가한다는 '규모의 경제economies of scale'와도 같은 의미다. 수확 체증은 특히 전기, 가스, 철도, 전화, 쓰레기 처리 같은 자원독점형 산업에 적용되는 효과지만, 최근에는 하이테크 산업에도 이 효과가 적용된다고 알려져 있다(Arthur 1996). 무엇보다 지식주도형 경제에서는 미래의 기술을 누가 먼저 선점하여 표준화하느냐가 대단히 중요하다. 표준을 획득한 기업은 그 표준이 가져오는 막대한 경제적 이득뿐만 아니라 기술 혁신 면에서도 유리한 위치에 서게 되어 긍정적 환류 효과가 더욱 커진다. 또한 경제적 이익과 기술 혁신은 관련 제품과 서비스로 확산되어 또 다시 환류됨으로써 이른바 네트워크 외부성 효과로 인해 수확체증 효과는 더욱 증폭된다.

표준 전쟁에서 배운 많은 경험들이 수확체증 효과의 증거가 될 수 있다(정병기 2008, 57~58). 쿼티QWERTY 자판이 드보락Dvorak 자판보다 인체공학적 성격이 부족함에도 불구하고 기존에 사실 표준 장악을 통해 이용도를 늘림으로써 시장을 거의 독점하다시피 한 사례도 대표적이지만, 베타 방식을 제압한 VHS방식 비디오도 비근한 예다.

마이크로소프트의 성장 신화도 역시 수확 체증의 법칙에 따른 선발자의 이익과 규모의 경제가 주는 효과를 톡톡히 누린 사례다. 웹브라우저를 가장 먼저 창시한 것은 넷스케이프 내비게이터Netscape Navigator였다. 그러나 표준화를 선점한다는 의미의 선발자는 마이크로소프트 익스프로러Microsoft Explorer였다. 이후 지나친 독점과 공격적 경영으로 비난을 받기도 했지만, 마이크로소프트는 표준화 선발자의 이익과 규모의 경제의 효과를 활용해 사업을 확장하는 한편 기술 혁신을 계속해 전 세계 웹브라우저 시장의 90%를 획득하고 사무용 소프트웨어 시장의 80%를 장악했다.

네트워크 외부성 효과

둘째, 네트워크 외부성Network Externality 효과는 '각 경제 주체가 특정 재화를 사용하여 획득하는 효용이 그 재화와 호환적인 재화를 사용하는 소비자가 많을수록 그 재화로부터 얻을 수 있는 효용이 커지는 것' 을 말한다(현대원 · 김광재 2007, 72).[6] 이 효과와 관련해 중요한 것은 표준화가 기본적으로 네트워크가 있기 때문에 존재한다는 점이다. 이 네트워크는 당해 제품의 수요자들 사이에서뿐만 아니라 유사 제품들의 공급자 사이에도 존재한다. 네트워크 내에서 일어나는 갖가지 혼란을 방지하고 생산과 유통을 원활하게 하기 위한 조치 중의 하나가 표준화다. 또한 당해 제품뿐만 아니라 호환성을 가진 다른 제품들의 수요가 많아질수록 당해 제품의 수요는 다시 커지게 된다.

네트워크 외부성은 크게 직접적인 형태와 간접적인 형태, 두 가지로 나

6 이하 표준의 기능에 대해서는 정병기 2009, 93~97.

타난다. 직접적인 네트워크 외부성은 동일 제품 사용자의 수가 증가함으로써 직접 야기되는 효용의 증가를 의미하며, 간접적인 네트워크 외부성은 호환되는 상품, 즉 보완재의 종류와 수가 증가함에 따라 그 제품의 가치가 증가하는 것을 말한다. 직접적인 네트워크 외부성은 인터넷 포탈, 커뮤니티 등 온라인 서비스 분야처럼 네트워크 안에서 상호 소통하는 것 자체의 효용이 클 경우에 잘 나타나며, 간접적인 네트워크 외부성은 운영체제M/S 분야 같이 파급 효과가 큰 영역에서 잘 나타난다.

네트워크 외부성 효과는 전화가 처음 도입되는 상황을 보면 쉽게 이해할 수 있다. 전화를 설치한 사람이 많을수록 전화로 의사소통할 수 있는 네트워크가 넓어지므로 전화의 효용과 가치는 커지게 된다. 또한 전화기 부품이나 전화 연결 관련 산업이 발전하며 이 산업이 발전할수록 전화의 효용은 다시 커진다. 뿐만 아니라 전화의 수요가 많아질수록 기술 혁신이 촉진되어 전화기와 통신 산업 자체의 가치가 증대되고 발전이 빨라진다.

이와 같이 전화는 직접적인 효과와 간접적인 효과가 동시에 발생하는 대표적 사례라 할 수 있다.

확장성 효과

셋째, 확장성의 효과는 국제표준화하는 경향을 말한다. 표준의 영역은 무한히 확대되어 왔으며, 그에 따라 표준화도 외연이 확장되어 이제 국내 차원에만 한정되지 않는다. 국제 표준을 국가 표준으로 수용하는가 하면, 국가 표준을 국제 표준으로 수립하려는 경쟁이 심화되고 있다. 이러한 과정을 통해 표준은 무한히 확장되고 있는 것이다.

사실 조직적 표준화의 역사와 기원은 산업혁명기를 훨씬 더 거슬러 올라가 이집트나 로마 혹은 진 나라 시절까지 소급될 수 있다. 그러나 국가기술표준원은 '조직화' 된 표준화의 역사를 산업혁명 이후로 보았다. 이때

'조직화' 된 표준화는 근대적 의미, 즉 산업과 관련된 의식적 표준화를 뜻한다. 따라서 산업혁명 이전에는 언어, 단위, 물건, 도구 등의 통일이 이루어졌지만 그것은 어디까지나 자연발생적인 성격을 띠었다는 것이다.

근대적 의미의 표준화 세대는 산업혁명 이후에 생겨났다. 이 시기부터 전 세계에 영향을 미치는 산업화가 이루어진 1950년대 초까지를 성숙기라고 볼 때, 이 성숙기는 표준화 제1세대가 근대적 표준화를 태동시켜 대량생산을 가능하게 했던 시기였다. 양산과 관리를 유지하는 표준화가 작동하는 시기였던 것이다.

이후 1950년대 초부터 1970년대 초까지는 전후 복구가 이루어지고 고도 성장이 이룩되는 시기였다. 대량생산 체제가 꽃을 피운 제2세대 표준화의 시기였다고 할 수 있다. 이러한 대량생산 체제에 기초하여 품질 관리가 초보적 단계에서나마 보급되고 경영 효율화를 기하면서 포드주의fordism 생산 방식의 확산 차원에서 정태적 수준의 표준화가 발전했다.

반면, 이후 1980년대 중반까지는 고도성장이 멈추고 국제적 유가파동으로 인해 새로운 경제위기와 국가들간 불균형 성장의 시대가 이어졌다. 대량생산 체제는 더 이상 작동할 수 없었으며 다품종 소량생산과 같은 포스트포드주의postfordism적 신자유주의가 새로운 경제 패러다임으로 등장했다. 그러나 1980년대 중반에 경제 회복이 가능하게 되면서 표준화도 경영과 생산의 다양화에 맞추어 동태적으로 변해갔다. 이때가 제3세대 표준화 시기였다.

제3세대 표준화 시기는 세계화로 연결되지만, 아직 세계화의 분위기가 무르익지는 못했다. 일국적 생산 위주의 세계 경제가 바야흐로 경제 회복을 시작한 단계였기 때문이다. 그렇지만 1970~80년대 경제 회복은 세계화를 결과한 것이라기보다 세계화를 중요한 수단으로 삼음으로써 가능했다.

제4세대 표준화에 해당하는 이 시기는 기술의 개념이 본격적으로 확대되기 시작하고 종합적 품질 경영이 대두한 중요한 전환기였다. 곧 표준화에 있어서는 신세대가 출현하여 표준화 자체를 독자적인 시각에서 바라보며 시스템적 접근을 추구하는 역동적 표준화가 탄생하고 표준의 국제화가 시작된 시기였다. 그 이후 표준은 바야흐로 지식과 감성을 포괄하는 새로운 세기를 열었으며, 국가 표준을 비롯한 일국 내의 표준이 국제 표준과 부합하려는 확장성의 효과가 본격적으로 드러났다.

물론 표준화는 네트워크 외부성 효과를 지님으로써 그 자체로 이미 확장성을 띠고 있다. 그러나 이제 표준화는 일국 내에 머무는 것이 아니라 세계화 현상과 더불어 국제규범화의 성격을 내면화했다는 점이 중요하다. 말하자면, 표준화의 국제성 혹은 지구적 확장성은 새로운 기술 시대에 나타난 새로운 성격이자 효과라고 할 수 있다.

한국산업표준KS의 경우에도 우리나라가 OECD에 가입한 이후 표준화의 확장성 효과를 꾸준히 활용하여 2006년에 이미 99.8%가 국제 표준에 부합하게 되었다. 물론 KS의 기본적인 내용이 고유한 성격을 지니고 있어서 국제표준과 부합할 수 없는 경우도 증가했다. 그렇지만 부합할 필요성이 있는 표준의 경우 거의 완전히 부합했다는 것은 놀라운 발전이라고 할 수 있다. 국제표준 부합화는 크게 두 가지 방향으로 이루어졌는데, 국제 표준(혹은 국제 규격)에 맞추어 국가 표준KS을 제정하는 경우와 국제 표준(혹은 국제 규격)을 적절히 수정하여 국가 표준KS으로 수용한 경우가 그것이다.

공공성 효과

넷째, 공공의 이익을 촉진한다는 의미에서 표준은 공공성의 효과를 갖는다. 현대 사회에서 표준화는 자연발생적으로 생겨나는 것이 아니라 의도적이고 조직적인 작업을 통해 공식 표준을 생산하는 방향으로 나아가고 있다. 또한 표준화의 중요성은 바로 공식 표준의 제정과 활성화에 있다고 할 수 있다. 그만큼 표준과 표준화의 공공성이 확대되고 있기 때문이다.

공공성과 강제성을 기준으로 표준과 기술규정을 구분하는 시대는 지나가고 있다고 해도 과언이 아니다. 특히 표준은 이미 인간의 삶과 문화를 아우르는 모든 영역에 침투해 있어서 공공성을 언급하지 않고는 표준을 논할 수 없는 상황이 되었다. 그렇지만 표준은 법규로 전환되지 않는 한, 여전히 자발성에 기초하는 것이 사실이다. 또한 바로 이 점이 표준에 대한 합의와 동의의 수준을 높이는 중요한 요인이 되기도 한다. 근본적으로 표준은 그 제정뿐만 아니라 활성화에 있어서도 자발성과 합의에 기초하고 있다. 다만 강제성을 띠어서라도 공공의 이익을 보호할 필요가 있을 때 강제적 법령으로 전환되어 작용할 수 있을 뿐이다.

표준은 일단 제정되면 다수의 수요자를 창출하는 성격을 가지고 있다. 특히 인간 삶의 질과 연결된 영역에서 최소한의 기준을 정하고 그에 적합한 제품과 공정 및 서비스를 권고하는 것은 국제 표준화 기구의 중요한 기능 중의 하나일 뿐 아니라, 사람들의 요구 수준이 높아져 가고 있는 현대에는 많은 동조자들을 동원하기도 한다. 그밖에 삶의 질과 직접 연결되지 않은 부문에서도 사회적 책임[SR]이 표준의 주요 대상으로 부상하면서, 표준의 공공성 효과는 더욱 확대되었다. 직접적이든 간접적이든 인간 삶과 상대적으로 더 많이 연결되어 있는 부문일수록 사람들의 관심은 높아질 것이며, 따라서 표준의 영역은 이러한 부문으로 우선적으로 확대될 가능성이 크다.

고착화 현상

표준의 사회경제적 효과들이 반드시 긍정적으로 작용하는 것은 아니다. 이 효과들과 직 · 간접적으로 얽혀서 발생하는 부정적인 효과들도 있다. 그 부정적 효과로는 고착화 현상과 양분화 현상이 대표적이며, 그밖에 네트워크 효과와 직접 관련된 부정적 파급효과도 있다. 그렇지만 이 부정적 효과들은 긍정적 효과들과 맞물려 발생하는 만큼 긍정적 효과들을 충분히 살리면 예방 혹은 해소할 수 있다. 또한 부정적 효과들은 대부분 무한 경쟁이 난무하는 사실 표준에서 자주 나타나므로, 공식 표준의 구속력 확대를 통해서도 일정한 해결이 가능하다.

부정적 효과의 첫 번째는 고착화 현상이다. 이 현상은 표준이 승자독식에 따른 독점화 폐단을 초래하여 새로운 도전의 기회를 가로막고 기술 혁신을 저해하며 네트워크 외부성 효과를 통해 소비자들의 과도한 관성을 유발하기 때문에 나타난다. 이미 쿼티 자판에 익숙해진 타이피리스트들이 인체공학적으로 더 훌륭한 드보락 자판의 사용을 거부한 것은 유명한 이야기다. 곧, 기존의 제품보다 혁신적인 제품이 등장한다고 해도 기존의 제품이 네트워크를 지배하고 있다면 소비자들은 기존 제품을 고수하게 된다는 것이다.

새로운 기술에 대한 저항으로 표출되는 소비자들의 이러한 관성은 이른바 전환 비용swiching cost 때문에 발생한다(Porter 1980). 곧, 시장이 하나의 기술에 이미 고착되었다면, 소비자들은 다른 기술로 전환하는 데 따르는 학습 시간과 새로운 제품 구입 같은 비용을 지불하지 않으려 한다는 것이다. 또한 수확 체증 현상이 적용되는 경제에서는 그 과정에서 제품 선택에 진입 장벽으로 작용할 보조금 같은 전환 비용도 이미 증가했기 때문에 소비자들의 선택은 더욱 어렵게 된다.

이러한 고착화 현상이 발생하게 되면 독점체의 전횡으로 인해 시장이 왜곡되고 새로운 기술 개발에 대한 유인도 사라지게 된다. 따라서 표준화 기구들은 일정 기간이 지나면 기존 표준에 대해 다시 점검하고 그 개폐를 논의하여 고착화 현상을 방지하기 위해 노력한다. 사실 독과점에 의한 폐단은 표준화 기구만이 해결할 문제가 아니다. 국가의 공권력과 법규를 통해 부당한 독과점의 행위를 차단하는 것이 필요하다. 그러나 국제 사회에서 국가의 행위는 한계가 있다. 따라서 적어도 이러한 점에서는 국제 사회에서 표준화 기구가 해야 할 일이 더 많다고 할 수 있다. 표준의 새로운 기능 중의 하나인 공공성의 효과를 충분히 살려 사회적 책임에 대한 표준화 작업을 확대하는 것이 중요한 방법이 될 것이다.

양극화 현상

둘째, 수확 체증 효과 및 네트워크 외부성 효과로 인해 양극화 현상도 나타난다. 기술적 우위를 바탕으로 국제적인 표준이 형성되면 기술적으로 열위에 있는 국가와 기업들은 이에 종속될 수밖에 없으며, 이러한 구조적인 종속 관계가 지속된다면 표준 선점자와 남은 자들의 양극화가 심화된다. 특히 첨단 기술의 경우, 표준을 선점한 선진국의 독점화 현상이 심화되고 있기 때문에 이러한 현상이 나타날 가능성은 훨씬 높다. 더욱이 적절한 기술 개방을 의무로 하는 표준화가 이루어지지 않고 지식재산권을 과도하게 보호하는 경우에는 표준화에 실패한 국가와 기업들이 과다한 로열티를 지불해야 하는 결과가 생기기도 한다. 모든 관련 내용들의 독점을 허용하는 특허에서 이 문제는 가장 첨예하게 나타난다. 그러나 시장에 맡겨진 사실 표준에서도 문제는 역시 마찬가지며, 표준을 지정만 할 뿐 기술 공개와 같이 표준과 관련된 책임이 수행되지 않을 때에도 결과는 마찬가지다. 곧, 양극화는 독점화의 다른 표현이라고도 할 수 있다. 결국 기업의 사회적 책임을 표준화 영역으로 확대하여 공공성의 효과를 극대화하는 것이 한 방편이 된다.

또 다른 측면의 양극화로 고용 감소에 따른 공익 훼손과 사회적 불평등이 생길 수 있다. 단순화와 통일화로 효율성을 높이는 표준화로 인해, 특히 자동화를 통한 생산 공정의 표준화로 인해 제품 품질과 기업 생산성은 향상될 수 있지만, 그 부정적 효과로 고용이 감소할 가능성이 크다. 이 문제도 역시 사회의 양극화로 귀결될 것이 자명하다. 따라서 표준화는 언제나 새로운 기능의 하나인 노동을 비롯한 삶의 질과 관련된 영역에서 공공성 효과를 고려하는 데 신중을 기할 필요가 있다.

악단차 효과와 속물 효과

셋째, 네트워크 외부성으로 인해 악단차 효과bandwagon effect와 속물 효과snob effect 및 공장 옆 과수원 효과가 발생한다(이준구 2008, 161~163; 이덕희 2008). 악단을 태운 악단차가 마을 어귀를 돌아다니며 공연 선전을 할 때, 이 악단차 뒤에는 악단 구성원뿐만 아니라 이 선전 광경을 보려는 구경꾼들이 따라다닌다. 이처럼 한 무리의 사람들이 유행을 이끌면 이후 다른 사람들이 그 유행을 따르는 현상이 악단차 효과다. 표준화로 인해 유행이 성립된다면 그 제품이 잘 팔리게 되는 효과가 바로 악단차 효과의 하나다.

속물 효과는 명품 소비가 대표적 예다. 이른바 속물 근성이 강한 사람일수록 남들이 감히 사지 못하는 값비싼 명품에 집착한다. 남들이 구매하지 못하는 물건을 지님으로써 자신의 능력과 힘을 과시하려는 심리가 깔렸다고 할 수 있다. 이 경우에는 어떤 상품을 소비하는 사람이 많을수록 그 상품의 소비가 오히려 줄어드는 결과가 생겨난다. 이러한 경우도 네트워크 외부성 효과의 하나다.

매연을 뿜어대는 공장 옆의 과수원도 이 네트워크 외부성 효과로 인해 손해를 보는 경우다(이덕희 2008). 우리나라에서 문제된 바 있는 소위 '쓰레기 시멘트'의 문제가 대표적 예다. 쓰레기 재활용을 위해 화학 쓰레기들까지 녹여 시멘트를 만듦으로써 그 유독 가스와 먼지로 인해 주변 농장의 피해가 심각하게 나타났었다.

그러나 속물 효과는 표준화와 관련해 그다지 심각한 문제로 떠오르지 않는다. 이른바 속물 근성은 표준화와는 무관한 다른 사회적 · 인성적 차원의 문제기 때문이다. 따라서 속물 효과는 표준화로 인해 생겨나는 폐해도 아닐뿐더러 표준화로 해결할 수 있는 문제도 아니다.

악단차 효과에서 나타나는 '유행' 의 의미도 단순히 '남을 따라 하는 유행' 의 의미라면, 이 근성 또한 또 하나의 속물 근성이라고 할 수 있다. 남들이 다 하는 것을 하지 못함으로써 자신의 능력이 뒤떨어진다고 생각하는 열등감에서 무리와 낭비를 초래하면서까지 유행을 따라가는 것은 소극적 의미의 속물 근성인 것이다. 표준화에서 이야기하는 다수 수요의 획득은 표준의 기본 품질 보장 기능을 전제로 하여 그 효용과 가치를 인정받았다는 의미를 갖는다. 물론 유행을 '사실 표준' 으로 볼 수도 있다. 그러나 '사실 표준' 도 최소한의 기능과 품질을 보장받은 측면에서 확보될 때 진정한 의미의 표준이 된다. 그리고 표준화는 '공식 표준' 의 제정과 활성화에 한정하는 것이므로 속물 근성에 따른 '유행' 은 표준화의 직접 관심사가 아니다.

반면 공장 옆 과수원의 문제는 표준화가 의도하지 않은 문제지만 표준화와 관련될 수도 있다. 위의 예에서 '쓰레기 시멘트' 를 환경 보호와 관련된 우수 제품으로 표준화했다면 그것은 표준화의 심각한 오류가 될 것이다. 그러나 이 오류도 역시 표준의 본래 기능에서 파생된 것이라기보다 표준화 활동의 오류로 인해 파생된 결과일 뿐이다. 표준을 제정할 당시에 고려할 환경 문제는 쓰레기 재활용만이 아니라 인근 자연 환경의 보호도 포함된다. 그럼에도 불구하고 표준화 과정에서 고려할 사항을 충분히 고려하지 못한 심사상의 오류인 것이다. 따라서 이것은 절차상의 시정으로 해결할 문제라고 할 수 있다.

제5장

표준이 열어가는 세상과 원리

표준이라면 흔히 기술 표준을 떠올린다. 각종 공산품과 생활 용품에 새겨진 KS 마크를 통해 우리는 표준을 상상한다. 그러나 표준의 확장에서 살펴보았듯이 이제 표준의 개념은 기술에만 한정되지 않을 뿐만 아니라 기술 개념도 무한히 확장되어 왔다. 기술의 개념이 2차 산업에 머물지 않음과 동시에 표준 개념도 인문 사회 영역까지 아우르게 되었다는 것이다.

과거에 기술은 개념과 발상을 실용적 과제에 적용하여 제품이나 서비스로 전환해내는 방법을 일컫는 말이었다. 그러나 1990년대 정보 사회가 발전하면서 기술의 의미는 2차 산업의 영역을 넘어 정보통신IT 산업과 소프트웨어S/W 산업 및 바이오 산업에 두루 적용되는 지적 인프라를 의미하게 되었다. 게다가 21세기에 들어오면 더 이상 지능으로도 설명할 수 없는 문화적 현상들에까지 기술의 개념이 적용되고 있다. 감성에 호소하는 영화 같은 문화 산업들이 그 대표적 예다. 이때 기술은 스크린과 매체 제작 등에만 적용되는 것이 아니라 영상과 음향 등의 미적 영역에도 개입한다.

주의할 것은 산업의 발전이 결코 단선적인 방향으로 흘러가지 않는다는 것이다. 정보 통신 분야에서 디지털 융합이 나타나듯이 각기 다른 산업과 기술들이 네트워킹을 통해 연결되는 복합 시스템이 출현하고 있다. 특정 산업이 다른 산업들과 연결되면서 수렴하는 한편 끊임없이 또 다른 산업들이 생겨난다. 다시 말해 다양성 속의 융합과 수렴 속의 다양화라는 점이 현대의 특징이라고 할 수 있다. 특히 지식과 감성에 기반한 기술들은 수렴하면서도 다양성을 중시한다. 그에 따라 기술 표준으로 상상되던 표준도 이제는 인문 사회 영역과 수렴하고 융합하면서 다양성을 띠어간다.

그럼에도 불구하고 표준이 다양성을 저해하는 것으로 오해하는 경우가 적지 않다. 현대가 다양성의 사회라고 불리는 것처럼 수렴과 융합도 다양성이라는 거대한 담론의 외형으로 이해되는 상황에서 이러한 오해는 표준을 자칫 현대 사회의 흐름에 역행하는 것으로 판단하는 또 다른 오해를 초래할 염려도 있다. 이것은 아마도 통일성을 지향하는 표준의 한 속성 때문일 것이다. 사실 표준은 통일성과 다양성의 갈등 속에서 발전하고 있다고 해도 과언이 아니다. 그러나 현대 사회의 표준은 통일성의 논리만이 아니라 다양성의 논리로도 풀 수 있으며, 오히려 다양성의 논리로 더 잘 풀어낼 수 있다.

표준은 리좀적 다양성을 추구

들뢰즈Gilles Deleuze와 가타리Felix Guattari는 현대 사회를 다양성의 논리로 설명하는 대표적인 사회철학자들이다. 이들의 핵심 논리인 리좀rhizome 이론을 표준에 적용하면, 표준은 리좀적 다양성을 추구한다고 할 수 있다(Deleuze and Guattari 2003 참조). 곧 표준화는 리좀 운동처럼 단절과 연속의 동시 작용을 통해 다양성을 해치는 것이 아니라 오히려 촉진하는 활동이다. 구근(球根)이나 덩이줄기를 말하는 리좀은 집중화되어 있지 않고, 위계도 없으며, 기표 작용도 하지 않고, 조직화하는 기억이나 중앙 자동장치도 없으며, 오로지 상태들이 순환하는 체계다. 이와 같이 각종 기술의 발전이나 인문사회적 규범들의 발전을 추동하는 덩이줄기가 곧 표준이며, 그렇기 때문에 표준은 현대 사회의 특징을 구현하는 핵심 요소라고 할 수 있다.

리좀은 고정된 체계에 머물지 않고 언제나 유일성(唯一性, l' unique)을 뺀

〈n-1〉의 다양성으로 표현된다. 곧 현대 사회는 분기하는 다양성으로 나타나는데, 이것은 유일성의 폐해로부터 탈출하는 방식이기도 하다. 표준도 이와 같이 특정 기업의 독점적 생산을 방지하고 호환성을 통해 최소한의 기준으로 더욱 다양한 상품과 서비스의 생산이 가능하도록 만든다.

다양성의 사회에서 표준은 리좀 체계 최초의 뿌리와 같다. 리좀 모양이 된다는 것은 단지 변화하고 변신하는 것만을 의미하지 않는다. 리좀은, 초기에 성장을 멈추고 퇴화해 밑동에서 원뿌리와 곁뿌리의 구분없이 수염처럼 덥수룩하게 자라나는 수염뿌리와 다르다. 리좀에서 분기하는 줄기들은 나무 몸통으로 뚫고 들어가면서 언제나 뿌리들과 연결되어 생산되는 굵거나 가는 줄기들이다. 현대 사회는 체계이되 다양성을 띤 체계라는 것이다. 다양한 현대 사회에서 표준화는 나무 몸통으로 뚫고 들어가되 언제나 연결되어 생산되는 줄기들의 뿌리를 이루며 기준과 규범의 체계를 만든다. 들뢰즈와 가타리는 리좀의 단절과 연속을 통한 전사轉寫로 나타나는 발전적 재생산을 기대한다. 표준은 리좀의 원뿌리와 같이 질적 다양성을 보장하는 최소 규범이 됨으로써 전사의 원리를 재현한다.

리좀은 연결과 접속의 원리를 따른다. 리좀에서 생성되는 굵거나 가는 줄기들은 부단히 자신을 부정하며 단절을 시도하지만 그 뿌리들의 연속임을 잊지 않는다. 이것을 들뢰즈와 가타리는 탈영토화와 재영토화로 표현한다. 벗어나면서도 다시 근원과 함께 한다는 것이다. 그리고 이것은 어디까지나 폐쇄된 공간이 아니라 열려진 공간에서 작동하는 다질성과 다양체의 원리를 따라 작동한다. 한 번 제정된 표준은 끊임없이 그 효용과 타당성을 검증받으며 보다 새롭고 질 높은 표준으로 대체된다. 그리고 표준화 과정은 공개적이고 참여적인 방식으로 진행된다. 다시 말해 과정과 결과의 다질성과 다양체를 보장하는 다양성의 절차를 밟는다.

리좀은 단순한 복사가 아니라 지도를 제작하듯이 연속적으로 확장되는 지도 제작의 원리를 따른다. 리좀은 시작도 끝도 갖지 않고 언제나 중간을 가지며, 중간을 통해 자라고 넘쳐나 확대된다. 리좀은 n 차원의 다양체에서 언제나 〈하나〉가 빼내진다$^{(n-1)}$. 그러한 다양체는 자신의 차원들을 바꿀 때마다 본성이 변하고 변신한다. 표준이 변하는 것도 기존의 표준을 빼낸 다음 더 나은 표준을 향해 나아가며 항상 새로운 표준들의 구상으로 이어진다. 표준은 표준화의 대상이 생성되기 전에 제정되는 것이 아니라 대상들이 존재할 때 중간에서 개입하여 이들 중에서 혹은 이들을 발전적으로 종합 추출해 제정되고 끊임없이 수정된다. 중간을 통해 자라면서 발전적으로 확대 재생산되는 것이다.

표준은 질 높은 다양성을 확대 재생산

통일성을 통해 호환성을 확보하는 것이 표준의 속성이다. 그러나 이 통일성은 유일성이나 획일성을 말하는 것이 아니다. 유일성이나 획일성에 속박된다면 이러한 표준으로부터 생성되는 상품과 서비스도 획일성과 독점성으로 이어질 수밖에 없다. 적어도 호환성이 확보되려면 리좀으로부터 덩이줄기가 생겨나듯이 표준에 따라 언제나 상호 교체가 가능한 다양한 제품과 서비스들이 생산되어야 한다. 또한 새로운 제품과 서비스들은 기존의 표준으로부터 또 다른 발전적 표준을 제정하는 방향으로 나아간다. 이 새로운 표준은 기존 표준의 영역을 넘어서면서 계열적으로는 기존 표준에 착근한다. 최초 표준에서 리좀적 다양성이 확대 재생산되면서 표준이 발전함과 동시에 제품과 서비스가 함께 발전하는 것이다.

현대 사회를 유목민의 사회라고 한다. 산업과 지식의 발전은 감성 영역으로까지 침투하고 있다. 어디에도 정착하고 안주하는 움직임은 없다. 이것은 비단 도주가 아니라 미지의 장소를 찾아 재영토화하는 개척이다. 표준은 그 착근의 지점이며 새로운 개척의 규범이다.

제2부

표준은 전리품인가, 합의의 대상인가?

제1장

표준의 종류와 이해관계자

표준을 분류하는 방식은 표준이 없다고 할 정도로 다양하다. 그 다양한 분류 기준들은 주로 분야, 제정 주체, 제정 대상, 적용 범위, 구속성 등으로 거론된다(신명재, 2007 참조). 그중 가장 포괄적인 분류는 '공식 표준de jure standards' 과 '사실 표준de facto standards' 이라는 제정 주체에 따른 구분과, 인문 사회 표준과 과학 기술 표준이라는 분야별 분류다.

다양한 표준 분류

우선 사실 표준과 공식 표준은 누가 혹은 어디에서 제정하고 결정하는가에 따른 분류다. '사실 표준' 은 정해진 제정 절차가 따로 없이 시장에서 자유 경쟁의 결과 시장을 선점한 자가 장악하는 것으로 웹브라우저 표준이 넷스케이프 네비게이터에서 인터넷 익스플로러로 대체된 경우를 예로 들 수 있다. 반면 공식 표준은 공공성이 높은 대상에 대해 표준을 제정하는 공식 기구에 의해 정해진 절차에 따라 제정되는 표준으로 국제표준화기구ISO가 제정하는 ISO표준이나 우리나라 국가기술표준원이 제정하는 KS 표준이 여기에 해당한다.

인문사회적 표준은 사회 문화 영역을 포함하는 인문사회적 분야에 걸친 각종 규준과 가치 및 기호 등을 망라하는 것이며, 과학기술적 표준은 과학과 기술 분야의 각종 자료와 단위 및 규정 등을 의미한다. 인문사회적 표준에는 언어 · 부호 · 법규와, 능력 · 태도 · 행동규범 · 책임, 그리고 전통 · 관습 · 가치 · 권리 · 의무 등 세 부류가 있으며, 과학 기술 표준은 다시 성문 표준과 측정 표준 및 참조 표준으로 구분된다. 성문 표준은 문서화된 규정, 사양, 용어, 부호, 기호 등으로 나타나며, 측정 표준은 국제 단위계(미터, 킬로그램, 초 등)와 이를 더 구체화한 법정 계량 단위(킬로미터, 밀리그램, 섬도, 입도 등) 및 표준 기준 물질(온실가스 측정용 혼합가스, 수질 평가용 표준 용액 등)을 말한다. 측정 가능한 물리적 혹은 화학적 특성과 관련된 정량적 정보인 참조 표준은 아보가드로 상수나 만유인력 상수 등과 같은 물리 화학 상수, 철강의 재료 특성이나 플라즈마 물적 특성 데이터 같은 관측 자료, 그리고 인구 통계처럼 조사에 의해 얻어지는 통계 데이터 등이 대표적 예다.

제정 대상에 따른 분류는 우선 표준의 성격에 따라 기본 표준, 용어 표준, 상품 표준, 공정 표준, 서비스 표준 및 인터페이스 표준으로 나누며, 다음으로 표준 작용에 따라 방법 표준, 전달 표준, 방식 표준, 제품 표준으로 나누는 방식이다. 기본 표준은 특별한 분야에 대해 광범위한 일반적 규정을 담고 있는 표준으로서 직접 적용하거나 다른 표준의 기초가 되는 표준을 말한다. 용어 표준은 개념과 용어의 정의를 다루며, 상품 표준과 공정 표준 및 서비스 표준은 말 그대로 각각 상품과 공정 및 서비스에 대해 규정한 표준들이다. 그리고 인터페이스 표준interface standard은 상품이나 시스템이 다른 상품이나 시스템과 접속할 때 호환성을 갖도록 하기 위해 특별한 요건을 규정한 표준이다. 방법 표준은 시험 방법을 규정한 표준을 말하고, 전달 표준은 전달을 목적으로 하는 표준으로서 금속이나 재료 같은 물질의 자연 측정값이나 단위와 계산법 등을 표준으로 정해둔 것을 칭한다. 그리고 방식 표준은 통신 방식 같은 방식을 규정하며, 제품 표준은 제품의 세부 내역이나 요구 사항을 정해둔 표준이다. 때로는 방식표준을 전달 표준에 포함시키기도 한다.

적용 범위에 따라 분류된 표준은 국제 표준, 지역 표준, 국가 표준, 단체 표준, 사내 표준이 있다. 이 표준들의 적용 범위는 각각 국제, 지역, 국가, 단체, 회사로 좁혀진다. 이 때 지역은 일국 내의 공간이 아니라 아시아 태평양이나 유럽 등 국가를 넘어서는 초국적 지역의 개념이다. 적용 범위에 따른 표준의 구분은 공식 표준만 보면 다시 제정 주체에 따른 분류라고도 할 수 있다. 세계적 국제 표준화 기구에 의해 제정되어 마크를 부여하는 경우가 국제 표준이며, 지역적 국제 표준화 기구가 제정하여 마크를 부여하는 것이 지역 표준이다. 마찬가지로 국가 표준화 기구가 제정하여 마크가 부여되면 국가 표준이며, 단체나 회사가 제정하여 단체나 회사 내에서 사용하면 단체 표준 혹은 사내 표준이 된다. 한편 사실 표준은 시장 메커니즘에 의해 결정되므로 이 모든 범위에서 작동하는 수준별 시장 메커니즘에 의해 만들어질 수 있다.

표준을 적용의 강제성, 즉 구속성에 따라 분류하기도 한다. 법에 의해 강제적으로 기업이나 기타 생산자들에게 의무화시키는 강제 표준과, 기업이나 기타 생산자들이 자율적인 판단에 의해 선택적으로 결정하는 임의 표준이 그것이다. 법으로 기술적 사항들을 규정한 기술규정(Technical Regulation, 기술기준이라고도 함)이 강제 표준의 대표적인 경우며, 그밖에 일반적으로 '표준' 이라고 공식 언급되는 것은 대부분 임의 표준에 해당한다.

그러나 이 분류들은 대개 다른 분류들과 현실적으로 중첩되기 때문에 논리적 구분을 위해 필요할 뿐이다. 예를 들어 국제표준화기구ISO가 제정한 표준은, 제정 주체별 분류에서는 공식 표준에 해당함과 동시에 적용 범위에 따른 분류에서는 국제 표준에 해당한다. 또한 그 표준이 분야별로 과학 기술 표준의 측정 표준에 속하면서 제정 대상별로 방법 표준일 수 있으며 구속성 면에서 임의 표준에 해당할 수 있다.

문제는 폭넓은 공공성을 띠어 적용 범위가 넓고 많은 사람들에게 피해나 이익을 가져올 표준을 어떻게 제정할 것인가다. '사실 표준' 도 공공성이 현저하게 높을 경우 '공식 표준' 으로 수용해가는 추세를 볼 때 이 문제는 특히 공식 표준에서 핵심적으로 나타난다. 다시 말해 공식 표준은 언제나 제안에서부터 제정에 이르기까지 심각한 경쟁과 갈등이 생겨나며 이 갈등의 조정 또한 공개적이고 민주적으로 이루어져야 할 필요가 있다. 그 갈등 조정에 대해서는 뒤에서 살펴보기로 하고 이 장에서는 표준 분류에 따라 어떤 이해관계자stakeholder가 존재하고, 특히 시장에서 주요 행위자인 생산자와 소비자가 표준 제정과 관련해 어떤 위치에 있는가를 고찰한다.

공공성에 따른 표준 재분류

공식 표준의 제정은 '사실 표준' 을 '공식 표준' 으로 인정하는 것과 공백 상태에서 최초의 표준을 제정하는 것으로 나눌 수 있다.[1] 그러나 공식 표준 제정의 필요성과 목적은 이미 얘기한 바와 같이 공공성의 확보다. 그런데 이 공공성은 적용 범위에 따라 달리 현상하기 때문에 새로운 분류가 필요하며 가능하다. 우선 사회성과 국가성이라는 두 기준으로 분류할 수 있다. 사회성은 특정 분야에만 적용되는 직능적 공공성과 사회 전체에 적용되는 사회적 공공성으로 나누는 기준이 된다. 그리고 국가성은 일국 내에서 특정 지역에만 적용되는 지역적 공공성과 국가 전역에 걸치는 국가적 공공성 및 국제적으로 적용되는 초국적 공공성으로 나누는 기준이 된다. 이러한 분류에 따라 아래 표에서 보는 것처럼, 표준은 직능적/사회적 표준과 지역적/국가적/국제적 표준이라는 분류로 나타난다.

직능적 지역 표준은 농기계, 자동차 등 특정 분야에만 적용되는 표준으

1 이하 새로운 표준 분류에 대해서는 정병기 2010, 126~128.

공공성에 따른 표준의 재분류

사회성 / 국가성	직능적 공공성	사회적 공공성
지역적 공공성	직능적 지역 표준	사회적 지역 표준
국가적 공공성	직능적 국가 표준	사회적 국가 표준
초국적 공공성	직능적 국제 표준	사회적 국제 표준

로 한 국가 안에서도 특정 지역에서 제정되고 적용되는 표준을 말하며, 사회적 지역 표준은 특정 지역 사회의 전 산업에 영향을 미치는 포괄적 표준으로 역시 한 국가 안의 특정 지역에서 제정되고 적용되는 표준을 의미한다. 그리고 직능적 국가 표준은 농기계, 자동차 등 국가 전역의 특정 분야에만 적용되는 표준으로 한 나라 안에서 제정되고 적용되는 표준이며, 사회적 국가 표준은 전 산업과 사회에 영향을 미치는 포괄적 표준으로 역시 한 나라 안에서 제정되고 적용되는 표준이다. 마찬가지로 직능적 국제 표준은 특정 분야에만 적용되는 표준이지만 국제적으로 적용되는 표준을 뜻하며, 사회적 국제 표준은 전 산업과 사회에 영향을 미치는 포괄적 표준으로 역시 국제적으로 적용되는 표준을 말한다.

표준의 이해관계자와 생산자 및 이용자

이러한 분류를 통해 표준화를 둘러싼 이해관계자들을 정리할 수 있다. 사실 표준의 이해관계자들은 표준의 생산자, 이용자, 제정자뿐만 아니라 상품과 서비스의 생산자와 소비자 및 국가와 사회단체 등 다양하게 얽혀 있다. 따라서 이들을 향후 갈등 조정에 적절하게 규정하기 위해서는 개념을 정확하게 정의할 필요가 있다. 우선 표준 생산자standards producer는 표준을 제안하거나 획득한 개인이나 기업 혹은 기타 사회 집단이나 정부 및 공공 기관으로 이해하고, 표준 이용자standards user는 생산된 표준을 소비 · 이용 · 사용하는 개인이나 기업 혹은 기타 사회 집단이나 정부 및 공공 기관으로 정의한다. 특히 후자의 경우는 다시 개인을 포함해 시장의 대중 소비자들을 대중 이용자라 부르고, 기업이나 표준 관련 사회 집단 및 정부나 공공 기관을 단체 이용자라 칭한다. 그리고 표준 제정자는 표준화 과정을 관할하는 공공기관인 표준화 기구를 의미하는 것에 한정하며, 조정자는 표준화 과정에서 갈등하는 이해관계자들의 입장과 주장들을 조정하는 행위자로 규정한다.

상품 및 서비스와 관련해서는 일반적인 용어법을 사용하는 것이 편리하다. 생산자producer를 표준의 대상이 되는 상품, 서비스, 가치 등을 생산하는 개인이나 기업 혹은 기타 사회집단이나 국가로 규정하고(주로 기업을 지칭하는 경우가 많다), 소비자consumer는 표준의 대상이 되는 상품, 서비스, 가치 등을 소비 혹은 사용하는 개인이나 기업 혹은 기타 사회집단이나 국가로 정의한다. 그리고 국가는 시장, 사회, 정부를 통칭하는 광의의 개념으로 사용되기도 하지만, 주로 시장 및 사회와 달리 공권력을 가진 영역으로서 정부(행정부)를 포함해 사법부와 의회까지 아우르는 모든 공적 기관을 의미한다.

이렇게 볼 때 시장에서 생산자와 소비자로 나타나는 기업과 일반 대중이 표준에서는 반드시 그렇지 않다는 것을 알 수 있다. 표준을 제안하고 제정하는 자도 개인이나 기업 혹은 사회 집단이나 국가 공공 기관이 될 수 있으며, 표준을 구매하고 이용하는 자도 마찬가지다. 특히 최근 국제표준화기구가 제정한 사회적 책임SR 국제표준ISO 26000은 기업과 단체 및 공공기관이 사용하는 표준의 대표적 예다.

이제 중요하게 남은 문제는 모든 이해관계자들이 함께 참여하고 제정해 나가는 표준 제정의 민주적 과정이라고 할 수 있다. 제정자와 이용자가 따로 없는 상황에서 표준 제정을 둘러싼 갈등을 민주적으로 조정하고 참여와 동의에 입각해서 이루어지도록 할 때 이후 표준 이용에서 나타나는 문제들을 미리 방지할 수 있기 때문이다.

제2장

역사와 표준 전쟁

정치 중심의 역사가 산업 사회를 거쳐 정보 사회로 들어섰다. 현대는 인간의 지능뿐만 아니라 오욕 칠정을 표출하고 소비하는 시기다. 개념과 발상의 다양성은 필수가 되었고 이를 감성적으로 실용화하는 단계에서 일정한 규범이 필요하게 되었다. 역사는 이처럼 다양성을 향해 비약적으로 발전해왔으나 새로운 규범에 대한 깨우침은 표준의 제정을 시장에 맡겨둔 채 치열한 전쟁을 겪고서야 가능했다. 표준을 둘러싼 갈등은 총성 없는 전쟁이었다.[2]

비디오 표준 전쟁

비디오 표준 전쟁은 1970년대 소니와 마쓰시타의 테이프 녹화방식 다툼에서 시작해 이후 세 차례에 걸쳐 진행되었다. 소니의 베타-맥스β-MAX는 소니 사 자체가 개발한 '베타' 테이프에 녹음하는 방식이며, 마쓰시타의 VHS는 일반 가정용 비디오테이프에 녹화하는 방식이었다. 베타맥스는 성능이 최고라는 의미를 부여하기 위해 최고라는 뜻의 'MAX' 라는 단어를 넣어 지어진 이름처럼 약 1cm의 테이프에 많은 분량의 화상을 녹화할 수 있으며 화면의 선명도와 용량도 월등히 앞섰다. 반면 VHS(비디오 홈 시스템,

2 이하 표준 전쟁에 대해서는 정병기 2008, 13~20.

Video Home System)는 되감기와 빨리감기의 기능이 베타맥스보다 낫기는 했으나 크고 무거워 휴대가 곤란했으며 여러 면에서 성능이 뒤떨어졌다.

1970년대는 아직 전통적인 협의의 기술 개념이 통용되던 시기였다. 소니는 이러한 기술적 우위를 이용해 시장을 장악하려 하였다. 특히 일본에서는 비디오를 즐겨보는 학생들 사이에서 베타맥스와 VHS를 두고 때로는 미묘한 신경전이 벌어지고 때로는 격론이 벌어지기도 했다. 기술적인 우위를 자랑하는 베타맥스 비디오 레코더는 자랑거리가 된 적도 있다.

결국 기술적인 면에서 열세인 마쓰시타 사는 히타치나 미국 전기 · 방송회사 RCA 등 관련 생산자 및 소비자들과 함께 가는 전략을 선택했다. 동맹군 확보를 위해 VTR 기술을 공개하고 호환성을 확보하는 등 표준화 전략을 구사한 것이다. 결과는 마쓰시타 사 VHS의 승리였다. 마쓰시타 사가 구사한 표준화 전략은 관련 생산자 동맹군을 확보하여 네트워크 효과를 거두었고, 그에 더하여 소비자성 확보를 통해 사실 표준을 장악한 것이다.

소니 사는 치명적인 타격을 입었고, 마쓰시타 사는 연 2조원 이상의 로열티 수입을 거두어 베타맥스 방식을 시장에서 퇴출시켰다. 이제 비디오를 즐기는 사람들 사이에서 베타맥스 비디오를 소유한 사람은 '왕따' 를 당했고, 비디오테이프를 구할 수 없는 지경에 이르렀다. 베타맥스와 VHS의 표준 전쟁은 '(전통적 의미의) 기술적인 면에서 앞선다고 해서 잘 팔리는 것은 아니다' 라는 교훈을 처음으로 남긴 사건으로 유명하다. 곧, 관련 제품과의 호환성과 소비자성을 장악하는 표준화 전략의 중요성을 일깨웠으며, 이제 '기술' 도 소비자들과 함께 갈 수 있어야 한다는 점을 알게 해준 것이다.

제2차 비디오 표준 전쟁은 빅터 사의 도전으로 시작되었다. 1980년대에 빅터 사가 마쓰시타 VHS 방식을 기본으로 소니 베타맥스 방식의 장점을 살려 VHS 방식을 압축적으로 개량한 C-VHS(Compact VHS) 제품을 내놓은 것이다. 기술적으로는 VHS 방식과 동일하지만 저장 테이프의 크기가 작아진 제품이었다. 소니 사 베타맥스의 장점을 뒤늦게 흡수한 것이다. 그러나 빅터 사는 소니 제품의 장점만 흡수한 것이 아니라 단점까지도 수용하는 오류를 범했다. VHS의 몇 안 되는 장점들 중 하나였던 가정용 VTR에서의 즉시 재생이라는 기능이 사라진 것이다. 빅터사는 곧 이를 극복하기 위해 VHS 테이프의 크기로 변환해주는 어댑터 홀더를 사용하도록 만들었으나 시장은 이미 이러한 복잡한 절차를 용납하지 않았다.

게다가 제1차 비디오 표준경쟁에서 패배한 소니 사는 새로운 전쟁에 철저하게 대비하고 있었다. 와신상담 끝에 내놓은 소니 사의 제품은 8mm 캠코더였다. 8mm 마그네틱 테이프를 이용한 이 캠코더는 크기도 작을 뿐 아니라 AV케이블을 이용해 TV 재생이 가능한 제품이었다. 소니 사에게 설욕의 기회가 온 것이다. 소니 사는 과거의 경험을 바탕으로 호환성 확보 전략에 주력했다. 캐논, 히타치 및 한국의 삼성 등과 제휴하여 관련 제품들과의 호환을 가능하게 했다. 반면 선발 주자가 된 C-VHS는 호환성보다 다양성의 개발에 주력했다. 동일한 경험에서 배운 바가 서로 달랐던 것이다. 승리는 역시 8mm 방식의 소니 사에게 돌아갔다. 역사가 그래왔듯이 표준 전쟁은 계속된다. 승자의 안이함은 2차 전쟁에서의 패배로 연결될 수밖에 없다. 기술적인 우위가 반드시 잘 팔리는 것을 의미하지는 않지만, 잘 팔린다고 해서 기술개발을 무시하면 안 되는 것이다. 표준을 장악했다고 해서 기술 혁신을 게을리 한다면 결국 새로운 기술 개발과 표준 전쟁에서 질 수밖에 없다.

'30년 만의 리턴 매치' 로 알려진 제3차 표준 전쟁은 소니의 블루레이 blue-ray와 도시바의 HD DVD의 경쟁이었다. 블루레이는 기존 DVD보다 저장 용량이 10배 정도 더 크며, HD DVD는 저장 용량은 기존 DVD보다 5배 정도만 크지만 제작 비용과 가격이 블루레이보다 훨씬 저렴하다는 장점을 가지고 있었다. 이 전쟁의 특징은 두 경쟁자들이 모두 표준의 중요성을 깨닫고 공히 표준화 전략을 구사했다는 점이다. 그 표준화 전략들의 핵심은 컨텐츠 회사들과 연계하여 기술적 네트워크를 형성하는 것이었다. 그리고 이 싸움은 소니와 도시바라는 두 회사만의 전쟁이 아니라, 블루레이 진영과 HD DVD라는 두 진영으로 나뉘어 벌이는 혈전이기도 했다.

블루레이 진영에는 파나소닉, 마쓰시타, 샤프, 디즈니, 폭스 등 약 100개 회사들이 가세하고, HD DVD 진영은 도시바와 NEC가 주도하는 가운데 마이크로소프트, 인텔, 캔우드, 타임워너 사 등 83개 회사들이 동참했다. 블루레이 진영의 특징은 거대 할리우드 영화사들이 초기부터 가세했다는 점이고, HD DVD 진영의 특징은 거대 컴퓨터 관련 회사들이 참가했다는 점이다. 특히 콘텐츠를 담당하는 할리우드 영화사들이 대부분 표준 규격의 열쇠를 쥐고 있다는 점이 HD DVD에게 부담으로 작용했다. 그러나 HD DVD도 나중에는 파라마운트와 유니버설 등의 영화사들을 포섭하는 데 성공했으며 블루레이보다 유리한 양산 체제에 저렴한 가격으로 공세를 강화했다. 더욱이 거대 컴퓨터 회사들의 참여는 HD DVD 진영의 뒷심으로 작용했다. 두 진영의 싸움은 확실히 결판나지 않았고 새로운 제품을 둔 경쟁으로 이어졌다. 이제는 표준화 전략을 누가 구사하느냐의 문제가 아니라, 어떤 표준화 전략을 어떻게 구사하는가에 승패가 달려 있다.

표준 전쟁의 양상은 바야흐로 표준을 아는 자들 간의 싸움으로 발전하여 그 전략의 정교화를 향해 나아가고 있기 때문이다. 한 가지 분명한 점은 표준 경쟁은 패자에게는 남는 것이 아무 것도 없는 승자독식의 전쟁이라는 것이다.

컴퓨터 표준 전쟁

1970년대 후반 애플 컴퓨터의 인기는 자못 대단했다. 컴퓨터를 좋아하고 잘 아는 사람들 사이에서는 새로 출시된 소형 컴퓨터 'Apple II'의 매력을 보고 너도나도 앞장서 구매하기 시작했고, 이 신형 컴퓨터의 소장은 컴퓨터 마니아들의 자랑거리기도 했다. 1978년에 출시된 후 2년 만에 애플 II의 매출은 1억 1,700만 달러로 대형 컴퓨터 업체인 IBM을 위협하기에 충분했다(현대원 · 김광재 2007, 43). 이에 맞서 IBM은 소형 컴퓨터 'PCPersonal Computer'를 내놓았다. 이후 소형 컴퓨터 표준 경쟁은 Apple과 IBM PC간의 전쟁으로 치달았다.

애플은 사용자가 그래픽을 통해 컴퓨터와 정보를 교환하는 작업 환경인 GUIGraphic User Interface를 도입한 매킨토시로, 미려한 폰트를 자랑하는 우수하고도 다루기 쉬운 그래픽 기능을 가지고 기술 우위 전략을 구사하였다. 반면 IBM은 1990년대 이후 공개 표준 전략을 통해 시장 진입의 수월성과 경쟁력을 꾀하며 가격 인하와 성능 개선 및 호환성 확보를 추구하였다. 표준화 전략에 대한 이해에서 IBM이 단연 앞섰던 것이다.

게다가 본체와 모니터 및 키보드가 분리되지 않는 애플은 비록 외형적으로 수려한 자태를 뽐내면서 소비자들의 눈길을 끌었으나 각 부분들을 별도로 구입할 수 없다는 점에서 상대적으로 실용성이 떨어졌다. 그와 달리 IBM PC는 세 부분이 모두 분리되어 각각 구입할 수 있을 뿐만 아니라 PC 내에 들어가는 부품들은 IBM 사가 아닌 다른 생산업체들이 생산한 부품을 사용할 수도 있는 호환성을 가지고 있었다. 결국 실용성과 호환성 면에서 소비자들의 선택은 IBM PC로 몰려갔다. 여기에 윈도우가 등장하면서 윈도우와 호환성을 확보한 IBM PC 및 이를 본 뜬 제품들은 90% 이상의 시장을 장악하였고 애플은 소형컴퓨터 시장에서 심각한 위기에 봉착했다.

자판 표준 전쟁

주연보다 조연Angelina Jolie Voight에 기댄 영화 〈원티드Wanted〉에서 주인공 웨슬리가 회사의 컴퓨터 앞에 앉아 자판의 불편함을 호소하며 인체공학적 자판이 없다는 사실에 짜증을 낸다. 결국 그는 영화의 플롯에 따라 킬러로 변신하기 직전에 끝없이 짜증나게 하는 회사를 박차고 나올 때 평소 자신에게 얄밉게 처신하던 동료의 면상을 자판으로 후려친다. 날아간 글쇠들은 "FUCK YOU" 였지만 그 자판은 분명 쿼티QWERTY 자판이었다.

손목 건강을 위해 자판 보조대가 개발되기는 했으나, 우리가 주로 사용하는 쿼티 자판은 1867년 인쇄업자 크리스토퍼 래썸 숄즈Christopher Latham Sholes가 개발한 것으로 이후 레밍턴Remington 사가 상업화에 성공한 제품이다(현대원 · 김광재 2007, 40~42). 글자판 좌측 상단에 나란히 QWERTY라는 알파벳이 배열되어 있다고 해서 쿼티QWERTY자판으로 불리는 이 자판은 글쇠 배열을 네 줄로 늘려 인접한 철자들을 멀리 배치함으로써 철자가 엉키는 잼 현상을 방지하고 천천히 타이핑할 수 있다는 점에서 피로를 덜어주는 장점이 있었다. 그러나 잼 현상이 점차 해소되고 나서는 인접한 철자의 거리가 멀다는 점이 오히려 손목 피로의 원인이 되고 있다.

이 단점을 해소하여 출시된 것이 1936년 워싱턴 대학의 드보락August Dvorak 교수가 개발해 자신의 이름을 따 명명한 드보락 자판이다. 이 자판은 자음과 모음을 각각 좌측과 우측에 모으는 등 글쇠 배열을 변경하여 쿼티 자판보다 70% 이상 향상된 효율성을 가질 뿐만 아니라 인체공학적으로 손목의 피로도까지 개선한 제품이었다. 드보락 교수는 물론 자신의 작품이 머지않아 시장을 장악할 것이라고 확신했다.

그러나 표준은 이미 쿼티 쪽에 대단히 유리하게 결정되어 있었다. 이미 쿼티 자판에 익숙해진 타이피리스트들은 새로운 자판을 배우고자 하지 않았기 때문이다. 이른바 경로의존성path dependency과 고착현상lock-in effect이 새로운 제품의 도전을 허락하지 않았던 것이다(현대원 · 김광재 2007, 42).

쿼티 자판에게 이미 사실 표준의 선두를 빼앗긴 상황에서는 고착현상을 깨고 새로운 경로를 창출할 만한 매력적인 판매 전략을 제시하지 않는 한, 기술 우위 전략만으로 소비자의 선택을 기대할 수 없었던 것이다.

무선랜 보안 표준 전쟁

미국과 중국 사이에 벌어진 무선랜 보안 표준 전쟁은 표준 전쟁의 역사를 바꿔놓은 중대한 사건이다. 지금까지의 표준 전쟁이 시장에서 소비자의 선택에 따라 결정된 사실 표준을 두고 벌어진 다툼이라면, 무선랜 보안을 둘러싼 표준 전쟁은 표준화 기구가 결정하는 공식 표준의 쟁취를 두고 벌어진 경쟁이기 때문이다.

2004년 7월에 중국은 혼신의 노력을 기울여 개발한 무선랜 보안수준(WAPI[3])을 국제표준화기구/국제전기기술위원회ISO/IEC 분과위원회SC6에 제출하여 국제표준화 작업에 착수했다(연합뉴스 2006, 192~194). 그런데 미국이 SC6의 상급 기구인 제1통합기술위원회(JTC1)에 자국산 무선랜보안표준안 IEEE802.11i[4]을 '신속처리Fast Track 방식'으로 제출함으로써 무선랜 보안 표준 전쟁이 시작되었다. 통상 먼저 거쳐야 하는 SC6의 심의 절차를 생략하고 곧바로 상급 기관인 JTC1에 표준안을 제출했고, 게다가 우호국인 영국이 이를 회람시켰는데, 당시 JTC1의 의장도 미국인이었다.

이 싸움에는 자국산 보안 수준만을 국제 표준으로 채택하여, 중국의 무선랜 시장 개방을 유도하고, 미국 인텔Intel의 센트리노[5]를 장착한 노트북과 PDA 등의 중국 진입 장벽을 해소하려는 미국의 계산이 깔려 있었다.

특히 인텔은 IEEE802.11i 표준화를 주도하고 있는 마이크로소프트Microsoft, 시스코Cisco 등과 공동으로 JTC1 정회원국들과 미국 정부에 상당

3 WAPI : Wireless LAN Authentication and Privacy Infrastructure.
4 IEEE802.11i : Medium Access Control Security Enhancements.
5 인텔사의 무선랜(LAN) 겸용 컴퓨터 중앙처리장치(CPU) 칩(Chip)의 상표명.

한 압력을 행사했다.

중국은 당연히 강력하게 이의를 제기했고 미국측 표준안의 회람은 중단되었다. 대신 양국은 같은 해 11월 미국 올랜도Orlando에서 실무 그룹 회의를 열어 문제를 해결하기로 잠정 합의했다. 그러나 미국은 당시 회의에 참석할 예정이었던 중국 대표들 가운데 무선랜 보안 전문가들에게는 비자를 발급하지 않았다. 중국은 더욱 격노했지만 결국 회의는 무산되었다.

문제는 여기에서 끝나지 않았다. 제3국인 독일의 프랑크푸르트에서 다시 열기로 한 실무 그룹 회의에서 중국이 무심코 공세의 빌미를 제공한 것이다. 상대방의 발언 내용을 녹음할 수 없다는 관례를 알지 못한 중국 대표단이 회의 내용을 녹음했기 때문이다. 이를 안 미국 대표단은 강력하게 항의했고, 중국 대표단은 또다시 격분하여 자리를 박차고 나왔지만 테이프는 소각해야 했다.

중국은 국제표준화기구 기술관리부ISO TMB에 절차상 문제에 대해 항의하고 해결을 요청했다. 그러나 대세는 이미 미국측으로 기울고 있었다. 결국 2006년 3월 미국 표준안만이 최종 초안으로 통과됨으로써 중국은 또 한 번 패배의 쓴 맛을 보아야 했다(매일 경제, 2006.03.14.).

결코 정당하다고 할 수 없음에도 불구하고 공식 표준에서조차 강자의 논리는 이와 같이 여실히 작용했다. 표준 경쟁은 대개 약육강식이 작용하는 전쟁이었던 것이다. 이러한 전쟁에서는 주변 약소국들의 피해도 무시할 수 없다. 실제 수차례 부당한 게임을 치룬 미국은 중국과의 타협을 위해 인텔 아시아 연구개발R&D 센터를 당초 한국에 세우기로 했던 계획을 바꿔 중국으로 변경함으로써 우리나라 산업 발전에도 지장을 초래했다.

승자도 패자도 없는 표준 전쟁

표준 전쟁은 기술 개발을 중시하는 '아이디어 발견형' 생산자와, 후발 기술이지만 표준화를 통해 대중 시장을 창조하는 '시장 창조형' 생산자에 의해 진행된다고 할 수 있다. 그리고 역사를 통해서 보았듯이 이러한 표준 전쟁은 기술 개발보다는 표준 선점이 중요하고 소비자와의 합의에 의해 만들어진 표준화가 시장에서 더 큰 설득력을 가지고 있음을 알려준다. 또한 이렇게 확보된 표준은 또 다른 아이디어 발견형 후발 주자의 추격도 허락하지 않는다는 점도 일깨워준다. 결국 표준 전쟁의 역사는 선발 주자든 후발 주자든 아이디어 발견형 생산자보다 시장 창조형 생산자가 승리해온 역사라 할 수 있다.

시장 창조형 생산자가 추구하는 표준화 전략의 핵심은 무엇보다 소비자나 다른 생산자들과 함께 간다는 것이다. 기술 우위 전략을 통해 소비자에게 양질의 제품을 제공하는 것도 중요하지만, 기술을 표준화하여 공개함으로써 관련 제품들과의 호환성을 확보하여 다른 생산자들과 협력하며, 가격을 낮추고 실용성을 확보함으로써 소비자들의 접근 가능성을 높이는 전략이 시장 선점에 더 유리하다. 다시 말해 잘난 단독자 1등보다 다수를 고려하며 함께 가는 2등이 표준을 장악할 수 있으며, 이러한 의미에서 '재빠른' 2등이 선발 주자를 추월하여 시장을 지배할 수 있다는 것이다.

2000년대 이전까지 표준 전쟁은 대개 사실 표준 장악을 통한 시장 지배를 두고 다투는 싸움이었다. 그러나 21세기가 시작된 현재는 '사실 표준'보다는 '공식 표준'이 더 중요하게 되었다. 표준 경쟁 참가자들은 제품의 시장 출시와 동시에 이미 국제기구를 통한 공식 표준 장악에 심혈을 쏟고 있다. 이제는 제품을 생산한 후에 선전하는 세일즈sales 전략이 아니라 시장 조사를 먼저 한 후에 그에 적합한 제품을 내놓는 마케팅marketing 전략이 중시되고 있다. 곧, 면밀한 시장 조사에 기반한 고객 중심성을 확보한 후 제품의 필요성을 홍보함으로써 공식 표준을 장악해 시장을 선점하는 전략이 우세하게 된 것이다.

그러나 표준을 장악하면 선발 주자로서의 이점을 갖는 것이 사실이지만 또 다른 '재빠른' 2등의 도전을 받게 됨으로써 표준 전쟁은 다시 반복된다. 표준 전쟁에서는 기술 우위 전략보다 표준화 전략이 중요하지만, 이제는 모두가 표준화 전략을 구사하는 만큼, 생산자의 지식을 포괄할 뿐 아니라 소비자의 감성까지 고려하는 광의의 기술의 중요성을 다시 확인해야 한다. 기술은 하루가 다르게 발전하고, 그에 따라 시장의 판도와 사람들의 생활양식도 갈수록 빠르게 변한다. 표준 전쟁에는 "영원한 승자도 영원한 패자도 없다" (McNichol 2007, 278).

제3장

기업 활동과 사회적 책임 표준

국제표준화기구ISO는 2010년 9월 77개 참여국을 대상으로 한 투표에서 93%의 찬성을 얻어 '사회적 책임' SR: Social Responsibility을 ISO 26000 국제표준으로 최종 결정했고, 이어 11월 1일에는 사회적 책임 국제표준 지침서[6]를 공식 발간했다. 이 표준은 초기에는 기업의 사회적 책임CSR으로 제정할

사회적 책임 표준(SR: ISO 26000)의 핵심 주제

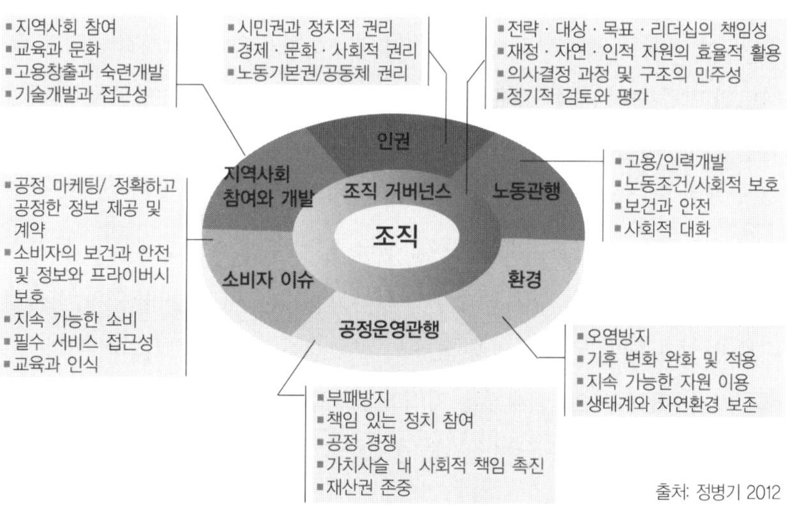

출처: 정병기 2012

6 ISO. 2010. ISO 26000: Guidance on Social Responsibility. Geneva: ISO.

계획이었으나 소비자정책위원회COPOLCO의 요구에 따라 기업을 포함하는 모든 조직에 확대된 것으로 2005년 이후 5년 만에 거둔 결실이다. 사회의 모든 조직들이 의사결정이나 활동을 할 때 사회에 이익이 되도록 하는 책임을 규정한 ISO 26000 지침서는 조직 거버넌스, 인권, 노동 관행, 환경, 공정 운영 관행, 소비자 이슈, 지역사회 참여와 개발 등 일곱 가지 핵심 주제에 대한 실행 지침과 쟁점 해설 및 권고 사항 등을 담고 있다.[7] 이로써 우리나라에서도 기술표준원을 중심으로 교육과정 개설이나 자가진단지표 개발 등 사회적 책임에 관한 인식을 널리 보급하는 작업을 진행하고 있다.

신자유주의적 세계질서에 대한 반성과 사회적 공정성에 대한 인식

이번 사회적 책임 표준 제정은 정치적이든 경제적이든 사회적이든 모든 조직들에 대해 사회구성원들의 이익을 고려해 행동할 것을 요구하는 공준의 필요성을 인식한 결과라고 할 수 있다. 1970년대 말 이래 세계는 신자유주의 경제 질서에 따라 정치와 경제 및 사회 전반의 재구성을 겪고 있다. 이 시대를 풍미해온 신자유주의 경제학자들은 자유 가격 기구를 무너뜨리고 주주의 사적 소유권을 침해한다거나 경제 이외 영역에 기업의 위험한 사적 권력을 확대시켜 자유 기업 체제를 붕괴시킨다는 논리로 사회적 책임 표준에 반대해왔다. 그러나 그동안에도 UN이나 OECD와 같은 국제기구뿐만 아니라 미국과 독일, 영국 등 대부분의 선진국들은 독자적으로 제정한 사회적 책임 표준을 실시하고 있었으며, 신자유주의 질서에 대한 반성과 함께 국제적 공통 표준의 필요성이 꾸준히 제기되어 왔다. 이에 기반한 ISO 26000의 제정은 기업을 포함한 모든 조직들에게 사회적 책임의 부여를 공준으로 끌어올리는 중요한 계기가 되었으며, 그 의미는 설

7 그림에서 조직 거버넌스가 조직을 둘러싼 가운데영역에 표시된 것은 의사결정과 운영 및 구조 등 대상 조직 내부 문제와 직접 관련되기 때문이다.

명 책임, 투명성, 윤리적 행동, 이해관계자 이해 존중, 법률 존중, 국제 행동규범 존중, 인권 존중 등으로 표명된 일곱 가지 원칙으로 반영되었다.

물론 사회적 책임 표준은 기술 규격과 품질에 관한 일반적 표준과 달리 인증제가 아닌 검증제 방식이라는 점에서 효력이 강력하지 않을 수 있다. 그러나 이 표준에 따른 검증 결과가 부정적으로 나올 경우 기업은 이미지에 심각한 타격을 받을 수 있다. 더욱이 일부 학자들은 사회적 책임 표준이 현재는 자발적 참여라는 표준의 기본 원칙을 따르고 있지만 장기적으로는 사실상 강제 규정으로 작용할 수도 있다고 내다보기도 한다. 특히 기업의 사회적 책임은 이미 세계적 추세며 갈수록 강화되고 있다. 경제적 이윤 추구에도 사회적 공정성에 대한 책임이 요구되기 때문이다. 서울 G20 정상회의에 앞서 열린 비즈니스 서밋Business Summit의 4대 의제 가운데 하나로 기업의 사회적 책임이 선정된 것도 이러한 맥락과 닿아 있다.

공정하지 못한 우리 사회에 대한 경종

우리 정부는 '공정 사회'를 집권 후반기의 정책 기조로 내세웠다. 사회적 책임 국제표준의 제정처럼 이 정책 기조도 아직 '공정하지 못한' 우리 사회에 대한 반성에 기반했다. ISO 26000의 제정은 우리 사회의 이러한 단면을 다시 돌아보게 만들었다. 2010년 초 대한상공회의소 지속가능경영원이 매출액 순위 100대 기업을 조사해본 결과 59%가 ISO 26000에 대비책을 갖추지 못한 상태였음이 드러났다(지속가능경영원 2010). 게다가 ISO 26000이 제정된다는 사실을 알고 있는 기업이 전체의 87%나 되는 상황에서 이 조사 결과는 자못 놀라울 수밖에 없었다.

사실 우리 기업은 짧은 기간의 고도성장 과정 속에서 규모의 경제를 집중적으로 추구해왔다. 우리 기업들이 국가 경제 발전에 크게 기여한 것은 분명하지만 일부 기업들은 분식 회계나 환경 오염 등 법률과 규범 및 윤리에 저촉되는 행위를 하기도 했다. 또한 외국인 근로자와 여성 · 장애인에 대한 임금 체불이나 차별 대우 등 기본적인 사항도 종종 사회적 문제가 되어 왔다.

문제는 비단 기업에만 있는 것이 아니다. 민주화의 역사가 짧다고 하지만 이제는 30년을 바라보고 있으며 대통령 탄핵이라는 경험도 우리 민주주의의 높은 수준을 역설적으로 증명한다. 그럼에도 불구하고 우리 사회의 조직들은 여전히 관료주의적이고 권위주의적인 행태에 젖어 있는 경우가 적지 않다. 성희롱이나 권위적 조직 운영과 같은 사례들이 종종 드러나는 것이 그 대표적인 사례다. 사회적 책임 표준을 수용한다면, 그것은 우리 사회의 공정하지 못한 모습에 경종을 울릴 것이다.

사회적 책임은 비용이 아니라 투자라는 인식부터

현대 사회에서 경제가 차지하는 부분이 막대한 만큼 기업은 가장 중요한 사회 조직의 하나다. 또한 영리와 이윤이 지배하는 곳에서 사회적 공정성은 더 외면되기 쉽다. 따라서 사회적 책임은 특히 기업에게 적용되어야 할 중요한 가치다. 이러한 기업의 사회적 책임을 네덜란드의 마르베이크 Marrewijk 교수는 다섯 단계로 정한 바 있다(김형욱 2010, 237에서 재인용).

제1단계는 준법성으로서 사회에 대한 의무를 수행하고 양심을 지킨다는 의미에서 사회적 책임을 준법 차원에서 이행하는 단계다. 이때 사회적 책임을 위한 지출은 단순 비용으로 인식된다. 제2단계는 수익 중시 단계로서 경쟁 우위와 재무성과 창출을 위해 사회적 책임을 전략적으로 활용하는 수준이다. 이 단계에서 처음으로 사회적 책임은 투자로 인식된다. 제3단계는 자선 의식의 차원이다. 이 차원에서 기업은 주주 이익과 사회복지 경영 추구를 외부에 표방하며 경제 성과와 함께 사회의 안녕과 복지를 동시에 추구한다. 제4단계는 시너지 효과와 관련된다. 이때 기업은 단기 수익 창출보다 장기적 존속을 고려해 지속가능한 기업이 되려고 사회적 책임을 전략적으로 활용한다. 마지막 제5단계는 사회적 책임이 기업 문화로 정착되는 최고 단계다. 이 단계에서 사회적 책임은 기업의 지속가능성을 위한 당연한 요건이 되며 기업 의식은 시민 의식으로 발전한다.

불과 얼마 전까지만 해도 우리나라 기업들은 이 사회적 책임의 첫 단계에도 미치지 못했다. 그동안 수많은 혁신과 법적 징계를 통해 준법 차원이 달성되는 과정에 있다. 제2단계로 진입하기 위해서는 무엇보다 사회적 책임이 비용이 아니라 투자라는 인식의 전환이 필요하다. 특히 유럽연합(EU)과 자유무역협정을 체결함으로써 이러한 인식 변화는 더욱 시급하게 요구되고 있다. 유럽의 기업들에서는 사회적 책임이 이미 상당한 수준으로 정착되어 있기 때문이다. 실제 유럽을 상대로 수행하는 국제 입찰이나 주식 상장에서는 사회적 책임 표준의 준수가 요구될 가능성이 농후하고 표준 미달 기업은 거래에서 불이익을 받게 될 공산이 크다.

그럼에도 2010년에 발표된 한 연구(김형욱 2010, 241)에 따르면, 조직의 경직된 지배구조와 인권 경시 및 열악한 노동조건뿐만 아니라, 사회적 책임에 대한 보고서 작성과 인력 등의 비용이 소모적이라는 경영자의 인식이 사회적 책임 이행의 걸림돌로 남아 있다고 한다. 그러나 우리나라 경영자들도 사회적 책임 표준의 수용이 적지 않은 경영상 이익을 가져올 것이라고 기대한다. 곧 사회적 책임의 이행으로 인해 1~3%의 매출 증대, 3~5%의 종업원 만족도 상승, 3~5%의 기업 신뢰성 제고, 1~3%의 주가 상승 및 자본 조달 향상이 있게 된다는 것이다. 이는 비용이라기보다 투자적 가치가 충분하다는 것을 증명한다. 문제는 사회적 책임을 비용이 아니라 투자라고 보는 인식의 전환이다. 기업 의식이 시민 의식으로 발전하는 기업문화 단계는 이러한 인식 전환의 토대 위에서 더욱 앞당겨질 것이다.

사실 사회적 책임은 국제 표준으로 채택되기 이전부터 특히 기업과 관련되어 이른바 '기업의 사회적 책임' CSR: Corporate Social Responsibility으로 폭넓게 논의되어 왔다. ISO 26000 제정 이후에도 마찬가지로 기업의 사회적 책임이 가장 강조되고 또 논란이 되고 있다. 자본주의 경제에서 기업이 핵심적 위상을 차지할 뿐만 아니라, 최근 신자유주의 경제의 폐해와 그에 대한 반성이 일어났기 때문이다. 여기서 기업의 사회적 책임에 대한 논의를 좀 더 자세히 살펴보자.

기업의 사회적 책임에 대한 관심 고조는 신자유주의적 세계화의 산물

기업의 사회적 책임의 원칙과 사례를 보려면 한 세기 이전까지 돌아가야 하지만, 기업 활동의 한 측면으로 크게 대두되기 시작한 것은 1960년대 이후 미국에서였다. 그중 대표적인 사건이 1970년경 다우 케미컬Dow Chemical에 대한 항의 운동 및 불매 운동과 1990년대 나이키Nike의 아동노동 착취 및 셸(Shell)의 해저 환경 파괴를 저지하기 위한 항의 활동들이다.[8]

이후 신자유주의적 세계화가 본격화되는 1990년대에는 세계 전역에서 기업의 사회적 책임을 강조하는 요구와 논의들이 급증해왔다. 구글 사이트에서 '기업의 사회적 책임' 을 검색하면 3만 개 이상의 사이트가 발견되고 아마존에서는 600권 이상의 도서가 검색된다고 한다(Vogel 2006, 9). 또한 2005년 이후 약 2천 개 이상의 기업들이 사회적 책임 활동에 대한 보고서

8 미국 화학제조회사인 다우 케미컬이 1960년대 베트남 전쟁에 공급할 목적으로 네이팜탄을 제조하고 맹독성 화학물질인 고엽제를 생산한 것이 드러남에 따라 1970년대 초에 이 회사와 이 회사 제품에 대한 세계적인 항의와 불매운동이 일어났다. 그리고 1995년에 네덜란드 석유회사인 셸(Shell)이 북해 유전 원유 채굴에 사용했던 초대형 원유 채굴 시설물을 영국과 네덜란드 사이의 북해 한 가운데에 가라앉히려고 시도했다가 국제 환경운동 단체인 그린피스(Greenpeace)에 의해 저지당했다. 또한 1996년에는 〈라이프(Life)〉지 6월호에 12살짜리 소년이 나이키 상표가 찍힌 축구공을 바느질하는 사진과 함께 나이키 사가 파키스탄 지역에서 어린이노동을 착취하는 기사가 실린 후 미국 소비자단체를 중심으로 나이키 제품에 대한 불매운동이 일어나 세계적으로 확산되었다. 이 세 사례는 사회적 폐해를 유발하는 기업들이 소비자와 대중들의 저항에 부딪혀 굴복하고 사회적 책임을 깨우치게 된 중요한 계기적 사건으로 꼽힌다.

를 발행하고 있으며 이 활동을 위한 뮤추얼 펀드들도 200개를 넘어섰다.

이 현상들은 신자유주의적 세계화에 따라 국제 시장과 국내 시장이 함께 확대된 점에 기인한다. 곧, 국제적 차원에서 세계 무역과 세계 투자의 성장이 반영되었다면, 일국적 차원에서는 사유화와 경제적 규제 완화의 증가가 반영된 것이다. 이러한 흐름들은 상당한 경제적 이익과 발전을 창출해낸 반면 불만과 저항도 동시에 초래했다. 이것은 국제 비즈니스나 정치 회의 때 항의자들이 몰려들어 시위 운동을 벌이는 것에서 잘 증명된다. 다시 말해 기업의 사회적 책임에 대한 관심 고조는 신자유주의적 세계화의 흐름 및 그에 따른 경제적 이익을 지키려는 노력들과 그 흐름과 폐해를 저지하려는 노력들 사이에서 생겨난 갈등의 산물이라고 할 수 있다.

기업의 사회적 책임 수행이 이윤 극대화 추구와 모순되지 않는가?

신자유주의적 세계화의 산물로 등장한 기업의 사회적 책임 강조는 말 그대로 기업의 의사결정이나 활동이 사회에 이익이 되도록 하자는 것이다. 이런 관점에서 볼 때 ISO 26000 지침서가 명시한 일곱 가지 핵심 주제와 관련해 기업은 가장 중요한 주체라고 할 수 있다. NGO 같은 사회단체들도 물론 해당되는 지침들을 스스로 준수해야 하지만 그에 더해 기업의 행동을 감시하고 견제하는 역할도 담당한다. 그 사회적 · 경제적 영향력을 볼 때 기업의 역할이 대단히 중요하기 때문이다. 문제는 이윤 극대화를 추구하는 기업이 과연 이를 자발적으로 수행할 것인가다. 감시와 견제가 아무리 강하게 작용하더라도 기업들은 이윤 증대에 도움이 된다고 판단하지 않는 한 사회적 책임을 수행하려 하지 않을 것이기 때문이다.

그에 따라 최근의 논의들은 기업이 사회적 책임을 수행하는 것이 이윤 증대에 도움이 된다는 논리로 발전해가고 있다(Vogel 2006, 51~67 참조).

이 논리는 현대 사회의 소비자들이 현명하고 도덕적이라는 가정에 기초하고 있다. 즉, 현대의 소비자들은 책임성 있는 기업들의 상품을 즐겨 소비하게 되므로 장기적 관점에서 그러한 기업들이 살아남게 하고, 그렇지 못한 기업들에 대해서는 불매 운동 등을 통해 도태되게 만든다는 것이다. 이것은 기업 경영자들의 공공 의식이 높아져서라기보다 훌륭한 기업 시민이 됨으로써 경쟁 우위를 점할 수 있는 기회가 오히려 넓어진다고 믿는 경영자들이 많아질 것이라는 관점과 연결된다. 그리고 이 관점은 다시 '소유와 경영의 분리' 에 따른 경영자의 권한 강화 논리에 의해 뒷받침된다. 소유주들과는 다르게 경영자들은 기업의 이해관계자, 소비자, 일반 대중의 요구 사이에 균형을 맞춰야 하는 위치에 있어 기업의 자원을 보다 다양한 목적을 추구하는 데 사용할 수 있다는 것이다. 그러므로 경영자들은 자신의 경영 이념과 소신에 따라 자선 활동이나 사회사업 등에 적극적으로 개입할 수 있다고 한다.

그러나 반론도 만만치 않으며 그 논리에는 상당한 일리가 있다. 이 반론을 제기하는 사람들은 현명하고 도덕적인 소비자라는 가정을 근본적으로 부정한다(Vogel 2006, 330~332 참조). 이윤 극대화를 추구하는 기업은 자사의 책임 있는 행위로 발생하는 비용을 소비자에게 전가하려 하고 소비자들이 이 비용을 감수해 줄 의사가 있을 경우에 기꺼이 그렇게 행동하려 하겠지만, 현실의 소비자들은 결코 그렇지 않다는 것이다. 물론 공익을 추구하는 NGO 같은 단체들은 무책임한 기업에 대해 불매 운동과 항의 시위 등을 조직해 개개인의 이익을 감수하면서까지 적극적으로 행동한다. 그러나 상품을 직접 구매해서 소비해야 하는 대부분의 소비자들은 자신의 경제적 손실이 없거나 대단히 미미할 때 혹은 불확실한 장기적 관점의 손실만이 예상될 때 사회적 책임의 비용을 감당하려 할 뿐이다.

민간 규제와 공공 규제 그리고 표준

여기에서 논박은 민간 규제와 공공 규제의 문제로 귀결된다. 이제는 사회 전체의 공익을 보장해야 지속가능한 발전이 가능하며 기업도 그 사회의 한 구성원이라는 점에 대해 소비자뿐 아니라 대부분의 기업들도 동의한다. 다만 시장에서 취하는 구체적 행동에서 그것이 현실적으로 표출되지 않을 뿐이다.

기업의 사회적 책임을 이윤 극대화라는 수익성 추구에 반하지 않는다고 보는 입장에서는 소비자 운동 단체의 감시 역할도 수용하지만 근본적으로 기업의 자발적 노력에 의해 사회적 책임이 지켜질 수 있다고 주장한다. 반면 기업의 사회적 책임 수행과 수익성 추구가 현실적으로 일치할 수 없다고 보는 입장에서는 민간 규제의 한계를 지적하며 공공 규제의 강화를 주장한다. 세계은행 보고서가 "민간 기업이 자발적으로 사회적 책임을 실천한다고 해서 좋은 정부를 대체할 수는 없다."(Vogel 2006, 339)고 한 것도 이러한 관점에 입각하고 있다. 이들이 볼 때 기업의 사회적 책임은 결코 효율적인 정부의 대체재가 될 수 없으며 95%의 수사修辭와 5%의 실천으로 이루어져 있을 뿐이다.

하지만 이 논의들은 민간 규제를 시장 경제의 자율적 규제에 한정하는 입장 혹은 공공 규제를 법적 규제나 정부 규제에 한정하는 입장에 지나지 않는다. 민간의 자율적 규제를 포괄하는 공적 기구에 의한 공공 규제도 가능할 수 있다. 이해관계자들의 자발적 참여를 통해 공적 기준을 제정하는 공식표준화가 대표적이다. 기업의 수익성 추구가 사회적 책임 수행과 일치하는 시장 구조나 사회적 여건이 형성된다면 위와 같은 논란은 더 이상 필요 없게 될 것이다. 공식 표준화를 통해 공공 규제와 민간 규제가 함께 작용하는 새로운 규범이 등장하고 있다는 점에서 그 역할은 표준이 맡게 될 가능성이 크다. ISO 26000의 제정은 이러한 의미에서 중대한 첫걸음이다.

제4장

제품 안전을 관리하는 표준

2009년 8월 가속페달 문제를 시작으로 연간 판매 대수인 1,300여만 대를 초과하는 자동차를 리콜해야 했던 도요타 사태가 세계를 경악케 했다.

태양열에 날개가 녹아 추락했던 이카루스Icarus를 떠올리게 하는 사건이었다. 뛰어난 건축가이자 발명가인 아버지 다이달로스와 함께 크레타 왕 미노스의 감옥에 갇힌 이카루스는 다이달로스가 새의 깃털과 밀랍으로 만든 날개를 이용해 탈출했다. 그러나 다이달로스가 경고했음에도 불구하고 하늘을 나는 것에 도취되어 점점 높이 날아오르던 이카루스는 태양 열에 밀랍이 녹아 에게 해에 떨어져 죽었다. 이처럼 도요타도 제품 품질에 대한 지나친 자신감과 제품 결함에 대한 늑장 대응으로 사상 초유의 리콜 사태를 맞이해 위기에 빠지고 말았다.

이카루스 패러독스 예방을 위한 제품 안전 기본법

캐나다의 경영학자 대니 밀러(Danny Miller 1995)는 이 신화를 이용해 기업의 쇠망 이유를 '이카루스 패러독스'로 제시한 바 있다. 이전의 성공 요인이 이후 실패 요인으로 바뀔 수 있다는 것이다. 그에 따라 밀러는 기업의 실패 경로를 네 가지 궤도로 유형화했는데, 그중 도요타 리콜 사태와 관련된 것이 집중화 추락 궤도와 유리화 추락 궤도다. 품질을 중시하던 장인 기업이 경직된 통제와 자질구레한 사항에 집착하는 수선공 기업으로 바뀌어 폐쇄적인 기술 관료적 문화를 고집하다가 부적절한 제품과 서비스를 제공하게 되는 것이 집중화 추락 궤도다. 그리고 뛰어난 마케팅 기술과 유망 상표, 드넓은 시장을 확보하고 있던 기업이 판매량에 집착한 나머지 품질 및 디자인 문제를 소홀히 해 모방 제품이나 생산하는 관료주의적 표류 기업으로 변질하는 과정이 유리화 추락 궤도다.

기업은 이카루스처럼 언제나 이러한 유혹과 위험에 노출되어 있다는 것이 밀러의 판단이다. 따라서 사회에서는 이 유혹과 위험을 방지할 수 있는 제도적 장치가 필요하다. 특히 일상생활과 밀접하게 연결되어 있는 제품의 경우는 기업의 이카루스 패러독스를 미연에 방지해 안전한 소비 생활이 보장될 수 있어야 한다. 때문에 소비자의 신체와 안전에 관한 사항을 다루는 제품 안전 표준이 세계 각국에서 법령에 의해 관리되는 강제 규격으로 채택되어 부적합한 제품의 제조와 판매가 금지되고 있다. 우리나라에서도 이미 법에 의해 정하는 일정한 기준에 따라 제품 인증을 하고 안전성이 보장된 제품을 시장에 출시토록 하는 법률인 '품질경영 및 공산품안전관리법' 과 '전기용품안전관리법' 이 각각 이미 1967년과 1974년에 제정되어 시대에 맞추어 개정을 거듭하고 있다.

그러나 이미 발생한 위해 제품의 경우는 이러한 조치만으로는 부족하다. 그에 따라 늑장 대응을 예방하기 위해 마련된 것이 2011년 2월 5일에 효력을 발휘한 제품안전기본법이다. 제품안전기본법은 제품 안전을 보장하기 위한 절차법으로서, 위해제품 발견시 기업에 자발적 리콜 권고, 필요시 해당 기업에 대한 정부의 리콜 명령 및 언론 공표, 리콜 명령 불이행시 정부의 대집행과 해당 사업자에 대한 비용 청구 등의 절차를 규정했다.

제품안전기본법과 제품안전관리 종합계획

이제 생활 제품에 중대한 결함이 발생해 리콜이 진행될 경우 제품안전

기본법에 따라 제품명과 상표 등이 언론에 공개되며 기업들은 제품의 결함 등이 발생하면 관계 당국에 의무적으로 신고해야 한다. 뿐만 아니라 제조·설계·표시 등의 제품 결함으로 소비자의 신체나 재산에 위해를 입혔거나 위해 우려가 있는 제품에 대해서는 정부가 안정성 조사를 실시하고, 그 결과 위해성이 판명되면 업체에 자발적 리콜을 권고하거나 강제 리콜을 명령한다. 또한 기업이 리콜 명령을 받았음에도 불구하고 이를 이행하지 않을 때는 관계 당국이 리콜을 진행하고 이와 관련된 비용을 해당 업체에 징수할 수 있다. 더 나아가 제품에 중대한 결함이 발생했을 경우 관계 당국은 안전사고 확산을 막기 위해 제품명과 상표·모델명을 언론 등에 공표하고 피해가 의심되는 경우에는 제품안전 포털시스템인 '세이프티코리아(www.safetykorea.kr)'에 게재한다. 업체가 제품의 위해 사실을 인지한 경우, 보고는 물론이고 자발적 조치도 의무적으로 실시해야 한다.

이 법에 따라 같은 해 3월 당시 기술표준원(2013년 12월, 국가기술표준원으로 개칭)은 '자율적 제품 안전 관리로 안전 취약 계층이 없는 국민 생활 확보'를 목표로 〈제품안전관리에 관한 종합계획〉을 내놓았다. 사업자 및 소비자의 자발적 제품안전관리 참여, 안전한 제품 유통을 위한 정보 및 협력 확대, 제품안전사고 재발 방지를 위한 시스템 확립, 글로벌 협력 강화 및 수입품 관리 내실화라는 네 가지 정책 방향이 설정되고, 그 핵심 추진 과제로 17가지 세부 항목이 채택되었다. 다양한 설명회와 가이드라인 등을 통해 제품 안전에 대한 홍보를 강화하고, 불법제품 유통에 대한 안전성조사 민간감시단인 Safety Guardian 제도를 도입하는 등 지속적 사후 관리와 감시 체계를 확립하려는 의지가 드러난 계획이다. 뿐만 아니라 미국, 유럽연합, 일본 등 주요국에서 발생하는 제품 관련 리콜 사고 동향을 제품안전 포털시스템(www.safetykorea.kr) 및 TBT 통합정보 포털(www.knowtbt.kr)을 통해 매주 분석·발표하기 시작했다.

리콜을 결정하고 이행하는 기업이 품질과 고객 안전에 최선을 다한다는 긍정적 인식이 보편화된 미국 등 선진국과 달리 리콜에 대한 부정적 인식이 팽배해 있는 우리나라의 상황에서 이 법과 계획은 신선한 자극을 선사했다. 미국과 일본의 리콜 건수는 각각 466건과 94건에 달했으나 우리나라는 같은 기간에 29건에 그쳤다(서울경제, 2011.02.06.). 이 수치가 결코 다른 나라에 비해 우리나라에서 불안전한 제품이 적게 생산되었음을 의미하지 않는다는 것은 누구나 인정하는 사실이다. 이 통계는 오히려 자발적 리콜이 제대로 이루어지지 않았다는 것을 방증하며, 때문에 관계 당국의 조치는 꼭 필요한 대책이었다고 할 수 있다.

임의 표준과 자발적 참여를 통한 안전성 확보

만일 이카루스가 뛰어난 건축가이자 발명가인 아버지의 충고를 따랐다면 어땠을까? 그는 처음부터 높이 날아오르지 않았거나 잠시 충고를 잊고 높이 날아올랐다가도 금세 고도를 줄여 위험을 피할 수 있었을 것이다. 문제는 자발적으로 처음부터 안전한 비행을 계속하거나 잘못되었을 때 즉각 수정에 착수해야 한다는 것이다.

제품안전기본법의 취지도 기업의 자발적 리콜을 전제로 하며 적극 권장하는 것이다. 법 적용에 따른 징계나 강제 조치는 이러한 자발적 참여가 이루어지지 않았을 때 시도되는 개입일 뿐이다. 또한 법령에 의한 안전 관리는 최소한의 안전성만을 보증한다는 취약성을 가지고 있다. 따라서 임의 표준을 제정하는 표준화 사업으로 이를 보완할 필요가 있다. 예를 들어 미국은 1996년 관련법을 통해 안전 표준에 대한 정비를 시작했고, 일본은 검증 대상 제품을 지정해 안정성이 일정 수준에 이르는 제품들에게 SG 마크를 부여하고 있다. 오스트레일리아와 뉴질랜드 또한 제품 안전과 관련해 양국 공동 표준인 AS/NZS 규격을 채용하고 있으며, 유럽연합은 1985년

기술적 조화와 표준화에 대한 새로운 접근방법New Approach을 도입해 안전성이 요구되는 제품군을 지정하고 CE 마크 부착을 의무화했다. 우리나라도 이제 자율 안전감시 활동 참여가 우수한 협회에는 'Safety Guard' 마크를 부여하고 포상하는 제도를 계획했다. 이 제도를 제품 자체에 확대 적용해 임의 표준을 더욱 활성화하는 것이 요구된다. 잘못 되었을 때 신속히 바로잡는 리콜 제도의 자발적 참여도 중요하지만 처음부터 안전한 제품을 생산하는 자발적 참여도 중요하기 때문이다.

제5장

특허, 지식재산권과 표준

2012년 초 삼성과 애플은 국내와 네덜란드를 비롯해 4개 대륙 9개 국가에서 20여 건의 특허 및 표준 관련 소송을 벌이고 있었다. 2011년에는 판매 금지 가처분 소송이 전개됐다면, 2012년에는 본안 소송이 진행될 예정이었다. 판매 금지 소송은 다른 디자인과 소프트웨어 기술을 내세워 특허를 회피함으로써 사실상 효력이 무력해질 수 있지만, 본안 소송은 거액의 특허 사용료를 확정하므로 승패에 따라 한 쪽이 치명상을 입을 수밖에 없다.

특히 2012년 네덜란드와 국내에서 벌어진 공방은 삼성이 보유한 표준특허와 연관된다. 관련 기술을 구현하기 위해서는 반드시 사용해야만 하는 표준특허는 이 공방들의 경우 스마트폰이나 태블릿과 네트워크 기지국 간의 데이터 접속 및 속도 관리 방법에 관한 것이다. 삼성은 애플에게 판매 금지 주장에 이어 라이선스 비용 지불을 요구했으며, 애플은 삼성 특허의 중요성을 깎아내리며 그 신규성과 진보성을 여전히 인정하지 않으려 했다.

이를 계기로 2011년 12월 20일 지식경제부 기술표준원은 '소리 없는 전쟁' 이라는 제목으로 표준특허 분쟁에 대한 이해를 돕고 표준특허 창출 전략을 모색하는 세미나를 개최했다(전자신문, 2011.12.20.). 발표자들은 삼성과 애플의 표준특허 소송 사례를 설명하고, 글로벌 표준특허 경쟁에 따른 IT

분야의 새로운 R&D 방향을 제시하는 한편, 주요국의 표준특허 동향과 우리의 전략을 소개하고 표준특허 정책과 지원 방안에 대해 발제했다. 향후 기술표준원은 IT 기업 및 신기술제품 생산기업의 글로벌 표준특허 창출을 위한 국제표준화 활동 등을 더욱 강화해 나갈 계획이다.

이 세미나 제목처럼 표준특허 분쟁은 이제 '소리 없는 전쟁'으로 특허와 같은 지식재산권과 표준의 관계 및 국제 표준의 역사에 새로운 국면을 열었다. 삼성이나 엘지 등 대기업들을 제외하면 막대한 비용과 노하우가 필요한 표준화 및 표준특허에 취약한 중소업체들은 표준특허 대응책이 전무한 상태여서 특히 FTA 체결 후 특허를 포함한 지식재산권과 관련해 전망이 매우 염려스러운 상태다.

지식재산권과 표준의 중첩과 충돌

표준은 지식재산권(지적재산권이라고도 함)의 대상을 포함하는 경우가 많다.

표준을 시행하기 위해서는 그 표준에 포함된 특허 기술을 이용할 수밖에 없기 때문이다. 지식재산권은 다양한 분야에 걸쳐 표준과 밀접하게 관련되어 있으며, 특히 산업 재산의 경우에는 필연적으로 산업 표준과 연관된다.

표준은 기술의 공개를 통해 누구나 공유할 수 있는 기술을 확산하는 것을 목적으로 하지만, 지식재산권은 발명자(넓은 의미의 지식재산권자)에게 기술의 독점적 사용을 허락함으로써 신기술 개발을 유도하는 것을 목적으로 한다(한국표준협회 2007, 358~404 참조). 따라서 지식재산권 제도는 특허권 등을 통해 독점권을 부여하는 반면, 표준은 사회 전체의 공동이익 추구를 목표로 하고 누구에게나 공개되므로, 지식재산권과 표준은 상호 충돌하기도 한다. 상표의 경우도 일반 수요자의 사용에 의해 보통명사화되면 표준상품 명칭으로 채택될 수 있는데, 이러한 경우 일반인들의 표준상품 명칭 사용의 필요성과 상표권자의 배타적 이익이 서로 충돌한다. 다시 말해, 지식재산권자의 사적 독점 보장이라는 면에 치중하게 되면 표준 활용이 어려워지므로 공공 이익을 보장할 수 없게 되며, 공공 이익에 치중하면 특허제도에 의한 기술 개발 촉진이 어렵게 된다. 이러한 측면에서 특허를 포함한 지식재산권과 표준은 중첩되기도 하지만 충돌 관계나 대립 관계에 있기도 하다.

지식재산권과 표준의 관계

지식재산권		표준
기술의 사유화	<------------------->	기술의 공유화
첨단 기술의 보호	<------------------->	첨단 기술의 사회적 확산
창조적 발명	<------------------->	기술의 상용화
개인에 대한 인센티브 제도	<------------------->	시장 보급
기술 확산을 위한 구심력	<------------------->	기술 확산을 위한 원심력

자료: 한국표준협회 2007, 361.

따라서 실제 표준화 기구는 특허가 포함된 기술을 표준으로 채택할 때 특허권자(또는 지식재산권자)에게 특허권상 무상실시 허락이나 합리적 · 비차별적 조건부 실시 허락 혹은 특허권 포기 등을 내용으로 하는 특허 정책(또는 지식재산권 정책)을 시행한다. 그러나 실시 허락을 하더라도 과도한 로열티 부담이 있게 되면 실제로 표준을 사용하거나 활용하는 데 어려움이 생길 수 있다. 이러한 경우를 방지하기 위해 특허법에 의해 일정한 사실을 요건으로 강제 실시권 제도가 마련되어 있다.

ISO/IEC 제2부속서(ISO/IEC Directives Part 2, 한국표준협회 2007에서 재인용)의 특허 정책은 지식재산권과의 충돌을 예방하기 위해 많은 조치를 강구하였다.

우선, 의견 제출을 위해 마련된 모든 표준 초안의 표지에는 “초안의 수

령인은 그들의 의견과 함께 자신이 알고 있는 모든 관련 특허권에 대한 통보문을 제출하고 근거 자료를 제공하도록 요청된다."라는 문장을 삽입해 특허권에 대한 사전 조사를 실시할 수 있도록 하였다. 그리고 해당 문서의 준비 과정에서 특허권이 확인되지 않은 출판 문서의 경우에는 머리말에 "이 문서의 몇몇 사항은 특허권에 관해 다루고 있을 수 있다는 사실을 주지해야 한다. ISO 및 IEC가 해당 특허권의 일부 혹은 모두를 확인해야 할 책임은 없다."라는 지시문을 포함하도록 하였다.

또한 해당 문서의 준비 과정에서 특허권이 확인된 출판 문서는 안내문에 "국제표준화기구ISO 및 국제전기기술위원회IEC는 이 문서에 대한 순응이 [...세부절...]에 주어진 [...주제...]와 관련된 특허의 사용이 포함될 수 있다는 것이 주장된다는 사실을 주목하고 있다. ① ISO 및 IEC는 이 특허권의 증거, 효력, 범위에 관해 특정한 입장을 취하지 않는다. ② ISO 및 IEC는 이 특허권의 보유자가 합리적이고 평등한 조건으로 전 세계의 신청자들과 협상할 의향이 있다는 것을 보증한다. 위의 관점에서 본 특허권 보유자에 관한 설명 사항이 ISO와 IEC에 등록되어야 한다. 이 문서의 일부 구성 성분이 위에서 확인된 것 이외의 특허권에 대해 다룰 수 있다는 사실을 주지해야 한다. ISO와 IEC는 일부 또는 모든 특허권에 대해 확인할 책임을 지지 않는다."라는 지시문을 포함하도록 규정하였다.

그러나 이러한 엄격한 규정에도 불구하고 표준화 기구들은 지식재산권 취급에 적지 않은 어려움을 겪고 있다. 무엇보다 관련 특허 여부의 조사가 특허 내용의 광범위성과 표준화 기구의 법적 구속력 미비로 인해 결코 쉽지 않기 때문이다. 따라서 국제 표준화 기구와 각국 표준화 기구의 긴밀한 협력이 요구될 뿐만 아니라, 지식재산권과의 관계에서도 표준의 법적 구속력이 더욱 강화될 필요가 있다.

표준과 특허의 충돌 그리고 서브머린 효과

표준 제정을 의미하는 표준화는 표준과 마찬가지로 기술 공개를 통해 누구나 공유할 수 있는 기술을 확산하는 것을 목적으로 하지만, 지식재산권 제도의 하나인 특허는 기술의 사유를 의미하는 독점적 사용을 허락함으로써 신기술 개발을 유도하는 것을 목적으로 한다. 따라서 앞서 말한 것처럼 지식재산권을 보호하는 특허 제도는 국가가 새로운 기술 개발자에게 특허권이라는 독점권을 부여하는 반면, 표준은 사회 전체의 공동이익 추구를 목표로 누구에게나 공개되므로, 특허와 표준은 상호 충돌한다.

이른바 서브머린Submarine 효과에서처럼 '사실 표준' 에 특허권이 설정된 경우에 특허와 표준의 충돌 현상은 더욱 심각하게 발생한다. 서브머린 효과는 잠수함이 갑자기 나타나 적의 함정을 공격하듯이 특허가 시장이 형성될 때까지 알려지지 않고 있다가 갑자기 나타나 시장을 지배하는 경우를 말한다. 1980년대에 이미 폭넓게 사용되어 '사실 표준' 이 된 폴리프로필렌Polypropylene이 대표적 예다. 폴리프로필렌은 미국 필립스 페트롤리움Philips Petroleum 사가 1950년대 말에 특허 출원하여 1980년 초에 특허 등록을 받은 제품이었는데, 당시에는 특허 출원과 특허 등록이 전혀 알려지지 않았다. 결국 관련 생산업자들은 페트롤리움 사에게 막대한 로열티를 지불할 수밖에 없었다.

이러한 경우, 표준이 가져오는 긍정적 효과들이 차단될 뿐만 아니라 특허권자가 특허 사실을 의도적으로 숨기고 있다가 나중에 막대한 이익을 챙기려는 불순한 의도도 생길 수 있다. 이와 같이 '사실 표준' 에 나타나는 지식재산권과의 충돌을 방지하기 위해 '공식 표준' 화 제도가 활용될 필요가 있다. 그러나 사적 독점권인 특허권이 '공식 표준' 으로 채택되거나 표준의 제정 과정에 참여하면서 그 표준의 기술적 측면에 대해 지식재산권을 획득한 경우에도 문제는 발생할 수 있다. 지식재산권자가 표준 기술의 사용자에게 불합리한 사용료를 요구하거나 특정 사용자의 사용 허락을 거부한다면 마찬가지로 지식재산권과 표준의 충돌이 발생하기 때문이다. 표준특허를 둘러싼 분쟁도 이러한 경우에 해당한다.

표준과 특허의 중첩 및 충돌의 영역, 표준특허

특히 표준특허의 영역에서 표준과 특허는 지식재산권 전반과 표준의 관계처럼 중첩되면서도 충돌하는 관계를 노정한다. 표준특허Essential Patent for Standards는 해당 특허를 침해하지 않고는 표준 규격을 따르는 장치나 방법을 실시하는 것이 매우 어렵거나 불가능한 필수 특허를 말한다. 또한 구체적 도큐멘트와 관련해서는 국제전기통신연합ITU, 국제표준화기구ISO, 유럽전기통신표준협회ETSI 등 표준화 기구가 표준 문서의 규격을 기술적으로 구현하는 과정에서 필수적으로 실시되거나 이용해야 하는 특허를 의미한다. 이때 표준화는 특허 제도와 공존할 수 있지만, 특허의 사용 허가 혹은 공유를 통해서만 이루어질 수 있으며, 그에 따라 기본적인 충돌 관계를 배제하지 않는 한에서만 공존이 가능할 수 있다. 때문에 표준특허는 심각한 분쟁으로까지 발전하고 있으며, 그 영역은 산업 부문 간 융합 현상에 따라 비단 IT 분야에 한정되지 않는다.

각종 부품과 표준이 대량으로 사용되는 자동차 부문도 표준특허가 중요하게 작용하는 영역이다. 특히 내비게이션에 장착되는 각종 기능들과 관련해서는 표준특허가 문제될 소지가 다분하다. 일반 특허의 경우에는 회피 설계를 통해 침해 문제를 피해 가기도 하고 보유 특허로 역공을 가할 수도 있다. 그러나 표준특허일 경우는 공개성을 띤 표준이어서 회피 설계가 원천적으로 불가능하고 상대방이 제조를 하지 않으므로 역공 자체가 성립되지 않는다.

이철희 변리사(베리타스 국제특허법률사무소)에 따르면, 표준특허로 클레임을 제기 받으면 단기적으로 뾰족한 대책이 없다는 데 문제의 심각성이 있다. 그는 변리사로서도 "표준특허 분쟁의 경험이 없는 기업의 경우 '표준특허는 원래 그렇다' 는 것을 이해시키는 게 자문의 대부분을 차지하고, 법무나 특허 담당자도 이러한 상황을 경영진에게 전달하고 이해시키는 것이 주요 임무"라고 얘기했다(이철희 2010, 114).

표준특허 우선 확보가 더 경쟁적이다.

표준특허에서 본 것처럼 지식재산권으로 보호되는 기술이 표준으로 채택되었을 때 그 지식재산권을 소유한 기업은 막대한 이익을 보게 된다. 반면 그렇지 못한 기업들은 라이선스 비용을 지불해야 하므로 그에 상당하는 손해를 볼 수밖에 없으며, 자유 시장에서 그 손해는 다시 소비자들에게 전가된다. 더욱이 이것이 부당한 규모로 진행될 때 그 손해도 대규모로 발생한다. 이러한 상황에서는 호환성 표준의 확보가 곤란해지기 때문에, 어떤 제품이나 호환 제품의 이용자가 증가할수록 그 제품 및 보완 제품의 수요와 그 제품에 따른 이익이 증가하는 이른바 네트워크 외부성 효과의 확보가 어렵게 된다. 더 나아가 이것은 기술 발전과 제품 생산 및 개발에 따른 효과가 제한되는 국가와 산업 영역에서는 사회적 측면에서 중요한 문제를 발생시킬 수 있다.

결국 경쟁 기업이나 경쟁 국가의 표준특허 공세에 효과적으로 대응하는 방법은 표준특허를 먼저 취득하는 것밖에 없다는 얘기가 된다. 또한 통상적으로 표준특허 확보 전략이 결실을 보기 시작할 때까지 최소 10년은 걸린다는 점을 볼 때 가능하면 빨리 표준특허 활동을 시작하는 것이 필요하다. 최초로 MPEG-2 표준화 과정에 참여해 현재 9건의 표준특허를 보유하고 있는 컬럼비아 대학은 이미 1990년에 특허 관련 표준화 활동을 시작했다(민재홍 외 2009, 114 참조). 현재 약 220여 건의 표준특허를 확보하고 있는 소니(SONY)도 계획적이고 체계적으로 표준화 및 표준특허 활동을 수행한 사례다. IBM, 모토롤라, 퀄컴 등도 표준특허 경영을 추진하고 있으며, 그 중 IBM은 2006년 3,600여 개 미국 특허 출원으로 1위에 올라 로열티 수입만 10억 달러에 이른다.

삼성을 비롯한 우리나라의 대기업들도 이러한 경쟁에서 점차 경쟁력을 확보해가고 있다. 그러나 상술한 바와 같이 중소업체들과 미성장 산업의 경우는 그 구조적 취약성으로 인해 대처가 대단히 어려운 상황이며, 이러한 난관은 FTA를 맞아 더욱 증폭되고 있다. 국가적 차원에서 국내 표준화 기구는 표준특허 취득을 적극적으로 지원하며 그 분쟁에 따른 경제적 손해와 사회적 폐해를 최소화하기 위해 노력해야 한다. 그러나 국제적 차원에서도 국제 표준화 기구가 표준특허의 부정적 효과를 차단하기 위해 공정한 규칙과 절차를 제정하고 실시하도록 협력하는 한편 압력도 행사해야 할 것이다.

국제 표준화 기구의 역할과 권한 확대가 필수

지식재산권의 과대 보호는 네트워크 외부 효과를 제한하여 산업 발전과 고객 편의성을 저해하고 서비스 질의 저하와 지속적 혁신을 제약한다. 그러나 다른 한편으로 표준은 특허권의 효과적 행사를 위한 전략으로 이용될 수도 있다. 기술적 우월성이 다소 떨어지더라도 가격이나 기술 접근성 혹은 활용도가 우수한 개발이나 발명이 표준화에 성공하면 관련 시장을 지배할 수 있는 효과적 수단이 된다는 것이다. 이러한 측면에서 특허와 표준은 서로 보완 관계에 있기도 하다. 그러므로 지식재산권 보호의 적정성, 즉 창의적 인센티브와 표준화 및 공성 경쟁 사이의 균형이 중요하며, 표준화 기구의 효과적인 지식재산권 정책이 중요하다. 특히 표준화 기구는 지식재산권 설정 여부를 제대로 조사하여 표준을 제정할 필요가 있다.

국제 표준화 기구들은 지식재산권자가 해당 표준에 관련된 권리를 전 세계적으로나 회원들에게 '공정하고 합리적이며 비차별적인FRAND 조건 하에' 허여하거나 동등한 조건 하에 무상으로 제공할 것을 요구할 수 있다. 그러나 지식재산권자가 이 허여나 제공을 거절할 경우에는 해당 표준화를 중단할 수밖에 없으며, 대체로 지식재산권에 대해 기본 원칙만을 제시하고, 실제 분쟁이 발생했을 경우에는 관련 이해 당사자들 간에 해결하도록 하고 있다. 무엇보다 관련 특허 여부의 조사가 특허 내용의 광범위성과 표준화 기구의 법적 구속력 미비로 인해 쉽지 않기 때문이다. 따라서 국제 표준화 기구와 각국 표준화 기구의 긴밀한 협력이 요구될 뿐만 아니라, 지식재산권과의 관계에서도 표준의 법적 구속력이 더욱 강화될 필요가 있다.

제 3 부

표준은 민주주의에 어떻게 기여하는가?

제1장 / 역사와 미래, 그리고 표준

제2장 / 표준은 권력인가?

제3장 / 민주주의의 표준화가 가능한가?

제4장 / 사회적 약자를 보호하는 표준

제5장 / 표준의 제정과 갈등 조정

제1장

역사와 미래, 그리고 표준

어떤 역사 철학자들은 현재라는 것은 없다고 말한다. 과거에서 볼 때 현재는 미래며 미래에서 볼 때 현재는 과거기 때문이다. 우리 주위에는 지나간 역사거나 다가올 미래라는 흘러가는 시간이 있을 뿐이라는 얘기다.

현재라는 순간은 곧 역사와 미래를 나누는 기점에 불과하다. 그래서 우리는 역사를 헤아려 바로 미래를 유추할 수 있다. 이제 인류의 역사를 표준이라는 시각에서 재구성해 보고 이를 통해 미래를 한 번 전망해보자.[1]

진 나라와 그리스, 로마의 정치 표준화

몇 해 전부터 역사에 대한 재조명이 스크린을 주름잡고 있다. 홍콩에서는 진시황에 대한 재평가를 위해 내로라하는 적지 않은 감독들이 뛰어들었고 헐리웃에서도 그리스와 로마의 정치에 대한 영화를 앞 다투어 내놓고 있다. 표준에 관심 있는 사람은 여기에서 표준으로 본 역사를 일구어낼 수 있다.

그중 동양 역사의 압권은 앞서 여러 번 언급했듯이 진시황의 정치라고 할 수 있다. 상앙의 법률을 표준화한 법가 사상을 수용해 정치적 통일을 달성함과 동시에 문자, 도량형, 행정 조직에서부터 화폐, 교통, 무기에까지 통일을 확대했기 때문이다. 곧 표준을 제정해 권력 정치의 통일을 달성

1 표준의 역사에 대해서는 정병기 2008, 9~12.

함으로써 사회 정치와 경제 정치의 통일까지 완성한 것이다.

물론 그 후 수많은 왕조가 역사 속에서 명멸했으며 진 나라도 오래가지 못했을 뿐만 아니라 통일을 달성하기 위해 분서갱유와 같은 갖가지 정치적 탄압을 자행한 것도 사실이다. 그러나 진시황이 이룬 표준은 중국의 발전에 커다란 기반이 되었을 뿐만 아니라 처음으로 정치의 표준을 세웠다는 점에서 새롭게 해석될 필요가 있다. 당시 도량형을 비롯한 일체의 표준화 작업은 정치 표준화의 일환으로 자리매김될 수 있다. 실제 이후 중국을 포함한 아시아의 정치는 진나라의 중앙 집권적 군주정을 정치적 표준으로 삼았으며, 이를 통해 수많은 나라들이 통일 왕국을 건설했다.

마찬가지로 서양의 역사에는 그리스와 로마가 있다. 그리스의 최대 부국이었던 아테네는 민주정이라는 최초의 정치 표준을 구성했으며, 로마는 공화정이라는 또 하나의 정치 표준화를 완성하였다. 비록 노예와 여성이 제외되기는 했지만 시민권자들 내에서만 보자면 아테네 민주정은 오늘날까지 바람직한 민주 정치의 범례로 인정되고 있다. 또한 제국으로 전환하기 이전의 로마는 인민과 귀족 및 황제의 공동 정치라는 공화정을 실시함으로써 세 번째 정치 표준을 구성했다. 이와 같이 군주정, 공화정, 민주정이라는 세 가지 정치적 표준들이 고대에 수립되어 중세와 근대를 거치면서 섞이고 결합되어 새로운 변형들로 나타나 현대에까지 이르고 있다.

자본주의 발달과 산업 표준화

이제 호흡을 크게 하고 2000년을 건너 뛰어 보자. 15/16세기에 자본주의가 생성되고도 또 절반의 밀레니엄이 지나 자본주의가 고도로 발달할 즈음 새로운 영역에서 표준이 등장했다. 현대 산업의 초석을 놓은 헨리 포드의 1903년 부품 표준화가 그것이다. 미국의 자동차 왕 포드는 이른바 3S 원칙을 세워 제품과 작업의 단순화simplification 및 기계와 공구의 전문화

specialization와 더불어 부품과 작업의 표준화standardization를 통해 대량 생산을 가능하게 했다. 또한 이 3S는 다시 10년 후 흐름 생산 방식(컨베이어 시스템)이라는 또 다른 표준화를 통해 생산의 획기적인 증가를 가져왔다. 이를 통해 생산된 이른바 T모델 자동차는 1923년에 과거 12시간 반 정도 걸리던 자동차 생산 시간을 1시간 반으로 단축시켰다(연합뉴스 2006, 34~35). 진시황과 그리스, 로마의 통치 방식이 정치 표준화라면, 포드 자동차가 이룩한 대량 생산은 산업 표준화라 할 수 있다. 이로써 표준화의 역사는 정치에서 산업으로 확대되었다.

마이크로소프트와 정보 표준화

표준화는 가속화하는 성질을 가지고 있다. 정치 표준화 이후 스무 세기 만에 이루어진 산업 표준화와 달리 이제 한 세기도 지나기 전에 새로운 표준화가 등장하였다. 1995년 빌 게이츠가 운영 체계를 표준화함으로써 세계 시장의 네트워킹에 성공한 것이다(현대원 · 김광재 2007, 10~12). 빌 게이츠는 무엇보다 표준의 중요성을 잘 알고 있었다. 마이크로소프트 사가 익스플로러를 시장에 내놓은 지 얼마 지나지 않아 당시 시장의 80%를 장악하고 있던 넷스케이프 내비게이터를 추월한 것은 바로 이러한 표준의 중요성 인식으로 가능했다.

앞서 얘기했듯이 시장을 선점한 넷스케이프는 미려한 폰트를 제공하는 등 기능적 우위를 가지고 선발 주자로서의 이익 확보에 주력했던 반면, 마이크로소프트는 기능적 열세에도 불구하고 IBM과의 호환성이라는 표준의 속성에 주목했다. 결국 서너 해만인 1998년에 마이크로소프트는 익스플로러를 통해 내비게이터를 추월했고 1999년 3월에는 과거 넷스케이프의 시장 점유율에 도달했으며 이후 90% 이상의 시장 점유율을 차지하는 독점체로 떠올랐다. 물론 때로는 불법까지 저지르는 등 마이크로소프트의 공격적 영업이 주효한 점도 있지만, 그것도 결국은 표준을 장악하기 위한 전략의 실천 방안으로 배치된 전술이었다고 할 수 있다. 이후 현재까지 이어지는 마이크로소프트의 영업 전략과 사실상 독점은 이러한 판단을 충분히 예증한다.

표준 전쟁과 표준 시대의 미래

정보 표준화의 역사는 표준으로 본 역사에서 특히 중요한 의미를 갖는다. 이전까지의 역사에서 정치적 통일이나 생산 증대를 위해 노력한 결과로서 표준화가 생겨났다면, 정보 표준화 역사에서부터는 표준 장악 자체를 목표로 경쟁이 벌어지기 시작했기 때문이다. 특히 정보 표준화 이후 새로운 밀레니엄 시대에는 정치와 사회, 경제 등 모든 영역의 행위자들이 표준의 중요성을 인식하고 있다. 이제는 엄혹한 표준 전쟁의 역사가 진행되고 있는 것이다.

그에 따라 기술의 의미 자체도 바뀌고 있다. 생산자들은 제품의 품질이나 기능보다 더욱 중요한 것이 표준 장악이라는 사실을 잘 알고 있다. 이제 더 이상은 기능이나 설비장치와 같은 전통적인 기술의 우세함만으로는 시장을 장악할 수 없다는 것이다. 정보를 활용하는 지능지식과 소비자의 감성까지 포착할 줄 아는 광의의 기술에서 우세해야 표준을 장악할 수 있고, 또한 표준을 장악해야만 시장을 지배할 수 있게 되었다.

정치 중심의 역사가 산업 사회의 역사를 거쳐 정보 사회의 역사로 들어섰다. 이제 인간의 지능뿐만 아니라 오욕 칠정을 표출하고 소비하는 시기다. 개념과 발상의 다양성은 필수가 되었고, 이를 감성적으로 실용화하는 단계에서는 일정한 규범이 필요하게 되었다. 정치, 산업, 정보뿐만 아니라 감성의 영역에서도 실용화의 규범이 요구되는 것이다. 그리고 이 규범은 이제 한 문화권에서만 소용되는 것이 아니라 언어와 종교와 인종을 넘어

전 세계적으로 통용되는 가치와 기준을 가져야 한다. 또한 모든 이해관계자들이 공동으로 작성하고 동의할 수 있는 것이어야 한다. 그것은 곧 표준이며, 표준은 다양성을 보장하되 다양성을 넘어서는 것이다. 이 다양화된 표준이 세계를 통일하고 미래를 규정하게 될 것이다.

제2장

표준은 권력인가?

표준은 권력인가? 오랜 세월 표준을 연구해온 한 학자에 따르면 표준은 권력 현상으로 풀이된다(김상배 2007, 6~7 참조). 이때 권력은 가치나 규칙 혹은 행위를 타인에게 강제할 수 있는 힘이다. 권력 현상의 하나로 이해되는 표준의 성격은 영어든 한자어든 그 어원에서부터 엿보인다. 또한 표준의 제정 과정도 다양한 이해관계자들의 갈등이 전개되는 만큼 권력 현상과 관련된다.

표준의 어원이 담고 있는 권력 현상

영어 표기의 표준standard은 '전쟁터에서 지휘관들의 명령을 알리는 신호 깃발을 세우는 집결지' 를 의미하는 'stand hard' 에서 유래했다고 한다. 그에 따라 스탠더드는 '기성의 권위에 의해 수립된 규칙' 이나 '일반적 동의를 통해 비교의 근거로 간주되는 것' 등의 뜻을 가진다. 이때 지휘관이 들어 올리는 깃발은 지휘관의 권력을 상징하며, 그 크기는 명령을 수행하는 병사들의 숫자에 의해 좌우된다.

한자어의 표준標準도 유사하다. 한 글자씩 살펴보면, '標(표할 표)' 는 뜻을 나타내는 '木(목)' 과 음을 나타내는 '票(표)' 로 구성된 형성 문자고, '準(준할 준)' 은 뜻을 나타내는 '水(수)' 와 음을 나타내는 '隼(준)' 으로 구성된 형성 문자다. 이때 '커다란 나무 끝의 연한 부분' 을 의미하는 '木' 이 '불티가 너울거리며 올라가는 것처럼 물건이 높이 올라간다.' 는 뜻을 담은 '票' 와 결합되어 '높이 내건 안표眼標' 를 의미하는 '標' 가 되었다. 또한 '평균' 이라는 뜻을 가진 '隼' 이 '水' 와 결합되어 '수면의 평균' 또는 '수평을 재는 기구' 의 의미를 갖는 '準' 이 되었다. 따라서 한자어의 표준은 '사물의 정도나 성격 따위를 알기 위한 근거나 기준' 또는 '일반적이거나 평균적인 것' 을 뜻하는 개념으로 사용되었고, 우리나라에서도 이 개념을 수용하고 있다. 이때 표준은 게임의 규칙을 부과하는 권력이 되며, 그 크기는 역시 이 규칙을 수용하는 사람들의 숫자에 의해 좌우된다.

다시 말해 표준은 이미 어원적으로 기준을 제시하고 평균을 재는 행위에서 우러나오는 권력의 의미를 내포한다. 따라서 표준은 아무나 세울 수 있는 것이 아니고 대개 권력을 가진 소수나 공인된 다수에 의해 설정된다. 권력을 추구하는 개인과 집단 사이에 권력 게임이 일어나듯 표준 제정을 둘러싸고도 개인들 사이나 집단들 사이에 표준화 갈등이 발생한다. 그러나 표준이 발전되어온 만큼 이 권력 현상으로서의 표준과 표준화를 둘러싼 갈등도 변화해왔다.

제도적 권력의 표준화와 구조적 권력의 표준 경쟁

표준을 권력 현상으로 본 탁월한 주장들은 표준화를 제도적 권력 현상으로 보고 표준 경쟁을 구조적 권력 현상으로 간주한다. 공인된 표준화 기구에 의해 제정되는 과정을 표준화로 보고, 시장에서 자유롭게 경쟁을 통해 형성되는 과정을 표준 경쟁으로 구분하는 입장에 근거하기 때문이다.

곧, 공인된 표준화 기구는 국가 기구든 독립 공공 기구든 제도적 권력 기구로서 행위하는 반면, 표준 경쟁에서 표준 제정 행위자들은 제도화되지 않은 자유 시장에서 상호 경쟁한다는 것이다. 이때 표준 경쟁에서는 제도적 권력이 작동하지 않는 대신 시장 질서를 규정하는 구조의 힘, 즉 구조적 권력이 작동한다는 판단이다. 그리고 이 구조적 권력은 각자의 이익 극대화를 위한 무한경쟁과 적자생존 및 약육강식을 기본으로 하며 때로는 승자독식까지 포함하는 정글 법칙을 의미한다.

또한 표준화는 주로 '공식 표준' 을 제정하는 과정을 뜻하며, 표준 경쟁은 대개 '사실 표준' 형성의 토대가 된다. 다시 말해 공식 표준은 공식 표준화 기구에 의해 공공 권위를 가지고 제정되는 반면, 사실 표준은 시장에서의 자유로운 경쟁 속에서 소비자에 의해 임의적으로 수용되는 과정을 통해 제정된다.

그러나 표준의 영역이 갈수록 광범위해지고 표준의 유용성이 널리 알려짐에 따라 이러한 구분은 더 이상 의미를 갖지 못하는 것으로 보인다. 기술의 발전과 효용이 확대됨에 따라 공식 표준과 사실 표준의 내용적 경계가 흐려지고, 표준화 기구에 의한 표준화가 시장의 요구에 적응해 점차 개방되어가는 것이 그 중요한 이유다. 곧 시장에서 벌어지는 표준 경쟁에도 공공성이 강하게 요구되며 공공 표준화 과정에서도 경쟁과 갈등이 허용되고 심화되기 때문이다.

우선, '사실 표준' 을 장악한 특정 기업의 기술이 소비자들의 이익을 심각하게 침해할 염려가 있을 때 국가는 이를 공식 표준으로 제정하기도 한다. 그중에서도 국가의 중요한 기반 구조와 관련되는 경우에는 기술규정(기술기준)이라는 강제 표준으로 제정된다. 외부의 전기적 또는 물리적 위해로부터 보호하고 통신망의 안전 운용을 확보하기 위해 공중 통신망을 정부가 직접 관장하며 기술적 요구 조건으로서 강제적으로 규제하는 경우가 대표적 예다. 뿐만 아니라 기업을 비롯한 각종 단체들에게 사회적 책임을 요구함에 따라 표준 경쟁에서도 각 행위자들은 사회적 공공성에 부합할 의무가 생겨났다.

또한 공공 표준화 기구 내의 공식 표준 제정 과정에서도 시장의 표준 경쟁과 크게 다를 바 없는 경쟁과 갈등이 전개된다. 국가 표준화 기구 내에서 각종 국내 기업들이 표준을 두고 경쟁하는 것은 물론, 국제 표준화 기구에서 기업들 사이에서뿐만 아니라 국가들 사이에서도 첨예한 경쟁이 일어나고 있다. 얼마 전 무선랜 표준을 둘러싸고 전개된, 미국과 중국의 첨예한 갈등이 대표적 예다. 제도적 권력 속에서 전개되는 표준화 과정에도 시장 질서를 규정하는 구조적 권력이 침투하고 있는 것이다.

경쟁의 공공성 확보와 제도적 권력의 조정 능력 강화가 필수

표준 자체는 분명히 권력 현상 중의 하나다. 다만 전형적 권력 현상인 법이나 공적 명령과 달리 표준은 강제가 아니라 자발적 동의에 근거한다.

권력의 정의正義가 강제에 의한 복종이 아니라 자발적 수용에 의한 권위 형성이라고 볼 때, 진정한 권력의 행사는 오히려 법이나 명령에서가 아니라 표준에서 찾아질 수 있다는 반전이 가능하다. 강제에 의한 복종은 잘못된 권력 행사를 초래할 수 있지만, 자발적 동의에 의한 권위 형성은 잘못된 권력 행사를 허용하지 않기 때문이다.

물론 자발적 동의가 잘못된 경우도 가정할 수 있다. 그렇지만 이러한 경우일지라도 최소한 권력 행사자가 권력 수용자의 의사에 반해 그들을 억압하는 사태는 일어나지 않는다. 권력 수용자가 태도를 바꿀 때 그 권력은 지속될 수 없기 때문이다. 수용자의 동의 철회에도 불구하고 행사자가 권력을 지속적으로 행사한다면, 그 권력은 이미 자발적 동의에 기초한 권위라는 의미의 진정한 권력이 아니게 된다.

이제 중요한 것은 자유로운 표준 경쟁에서 나타나는 구조적 권력을 어떻게 차단하고 통제할 것인가다. 표준 제정이 자유 경쟁에서 나타나는 이익 극대화 추구의 원리라는 구조적 권력에 의해 지배된다면 표준의 핵심 요건인 공공성을 확보할 수 없는 것은 자명하다. 표준화기구를 통한 제도화 수준이 높은 현대에서는 그 제도적 권력을 행사하는 표준화 기구가 이러한 구조적 권력을 통제하거나 필요할 경우 차단할 수 있는 능력을 보유해야 한다. 표준 경쟁의 정글 법칙을 제도화된 공식 표준화 과정으로 전환하고 견인해야 할 때다. 현대 사회에서 표준은 새로운 게임의 규칙이자 공공 규범이기 때문이다.

제3장

민주주의의 표준화가 가능한가?

정치에도 표준을 적용할 수 있을까? 올바른 정치의 기준을 정하고 그 기준에 따라 각기 KS마크를 부여한다면 어떨까? 정치의 투명성을 높일 수 있을 뿐만 아니라 정치에 대한 국민들의 판단이 더 쉬워질 것이다. 현대 사회에서 정치 수준의 판단과 관련해 누구나 동의하는 기준은 민주주의라고 할 수 있다. 실로 역사는 민주주의의 발전으로 진행되었고 그 내용도 더욱 알차게 채워져 왔다. 우리나라의 민주주의도 세계가 놀랄 만큼 비약적으로 성장하고 발전했다. 역사는 단계를 생략할 수 없고 압축적으로 발전할 뿐이라고 볼 때, 우리나라 역사의 발전은 가히 성공적인 압축적 발전이었다고 할 수 있다.

민주주의는 정당간 자유로운 경쟁과 정권 교체가 가능한 질서

1987년 민주화 이후 이십 년하고도 일곱 해가 지났다. 민주화의 시작과 공고화를 거치면서 대한민국의 민주주의는 적어도 정치적 측면에서는 최소한의 질을 보장하는 표준을 충족시켰다고 할 수 있다. 보편 · 평등 선거권에 기초한 정당간 자유로운 경쟁과 정권 교체가 실질적으로 보장되는 것이 그 정치적 표준이다.

우리가 이미 알고 있다시피 여야 사이에 두 번의 평화적 정권 교체가 있었으며 이 정권 교체들은 모두 합법적이고 정당한 선거 절차에 의해 이루어졌다. 노무현 전 대통령에 대한 탄핵도 달리 보면 정치적 민주주의의 성숙을 상징하는 사건이었다. 실제로 선진 민주 국가의 언론들이 이 일을 그 대표적 사건으로 평가하기도 했다. 최고 권력자인 대통령도 법에 의해 탄핵이라는 정치적 공격을 받을 수 있고 최고 권력자도 이 절차를 법에 의거해 수용하는 것을 현실적으로 보여주었기 때문이다.

한국의 민주주의를 더욱 성숙시킨 두 전직 대통령의 장례도 우리나라 정치적 민주주의의 발전과 연결되어 있다. 노 전 대통령의 자살은 내막이 충분히 알려지지 않아 아직 그 아린 기억을 치유하지 못하고 있고, 김 전 대통령의 서거는 민주화라는 위대한 역사의 한 거인을 말 그대로 역사의 한 페이지로 보낸 것이었다. 이 두 전직 대통령과 민주화를 전후해 정치적 숙적으로 지내왔던 당시 한나라당계는 사실상 흔쾌히 동석할 수 있는 관계가 아니었다. 그럼에도 불구하고 이명박 정권은 두 전 대통령의 장례를 국민장과 국장으로 치렀다. 이는 물론 두 인물의 역사적 비중을 생각하면 당연한 일이기도 하지만 민주주의에 입각한 정치적 결단이 아니라면 결코 쉽지 않은 결정이었다.

그러나 우리의 민주주의는 성장해온 만큼 좀 더 욕심을 부릴 때도 됐다. 정당들 간 자유로운 경쟁과 정권 교체의 가능성에 머물 것이 아니라 진정한 자유와 평등의 보장을 추구해야 한다. 그것은 아무도 지배하지 않고 누구도 지배받지 않는 사회를 욕망하는 것이다.

민주주의는 아무도 지배하지 않고 누구도 지배받지 않는 질서

민주주의는 국민이 지배하는 정치 질서라고 배웠다. 그러나 진정한 민주주의에서는 더 이상 지배라는 단어 자체가 어불성설이다. 지배자도 피지배자도 없는 질서가 민주주의인 것이다. 다시 말해 아무도 지배하지 않고 누구도 지배받지 않는 세상이 민주적인 사회다. 아무도 지배하지 않으므로 그 사회는 평등한 사회며, 누구도 지배받지 않으므로 그 사회는 자유로운 사회다. 진정한 민주주의는 자유와 평등이 대립하는 것이 아니라 상호 보완적으로 동시에 보장되는 질서며, 이것은 우리 헌법에도 명시되어 있다.

타인을 지배할 자유까지 허용하자는 극단적 자유주의 논리는 민주주의 논리가 아니다. 따라서 민주 국가들은 독과점들을 규제하며 가격 담합을 금지한다. 마찬가지로 평등만을 지나치게 강조하는 관료적 사회주의 국가들도 민주주의 국가가 아니다. 만화 영화 〈동물 농장〉에서 나폴레옹 돼지가 모든 동물들의 평등한 농장을 건설한 후 "네 다리를 가진 동물은 다른 동물들보다 더욱 평등하다."는 논리로 자신의 독재와 관료적 지배를 정당화하는 우화를 상기해볼 필요가 있다.

이제 이러한 민주주의 논리를 내용과 영역의 확장으로 끌어나가야 한다. 기술이 발전하고 사회적 필요성이 증대함에 따라 표준의 영역이 경영과 교육 및 사회적 책임 등으로 확장되어간 것과 같이 민주주의라는 척도도 비단 고전적인 정치 영역에만 머물지 않는다. 이제는 새로운 민주주의의 의미에서 정치는 경제 및 사회문화 영역과 결합되어 가고 있다. 현대 사회에서 민주주의는 비단 정치 질서뿐만 아니라 사회 문화 질서와 경제 질서까지 아우르는 삶의 원리가 되어간다는 것이다. 정치적 지배자가 존재하지 않아야 하는 것처럼 경제적으로도 지배와 억압이 없어야 하고 사회문화적으로도 권위주의가 불식되어야 한다.

민주주의는 정치와 경제 및 사회 문화 영역에서의 완전한 자유와 평등

서구 선진 민주주의 국가들을 볼 때, 이제 어떤 나라도 정치적 민주주의에만 만족하지는 않고 있다. 그에 따라 사회 복지 국가가 등장했고 이제 이 복지 국가도 다시 다양화되는 단계에 들어섰다. 물론 신자유주의의 등장으로 국가 실패를 주장하는 입장에서는 사회 복지 국가가 더 이상 지탱할 수 없게 되었다고 보기도 한다. 그러나 이러한 경향이 전혀 없는 것은 아니지만, 다른 한편으로 보면 사회 복지의 절대적 규모는 오히려 커져가고 있다는 연구도 있다. 국민들의 경제적 삶의 질을 보장하지 않고는 진정한 자유와 평등이 정치적으로도 보장되기 어렵다는 판단이 거스를 수 없는 대세가 된 것이다.

이러한 인식은 이미 우리나라에서도 오랫동안 싹터왔다. 그러나 워낙 어려운 경제 여건 속에서 우리는 또한 오랫동안 정치적 민주주의와 사회문화적 민주주의를 희생하면서까지 경제적 발전을 추구했다. 그 결과는 경제적 자유와 평등조차 정치적 권위주의와 사회문화적 권위주의 속에 함몰되는 것이었다. 그러나 이제는 이 모든 영역이 민주주의 가치 속에서 서로 맞물려 있어 어느 것 한 가지만으로는 진정한 발전을 이룰 수 없다는 인식이 생겨나고 있다.

사회문화적으로도 선진 민주주의 국가들에서는 이미 1960년대 말 이후 소비만능주의에 대한 반성과 함께 각종 권위주의에 대한 반성과 비판이 제기되었다. 이로써 이른바 탈물질주의와 탈권위주의를 주장하는 새로운 관점들이 생겨났다. 오로지 성장과 축적만을 추구하는 경제는 소비 만능주의로 귀결되었고 발전과 권력만을 추구하는 정치는 권위주의를 결과했다는 반성이었다. 이 반성과 함께 사람들은 여성과 환경 및 소수자 권리와 같은 일상생활과 밀접한, 새로운 삶의 영역에서 민주주의를 추구하게 되었다.

그에 따라 산고의 고통을 치르듯이 한 때 극단적이기는 했지만 사회문화적으로 탈권위주의 운동이 팽배해졌다. 그러나 알에서 깨어나는 고통은 비상하는 날개와 더 넓은 세계를 새에게 안겨주었듯이 민주주의 사회의 질적 발전은 일상적 삶의 영역으로 확장되는 성과를 거두었다. 우리나라도 세계 10위권 진입을 눈앞에 둔 경제력과 공고화된 정치적 민주주의를 과시할 수 있게 되었다. 이제는 더 넓은 세계로 비상하는 새처럼 진정한 민주주의의 확장된 이상을 추구할 때다.

새로운 세계와 이상에는 새로운 규범이 필요한 것도 당연한 이치다. 지금까지 민주주의가 정치와 경제의 영역을 중심으로 하고 강제성을 띤 법치주의로 규정되어 왔다면 이제는 사회문화적으로 삶의 스타일까지 아우르는 또 다른 규범을 필요로 하며 엄청난 기술의 발전을 감안할 때 그것은 표준이라고 할 수 있다.

민주주의 발전에서 표준의 의미가 더욱 중요하다.

법치는 민주주의 사회 원리의 핵심 조건이다. 민주주의의 모든 절차와 내용이 법으로 규정되고 이 법에 따라 사회가 운영되어야 한다는 것이다. 이 법은 강제성과 보편성을 띠고 있어 모든 사회구성원들이 지켜야 하는 규범이다. 그러나 문제는 법이 더 이상 민주주의의 모든 절차와 내용을 규정할 수 없게 되었다는 것이다. 시장에서 일어나는 모든 행위들도 법으로 규정할 수 없을 뿐만 아니라, 여성의 권리와 환경 보호 및 소수자 권리의 인정 등은 일상생활 속에서 사회문화적 동의와 가치 변화를 통해 비로소 제대로 이룩할 수 있기 때문이다.

또한 엄청난 속도로 발전하는 기술과 정보 및 지식의 내용과 용도를 법으로 제정할 수도 없다. 민주주의와 관련해 기술과 정보 및 지식의 의미를 논하는 것은 현대 사회가 정치와 경제뿐 아니라 사회문화적 영역에서도 기술 발전에 의해 크게 영향 받고 있기 때문이다. 커뮤니케이션의 발전에 따라 전자 민주주의가 발전하고, 기술 혁신을 통해 경제가 성장하며, 새로운 기술과 지식 및 정보는 환경을 비롯한 일상생활에 큰 영향을 미치고 있다. 이러한 영역들은 보편성을 띠기도 하지만 각 세부 영역마다 특정한 이해관계자들이 존재하며 전문성을 요구하기도 한다. 때문에 다양한 영역의 전문가들이 각 부문의 발전을 추구하는 기구가 아니라 정치인들이 국민의 의사를 대변하기 위해 모인 대의제 기구인 의회가 규범을 제정할 수 없다는 것이다. 이 규범은 곧 보편성과 특수성을 포괄하면서도 자발성과 합의에 기초한 표준으로 형성된다.

1970년대 초 독일에서 표준화 기구의 위상을 두고 일어난 논쟁은 이러한 표준의 중요성을 잘 보여준다(Voelzkow 1996, 226~227). 당시 대부분의 사람들이 표준의 공공성을 인정하는 가운데 국가 관여의 정도가 쟁점이 되었다. 표준의 중요성을 법에 준하는 것으로 보면서 표준을 제정하는 별도의 의회를 구성하자는 주장까지 나왔다. 곧, 상원과 하원 외에, 기술 전문가와 법조인들로 구성된 제3의회를 창설하자는 것이었다. 결국 논쟁은 공공성을 보장하는 한에서 민간 기구로 설립하는 안으로 종결되었지만, 비록 표준화 기구의 위상은 다를지라도 현대 사회와 민주주의에서 표준이 가지는 의미는 충분히 증명된 사건이었다.

현대 사회의 새로운 민주주의 가치는 물질적 소비 만능주의와 각종 권위주의를 극복하고 정치와 경제 및 사회 문화의 모든 영역에서 아무도 지배하지 않고 누구도 지배받지 않는 완전한 자유와 평등의 사회 질서다. 이 사회 질서는 더 이상 대의 제도에 의해 보편성과 강제성을 추구하는 법치로만 보장될 수 없고 보편성과 특수성을 함께 추구하며 자발성과 합의에 기초한 표준을 통해 획득되고 보장될 수 있다. 남은 문제는 표준화 과정에서 보편성과 특수성을 어떻게 조화시키고 자발성과 합의를 어떻게 보장하는가다. 정치를 비롯한 모든 영역에서 한국 민주주의의 발전도 이와 같은 새로운 척도에 유념해야 할 때다.

제4장

사회적 약자를 보호하는 표준

표준을 장악한 자가 시장을 선점한다. 특히 다수의 소비자를 선취한 기업은 '사실 표준' 을 장악해 잠김 효과와 악단차 효과를 발휘하면서 더욱더 소비자를 늘려간다. 한 제품을 예로 들면, 잘 팔리는 제품일수록 이 제품을 선택한 소비자들이 계속해서 이 제품을 구매하고 그렇지 않은 소비자들까지 다수의 구매 성향을 따라 이 제품을 구매하게 된다는 것이다. 이러한 의미에서 표준은 대개 다수자와 행보를 함께 한다. 그러나 인간 세상에는 자연 상태의 적자생존 원칙만 존재하는 것이 아니다. 오히려 앞뒤를 살펴 합리적 계산뿐만 아니라 이타적 배려도 할 줄 아는 이타적 합리성을 가진 존재가 인간이다. 인간들의 공동체인 사회 역시 이러한 이타적 합리성에 의해 유지된다. 자연 상태에서 이타적 합리성이 작동할 수 없을 경우에는 공동체의 논리에 따라 공준과 질서가 수립된다. 마찬가지로 '사실 표준' 이 갖추지 못하는 이타적 합리성은 공식 표준에 의해 보장된다. 소수자에 대한 배려도 공식 표준에 의해 갖추어질 수 있다.

엘리베이터 산업규격과 수화 용어 표준, 소수자를 위한 이타적 합리성

2011년 5월초 기술표준원이 엘리베이터의 조작 버튼 위치와 배열 규정안을 만든 것도 소수자에 대한 배려에서 나온 표준화 활동이다(연합뉴스, 2011.05.04.). 기표원에 따르면, 이 산업규격안은 2009년부터 국민 생활과 밀접한 50개 물품과 서비스의 표준을 만들기 위해 추진한 '50대 친서민 생활표준화 계획' 의 일환이다. 서민은 지배층이 아닌 보통 사람들을 의미한다는 점에서 역시 다수자에 속하지만, 사회적 약자라는 의미에서는 소수자를 뜻한다. 서민을 위한 표준화는 곧 사회적 약자인 소수자를 위한 이타적 합리성의 산물이다.

장애인, 어린이, 노약자들이 처음 접한 엘리베이터를 이용할 때에도 바로 원하는 버튼을 찾을 수 있도록 버튼의 높이와 배열 방법을 구체적으로 정한 것이 이 규격안의 특징이다. 표준안에 따르면, 중앙 개폐식 엘리베이터는 조작판이 엘리베이터 안에서 승강장을 봤을 때 오른쪽에 있어야 한다. 하지만 측면 개폐식은 문이 열리는 쪽에 조작판을 설치할 수 있다. 장애인용은 바닥 면적이 1.4m×1.4m 미만이면 진입 방향 오른쪽에 있어야 하며, 수직 구조 조작판은 비상 통화 버튼을 포함한 모든 버튼이 엘리베이터 바닥에서 0.9m 이상, 1.7m 이하의 높이에 있어야 한다. 우리나라 어린이의 신장에 맞추었을 뿐 아니라 장애인과 노약자의 접근성을 고려한 흔적이 뚜렷하다.

문화체육관광부가 2011년 4월 장애인의 날을 맞아 발표한 수화 및 점자 관련 표준화 계획도 사회적 약자를 위한 표준화 노력이다. 문화체육관광부는 2005년 이래 '표준 수화 규범 제정' 을 지원하는 등 수화의 표준화 작업을 추진해 왔다. 2011년에는 이러한 노력에서 한 걸음 더 나아가 생활용어 1천 개뿐 아니라 경제 전문 용어 1천 개와 문화 사업 등에도 표준화를 추진해 장애인들의 문화 향수 기회와 표현 가능성을 확대할 계획을 세웠다. 또한 시각 장애인들을 위한 점자 보급을 위해 현장 강의용 교재 및 '점자 세상' 홈페이지에서 제공하는 온라인 강좌 프로그램을 개발하고, 갈수록 늘어나는 특수 부호의 점자화 연구 사업도 벌이기로 했다.

지금까지 장애인, 어린이, 노약자들을 위한 엘리베이터 등 공용 기구

설치 의무와 사회 진출 기회는 꾸준히 확대되어 그에 대한 사회적 인식도 높아져 왔다. 그러나 그 유형이 각기 다르고 범위가 좁아 불편을 겪어온 것이 사실이다. 이번 표준화 작업들은 그중 엘리베이터와 수화 및 점자에 대해 사용의 수월성과 접근성을 높인 획기적 사건이라 할 만하다. 이러한 표준들이 더 확대되어야 함은 두말할 나위가 없다.

그러나 장애인, 어린이, 노약자 등은 신체적 특징에 따른 사회적 약자 혹은 소수자에 속한다. 표준화 작업은 신체적 특징뿐만 아니라 사회적 특징에 따른 소수자들에게도 시각을 넓힐 필요가 있다. 사회적 특징에 따른 소수자는 노동자 같은 생산과정상 약자, 피치자로 대표되는 정치적 약자, 소비자로 나타나는 시장 약자, 소수 문화 공동체 구성원을 뜻하는 문화적 약자들을 의미한다. 이들은 수적으로는 다수자일 수 있으나 사회적 영향력 면에서는 약자에 속하는 집단이다.

사회적 특징에 따른 약자까지 포괄하는 표준화

고 장자연 사건 등 연예계의 잇따른 사고로 2009년에 표준계약서가 도입된 것이 생산과정상 약자에 대한 표준화의 대표적 사건이라 할 수 있다. 이른바 '노예 계약'이라고까지 비난받은 바 있는 연예계 계약의 현실은 스타로 성장한 몇몇 사람들을 제외하면 대부분의 연예인들을 가장 열악한 노동자 혹은 그보다도 못한 상황으로 치닫게 했다. 다행히 표준계약서의 도입으로 연예계 발전의 디딤돌이 놓였고, 이제 남은 과제는 이를 더 발전시켜 보편화하는 것이라는 주장이 연예계의 중론이다.

몇해 전 걸그룹 카라 멤버의 소속사 분쟁 등으로 더욱 화두가 된 표준계약서는 연예인 단체가 요구한 사항도 반영되어 공정거래위원회에서 세 차례에 걸쳐 수정·보완되었다. 특히 문제가 된 계약금 조항이 삭제되고 소속 최장 기간을 7년으로 제한하는 등 일정한 발전을 보였다. 아직 해결할 과제가 적지 않다는 지적도 있지만, 소수자를 고려하는 입장에서 표준을 발전시킨다면 더욱 공평하고 신뢰 구축이 가능한 계약 관계를 정착시킬 수 있을 것이다.

디자인계에서도 표준화가 화두다(동아일보, 2011.05.07.). 지리적으로나 외교 관계에서나 먼 나라들인 북유럽 국가들의 디자인이 특히 각광받고 있다. 북유럽의 디자인은 눈으로 보고 즐기기 위한 것이 아니라 누구나 쉽게 이해하고 편리하게 쓸 수 있게 하는 것이라는 점에서 우리나라 디자인과는 그 출발점부터 다르다고 한다. 디자인 전문가들 중에서는 이를 두고 북유럽 특유의 민주주의 정신과 전통에까지 뿌리가 닿아 있다고 부러워하는 이도 있다.

이들에 따르면, 북유럽 디자이너들은 디자인이란 경제적으로 여유가 있거나 학식이 높은 일부만을 위한 것이 아니라 사회 구성원 모두를 위한 것이어야 한다는 생각을 가지고 있다. 디자인을 통해 보편적 삶의 질을 향상시킬 수 있다는 공리주의적 믿음이 강하다는 것이다. 그리고 이들이 '디자인의 공리주의'를 위해 선택한 방법 중에서 중요한 것이 표준화 작업이다. 디자인을 표준화하면 대량 생산이 가능하고 이를 통해 모든 사회구성원들이 더 싼 가격에 훌륭한 제품을 구입해 사용할 수 있기 때문이다.

이와 같이 사회적 특성에 따른 소수자를 위해서도 표준은 대단히 중요하며 실제 그 효과가 크다. 민주 공천제를 위한 표준 절차를 제정해 정치적 약자를 배려할 수 있으며, 노동 표준을 통해 생산 과정상 약자를 보호할 수 있고, 각종 재화와 서비스 표준화를 통해 시장 약자의 입지를 강화할 수 있으며, 언어나 인종적 소수자를 고려한 사회문화적 표준을 제정해 문화적 약자의 처지를 개선할 수도 있다. 이와 같이 표준은 새로운 시대 규범으로서 그 의미가 확대되고 있다.

최근 사회적 책임SR 국제표준 제정에서 본 것처럼 표준은 사회적 강자에게는 사회적 책임을 요구하고, 위의 사례들처럼 사회적 약자에게는 기본 품질 보장 기능을 수행한다. 그리고 강자와 약자를 포괄해 사회구성원 모두에게 사회 통합의 기능을 발휘한다. 이때 사회 통합은 강자와 약자가 주체와 객체로 분리된 상태에서 주체인 강자가 객체인 약자를 포용하는 수직적 통합을 의미하는 것이 아니다. 이 통합은 강자와 약자가 다 같이 동등한 주체로서 사회 운영에 참여하는 주체들 간 혹은 주체들 내부의 수평적인 연대적 통합을 의미한다. 신체적이든 사회적이든 강자와 약자가 모두 대등한 표준화 주체로 행위하게 될 때 이러한 사회 통합은 가능할 것이다.

제5장

표준의 제정과 갈등 조정

우리 속담에 "구슬이 서 말이라도 꿰어야 보배"듯 아무리 출중한 명연기라도 관객이 있어야 연극이 된다. 또한 누군가 관심을 가지고 그 가치를 인정해야 보배의 진가가 드러나며, 관객 역시 관심을 가지고 연기의 가치를 인정해야 연극의 진가가 올바로 평가받는다. 표준이 진정한 시대 규범으로서 그 진가를 올바로 발휘하게 하려면 이해관계자들이라는 구슬을 각각의 모양과 색깔에 맞추어 보기 좋게 꿰어야 하며, 표준 이용자라는 관객들에 의해 제대로 평가받고 활용되어야 한다. 따라서 표준을 보기 좋은 보배나 예술성 높은 연극으로 만드는 것은 이해관계자들의 대거 참여를 보장하고 그들 간의 갈등을 조정하는 것이라고 할 수 있다.

표준의 자발적 수용과 표준화 참여 및 조정

영어로 표준standard의 어원은 '전쟁터에서 지휘관들이 명령을 내리는 신호 깃발을 세우는 집결지'를 의미하며, 한자어 표준標準의 어원도 '높이 내건 안표眼標로서 측정을 위한 기준'을 의미한다고 앞에서 밝힌 바 있다. 그러나 기준이나 지휘 혹은 명령도 강제성을 동반하지 않는다면 많은 사람들의 자발적인 수용을 필요로 하며, 이 자발적 수용은 제정 과정의 참여와 적절한 갈등 조정에 좌우된다.

국제 표준화 기구나 우리나라 국가기술표준원도 표준의 자발성을 인정하여 이와 관련된 대강의 원칙들에 동의하고 있다. 합의성, 공개성, 독립성, 정당성, 효율성, 투명성, 개방성, 시장 연계성 및 시의성들이 그 원칙들이다. 이중에서 특히 합의성과 공개성, 정당성과 투명성 및 개방성과 시장 연계성의 원칙은 표준화 과정에서 이해관계자들이 얼마나 참여하고 갈등이 얼마나 정당하게 조정되느냐의 문제와 밀접하게 연관된다.

다양한 표준 이해관계자들의 갈등 구조

앞에서 기술한 표준의 이해관계자 분류에 따라 갈등 구조를 설명할 수 있다(정병기 2010, 129~130). 우선 직능적 지역표준에서 표준화 갈등은 특정 지역의 특정 직능 영역에서 표준 생산자와 장차 이를 이용할 단체 이용자 및 대중 이용자의 갈등으로 나타난다. 이때 표준과 관련된 사안은 지역적 유통에 한정된 사안이므로 갈등 양상도 지역 내에 한정된다. 그리고 사회적 지역표준과 달리 직능적 지역표준은 특정 직능에 한정되므로 대중 이용자의 이해관계가 매우 협소하여 표준화 갈등은 주로 표준의 생산자와 단체 이용자들 간 갈등으로 나타난다. 이를테면 상가 간판과 관련해 최초로 표준화하거나 표준을 변경하는 경우를 예로 들 수 있다. 상가 간판 표준도 물론 간판의 대형화에 따른 불편과 시각적 차원에서 대중 이용자들과 전혀 무관하다고는 할 수 없지만 이들이 집단적 이해갈등을 형성할 정도로 민감한 사안은 아니다. 간판 표준화 과정에서 이해 갈등은 상가에 거주하는 비상인들과 상인들 사이에서 주로 나타난다. 이 경우에는 표준의 효과들 중 고착화 현상과 관련되어 특히 전환 비용을 둘러싼 갈등이 심화된다.

사회적 지역표준의 경우는 표준의 생산자와 단체 이용자들 사이뿐만 아니라 표준의 생산자와 대중 이용자들 사이에서도 갈등이 심하게 나타날 수 있다. 예를 들어, 지역 내 쓰레기봉투 규격을 둘러싸고 이를 위탁 받은 기업이 제안한 봉투 규격에 대해 쓰레기 수거를 수탁한 다른 기업들이 이의를 제기한다든가 주민들이 반론이나 비판을 제기하는 경우다. 쓰레기봉투 표준은 지역 내 모든 주민들에게 공통적으로 적용되는 사안이기 때문에 사회적 공공성을 가진다고 할 수 있다. 이 경우 사회적 지역표준을 둘러싼 갈등은 공공성의 효과를 중심으로 발생한다.

직능적 국가표준은 한 국가 내의 특정 직능에 한정되는 표준으로서 직능 영역 내의 표준 생산자와 표준 이용자들 간의 갈등과 관련된다. 국내 자동차 산업에서 특정 부품의 표준화를 둘러싸고 일어나는 갈등을 예로 들 수 있다. 다만 이 부품이 자동차 이용자들에게 호환성이나 가격 면에서 영향을 미치지 않는 경우에 한하며, 자동차가 이미 대중화되어 자동차 이용자들을 대중으로 간주할 수 있다는 가정이 성립하는 경우다. 이때 이 부품의 표준 생산자는 생산 규모의 확대를 통해 수확 체증의 효과를 볼 수 있으며 국제표준화를 겨냥한 확장성의 효과도 볼 수 있지만, 다른 자동차 기업들의 경우는 단체 이용자로서 생산 비용이 상승하는 부정적 효과를 감수해야 한다. 이 경우 자동차 산업 내의 직능적 갈등이 생겨난다.

사회적 국가표준은 한 국가 내의 전 사회 영역에 걸쳐 적용되므로, 이 표준을 둘러싼 갈등은 사회적 지역표준 갈등과 마찬가지로 표준의 생산자와 단체 이용자들 사이뿐만 아니라 표준의 생산자와 대중 이용자들 사이에서도 발생한다. 진공청소기의 먼지흡수종이 규격을 둘러싼 갈등이 일어난다면 사회적 국가표준 갈등의 하나라고 할 수 있다. 물론 이 때에도 국가 표준은 확장성의 효과와 관련해 국제 표준으로 발전할 수 있지만, 이 경우 국가 표준에 한정되는 제품만을 의미한다. 먼지흡수종이를 표준화함으로써 발생하는 효과는 표준 생산자들에게는 수확 체증 효과로 연결될 수 있고 이를 통해 네트워크 외부성 효과도 거둘 수 있으며 표준 이용자의 입장에서 볼 때에는 공공성 효과와도 관련된다. 종이 생산을 둘러싼 제지 기업들뿐만 아니라 청소기 생산 기업들의 이해관계가 밀접하게 연결되어 있으며, 대중 이용자들도 종이 규격의 호환성을 높이는 데 지대한 관심을 가지고 이해관계 갈등에 민감하게 대응할 것이다.

이와 같이 표준을 둘러싼 갈등은 표준을 생산하는 자들 간의 갈등으로 나타나기도 하지만, 표준의 생산자와 이용자 간의 갈등으로 나타나기도 한다. 그러나 다른 한편으로 이 갈등은 표준의 대상이 되는 상품이나 서비스를 생산하는 기업 같은 시장의 생산자와 이를 소비하는 소비자 간 혹은 상품과 서비스의 판매자와 구매자 간에 형성되기도 한다. 예를 들어, 간판 표준이나 음식물 보건 표준의 제정에서 상인과 소비자 및 음식점 주인과 손님 간의 입장 차이는 대단히 예민한 갈등을 유발할 것이다.

무임승차의 해소와 참여 유인

위의 예에서와 같이 상인과 음식점 주인의 경우에는 그 자체로 표준화에 민감한 만큼 표준화 참여 유인 효과가 크기 때문에 그다지 문제가 되지 않는다. 그러나 표준 이용자들 중 대중이용자에 해당하는 비非상인과 식당 손님들 같은 경우에는 자신들과 관련이 있는 표준화임에도 불구하고 직접 참여하려는 동기가 크게 작용하지 않는다.

그것은 곧 무임승차 효용이 발생하기 때문이다. 특히 위와 같이 공공재의 성격을 띠는 표준 중에서도 이 표준을 이용하는 것이 누구에게나 개별적으로 가능하고 소모품이 아닐 때(즉, 한 이용자의 이용이 다른 이용자의 이용을 배제하지 않을 때) 이용자들은 표준화 과정에 참여하기보다 무임승차를 선호하는 것이 일반적인 경향이다. 다시 말해 참여 유인 효과가 없는 상태에서는 무임승차 효용이 일반적으로 참여 효용보다 높게 나타난다는 것이다. 물론 표준화 과정 참여에는 지식과 정보의 획득과 같은 유인이 존재하는 것이 대부분이다. 그러나 참여하지 않더라도 이러한 효용들이 획득 가능하다면 무임승차의 유혹이 강하게 작용할 것이다.

이들을 참여로 유인하기 위해서는 표준화를 통해 얻게 되는 구체적인 효용과 실제 제정 과정에 대한 정확한 홍보가 필요하다. 또한 상인과 음식점 주인에게는 획일적 표준화가 아니라 자신들만의 노하우를 통해 시장에서 앞서나가는 것이 가능한, 다양성이 보장되는 표준화라는 확신이 필요하다. 따라서 참여를 통해 얻게 되는 새로운 지식의 적절성뿐만 아니라 지식과 제도들의 조직화 외에도 표준화의 시기적 적절성과 표준의 예측 가능성을 확보하는 한편 다양성을 보장하기 위해 메타표준Meta-standards 등을 제공함으로써 참여를 극대화할 필요가 있다.

대중 이용자의 참여 유인과 표준화 기구의 역할

대중 이용자들의 경우는 이 정도만으로도 참여가 쉽게 이루어지지 않는다. 일상적으로 그들은 모래알과 같이 흩어진 존재들이기 때문이다. 그러므로 이들의 참여를 유도하기 위해서는 위와 같은 참여 유인 효과를 제공하는 것 외에 표준화 기구의 또 다른 활동도 중요하다. 표준화 기구는 모래알처럼 흩어져 있는 대중 이용자들을 조직화하여 실질적인 대변 기회를 마련해주어야 한다는 것이다.

광범위한 참여가 이루어진다 하더라도 문제가 모두 해결되지는 않는다. 입이 많으면 그만큼 말이 많고 말이 많으면 그만큼 합의에 도달하기가 쉽지 않기 때문이다. 표준화 기구는 전문적 역량들이 모여 현대 사회의 복잡한 표준을 제정하는 전문가 기구로서의 역할뿐 아니라, 폭넓은 참여를 이끌어내되 참여자들의 갈등을 조정하는 임무도 함께 수행해야 한다.

표준의 생산자들 내부의 갈등과, 표준의 생산자와 이용자 간의 갈등 및 단체 이용자와 대중 이용자 간의 갈등도 조정의 중요한 대상이다. 간판 표준이나 보건 표준을 제안한 자와 이후 이를 사용할 상인 집단이나 음식점 단체들 간의 갈등을 적절히 조정하고, 표준 생산자와 식당 손님 혹은 주민 같은 대중 이용자들 간의 갈등도 조정해야 하며, 상인 혹은 음식점 업주 집단 같은 단체 이용자들과 대중 이용자들 간의 갈등도 적절히 조정해야 한다.

무엇보다 항상 염두에 두어야 할 것은 갈등의 해결이 일방의 이해관계를 억압하여 다른 일방의 이익만을 편들거나 전문가 집단이 스스로 제정한 표준을 쌍방의 이해관계와 무관하게 강요함으로써 갈등을 강제로 해소하는 방식이 되어서는 안 된다는 것이다. 갈등의 해결은 어디까지나 강제적 해소가 아니라 타협과 합의를 거친 조정이어야 한다. 참여의 촉진이 흩어진 구슬을 모으는 것이라면, 갈등의 조정은 그 구슬들을 어느 것 하나 버리지 않고 제 모양과 색깔에 맞추어 적절히 배치하는 것이다.

모아진 구슬을 이와 같이 적절히 꿰어야 그 목걸이는 비로소 에지edge 있는 보배가 될 수 있다. 마찬가지로 관객의 관람과 평가에 의해 연극이 살아나듯이 이용자들의 활용과 평가에 의해 표준은 환영받는 새로운 시대 규범으로 우뚝 설 수 있다.

합의적 조정을 위한 기본 요건

유럽 선진국들에서 노사 갈등을 비롯한 이익집단 간 갈등을 타협과 합의를 통해 조정하는 방식인 코포라티즘corporatism을 표준화 갈등에도 적용할 수 있다.[2] 이 조정 방식을 표준화 과정에 적용하면, 우선 표준화 갈등 당사자들 사이에 힘의 일정한 균형 상태가 존재하고 이 갈등에 대해 표준화 기구의 적극적 중재가 이루어져야 한다. 이러한 가운데 독점적 · 기능적 대표집단들이 표준화의 중요성에 합의하고 표준화에서 이해관계 대표에 참여하는 협상과 교환이 갈등 해결의 핵심 수단으로 제도화되거나 적

2 코포라티즘적 갈등 조정에 대해서는 정병기 2010, 129~135.

어도 장기적으로 기능할 때 코포라티즘적 표준 갈등 조정이 완성된다. 이 때 표준화 기구의 독립성이 확보된다면, 코포라티즘적 해결은 국가의 기술 통제에 따른 비효율성과 비전문성이라는 국가 실패를 해결함과 동시에 사회집단의 기술 통제에 따른 무질서와 시장 실패를 함께 억제할 수 있는 방법이 된다.

코포라티즘적 갈등 해결은 상충되는 이해관계 혹은 이해관계자들의 일방을 부정하거나 억압함으로써 특정 이해관계 또는 이해관계자의 입장이나 주장으로 통일시키거나 모든 이해관계 혹은 이해관계자들을 부정하거나 억압하는 행위인 갈등 해소의 원리와 과정이 아니다. 곧, 코포라티즘적 해결은 표준화 과정에서 상충되는 이해관계나 그 이해관계자들의 입장 혹은 주장에 대해 상호 양보와 타협을 유도하여 갈등을 해결하는 행위인 갈등 조정의 원칙과 과정인 것이다.

코포라티즘적 조정의 목적은 이해관계자들 간의 협의를 거친 합의와 이 합의의 효율적인 집행이다. 이러한 협의와 합의 및 집행이 가능하려면 첫째로 이해관계자들의 대표 조직이 존재해야 하며 이 대표 조직들은 각 이해관계 집단의 실질적인 대표 능력을 갖추어야 한다. 표준의 이해관계자들이 정부 · 공공기관, 표준화 기구, 표준 전문가 집단, 표준 생산자, 표준 이용자들이며, 이 이해관계자들은 각기 대표 조직을 가지고 대표를 파견할 수 있어야 한다.

사실상 정부 · 공공기관은 실질적 능력을 가지고 있고 표준화 기구는 코포라티즘적 조정에서 조정 역할을 수행하므로 이해관계자로서의 기능을 최소화해야 하기 때문에 문제가 되지 않는다. 표준 전문가 집단도 공공성의 확보와 관련해서는 자기 집단의 이익을 표준화 과정에서 대변할 수 있도록 과잉 대변되어서는 안 된다. 게다가 이 전문가 집단은 각기 다른 표준 이해관계자 집단들 속에서 활동하므로 그 수준에서 만족해야 할 것이다. 특히 표준의 경우에는 비전문가와 대중 이용자들이 쉽게 접근할 수 없는 영역이고 전문적 능력을 필요로 하므로 전문가들을 무엇보다 표준화 기구 내에 충분히 확보하는 것이 적절하다.

코포라티즘의 기본 구도가 3자 협의라는 점을 준용할 때, 표준화에서도 대표적으로 이해관계가 대립되는 표준 생산자와 표준 이용자가 공평하게 대변되고 이들 사이를 조정하는 표준화 기구가 제3자로서 조정자가 된다. 그러나 실제 표준을 제정할 때 표준 생산자는 특정 개인이나 단체로 명확히 드러나지만 표준 이용자들 중 대중 이용자들의 경우는 실체가 명확하지 않다. 따라서 국가 차원에서 정부나 표준화 기구는 대중 이용자들의 상설 조직을 표준화 기구 내에 설치하거나 자발적인 독립 조직의 건설을 추동하고 지원할 필요가 있다. 가장 전형적인 경우가 소비자와 환경 및 노동 분야라 할 수 있다.

상술한 바와 같이 표준 이용자들 중 대중 이용자들의 경우는 그 실체가 명확하지 않을뿐더러 단체 이용자들은 표준 생산을 두고 그 생산자와 경쟁 관계에 서기도 한다. 또한 노사간 코포라티즘에서 사용자와 노동자가 힘의 일정한 균형을 이루며 그 이해관계가 양 측에 균형적으로 존재 혹은 대립하는 것과 달리 표준 생산자와 표준 이용자들 간에는 힘 관계의 균형이 존재하기 어려울 뿐만 아니라 표준 생산자보다는 표준 이용자들의 이해관계가 훨씬 더 광범위하다. 노사간 협의의 경우는 당해 사안의 당사자들에게만 합의 결과가 적용되지만, 표준 제정의 경우는 직능적 표준일 때에도 최소한 직능 내의 모든 사람과 단체에 적용되며 사회적 표준일 때에는 모든 사회구성원들에게 적용되기 때문이다.

따라서 코포라티즘적 조정을 위해 둘째로 갖추어야 할 조건은 표준 생산자보다 표준 이용자의 대변을 체계화하고 강화하는 것이다. 구체적으로 표준 이용자들의 경우는 공공성의 측면에서 볼 때 단체 이용자들을 지역 공공기관과 기업 및 단체로 구성하고, 대중 이용자들을 노동 · 환경 · 소비로 나눌 뿐만 아니라 장애인, 지역 주민 등 사안에 따른 구체화를 통해 체계화할 필요가 있다. 또한 표준의 적용 범위, 즉 공공성의 범위에 적절하게 대중 이용자들로 하여금 부문별로 적절한 비율의 대표를 파견할 수 있도록 실질적으로 표준 제정 과정을 조직해야 한다. 중소기업의 진흥이라는 측면에서는 단체 이용자들의 경우에도 기업측 대변에 중소기업 대표를 명시하는 것이 중요하다.

표준화 코포라티즘에서 핵심 조정자는 표준 제정 기구로서 표준화 기구다. 물론 독일처럼 표준화 기구가 국가로부터 독립되어 존재할 때에는 국가도 조정자의 하나로 기능한다. 그러나 한국처럼 기술표준원이 국가기관일 경우에도 표준심의위원회에서 보는 것과 같이 표준화 기구 위에 정부 차원의 조정 기제가 별도로 존재하기도 한다. 하지만 어떤 경우에도 표준화 기구는 표준을 제정하는 주체면서 동시에 이 제정 과정에서 각 이해관계자들의 이해관계를 조정하는 역할을 수행한다. 다시 말해 표준 제정 과정 자체가 표준을 둘러싼 이해갈등을 조정하는 과정인 것이다. 따라서 표준화 기구는 권위적이거나 독선적 방식으로 표준을 제정하지 않고 이해관계자들의 적절한 구성과 대변을 보장하고 이들간 협의를 통해 표준을 제정할 수 있어야 한다.

그러나 다른 한편으로 표준화 기구는 전문가 기구기도 하다. 위에서 언급한 바와 같이 표준 전문가들이 독자적 이익을 대변하는 조직으로 참여토록 할 것이 아니라 표준화 기구가 전문가들을 충분히 수용하여 표준 제정 과정에서 전문적 역량들을 동원하고 발휘할 수 있어야 한다. 이 전문가 기구 역할은 표준에 관한 전문 지식이 부족한 표준 이용자 단체들에 대한 자문도 포함한다. 따라서 표준화 기구는 표준화 과정을 관리 감독하는 기관이 아니라 코포라티즘적 조정을 통해 표준을 제정하고 전문적 자문을 담당하는 기구가 될 필요가 있다. 표준화 기구가 국가 기관일 경우나 독립 기관일 경우가 다를 수 있지만, 중요한 것은 국가 기관일 경우에도 독자적인 조정 역할과 전문가 역할을 수행할 수 있도록 자율성을 보장받아야 한다는 점이다.

따라서 세 번째 요건으로서 표준화 기구는 조정 기제와 전문가 기구로서 다음과 같은 능력을 갖추어야 한다(Voelzkow 1996, 187~199): ① 관련 이해관계 집단들을 참여할 수 있게 하는 동원 능력, ② 이질적 · 대립적 이해관계들 속에서도 결정을 내릴 수 있는 결정 능력, ③ 표준이 법적 구속력을 갖지 않으므로, 동기를 부여하고 물질적 자원을 제공하는 등 표준을 수용할 수 있도록 하는 의무화 능력이 그것이다. 특히 세 번째에 언급한 의무화 능력은 국가의 각종 정책을 통해서도 수용 가능성을 높일 수 있으므로 국가와의 관계를 통해 보완될 필요가 있다.

마지막 요건은 정부 및 공공 기관의 역할과 관련된다. 표준화 과정에서 정부 및 공공 기관은 표준화 기구와는 다른 측면에서 또 하나의 조정자 역할을 수행하는 한편 공공성이 특히 강한 표준의 경우 표준 이해관계자의 하나로 기능한다. 표준화 기구는 물론 자율성을 가진 기구로 존재해야 하지만, 그럼에도 불구하고 공권력을 가진 정부와 공공 기관이 표준의 공공성 확보를 위해 개입할 필요가 많기 때문이다. 또한 표준은 자발성에 기초하고 있어 표준화 기구가 공공성을 강제할 수 없기 때문이기도 하다.

표준화의 소수자에 해당하는 대중 이용자들의 대변을 지원하는 것과, 공공성 강제의 필요가 특히 큰 기술규정을 제정하는 것이 대표적 예다. 이때 전자는 정부 및 공공 기관이 표준 이용자들의 대변을 지원하고 강화함으로써 표준 이해관계자들 간의 이해관계 조정을 수행하는 예며, 후자는 표준 이용자의 한 행위자로서 기존의 표준들 중의 하나로 기술규정화하거나 표준 생산자로서 기술규정을 직접 제정 혹은 제안하는 경우가 된다. 이

때 정부 및 공공 기관은 이해관계자로 참여하는 것은 물론 표준화 기구의 조정을 받는 행위자가 되기도 한다.

표준 종류별 코포라티즘적 갈등 조정

지역 표준은 국가 표준 기호로 제정되지 않기 때문에 대부분 표준화 기구의 활동 영역이 아니다. 표준화 기구는 국가 단위나 국제 단위로 조직되어 있으며 그 각급의 표준을 제정하기 때문이다. 그러나 원자력 폐기물 처리의 경우처럼 안전도 제정은 폐기물 처리 지역 같은 특정 지역에 매우 민감한 사안이 된다. 이러한 경우 비록 지역 표준일지라도 국가 표준의 갈등 조정 방식을 준용할 수 있다.

직능적 지역표준을 제정할 때에는 표준의 생산자와 단체 이용자들 간의 갈등이 중심이 된다. 특정 지역에서 특정 표준과 관련된 기업이나 단체 및 공공 기관이 갈등하며 표준 제정에 관여하는 것이다. 이때 조정 방식은 지역 사회의 직능부문 내 표준 생산자와 표준 단체이용자들 간의 협의를 마련하는 미시 코포라티즘이 적용된다. 이때 미시 코포라티즘은 이해관계나 적용의 범위가 특정 지역이나 직능에 한정되어 이들 간의 협의만 이루어지는 형태로서, 국가 차원이나 세계 차원에서 모든 구성원을 대상으로 하는 거시 코포라티즘에 대응되는 개념이다.

반면 사회적 지역표준을 제정할 때에는 표준의 생산자와 단체이용자들뿐만 아니라 노동자와 소비자 같은 대중 이용자들도 이해관계가 얽혀 있어 지역 사회 전체에 걸친 갈등이 일어난다. 따라서 지역 사회의 직능부문들 사이가 아니라 다양한 직능 부문들 간의 조정과 지역사회 대중이용자들과 단체이용자 및 생산자 간의 조정도 필요하다. 곧, 직능적 지역표준 제정과 달리 직능 부문간 및 전 지역사회적인 포괄적 미시코포라티즘 조정이 요구된다.

지역 표준의 경우는 물론 지역 사회의 규모에 따라 다를 수 있지만, 국가 표준에 비해서는 소규모로 제정 과정을 운용할 수 있으므로 더욱 대중 참여적인 모델이 사용될 수 있다. 현재 사용되는 표준 제정 모델인 위원회 모델, 워크숍 모델, 프로젝트팀 모델은 모두 전문가 역할을 강조한 방식들이다(Voelzkow 1996, 160~161). 그중 프로젝트팀 모델은 전문성이 가장 많이 요구되는 방식으로서 전임 전문 인력을 가동해야 하며 효율성과 동의 형성이 가장 쉽다. 그러나 프로젝트팀 모델은 프로젝트 작업 후 표준 이용자들의 광범위한 자발적 수용이 어려울 수 있다. 반면 위원회 모델은 비전문가들의 참여가 가장 수월하여 표준 제정 후에는 광범위한 수용을 쉽게 얻을 수 있지만 잦은 만남이 어렵고 효율성이 낮아 신속한 제정이 곤란하다. 두 모델의 중간 유형인 워크숍 모델은 작업 밀도와 효율성 및 동의 형성이 모두 중간 정도에 해당한다. 지역 표준의 경우는 주로 위원회 모델의 사용이 쉽게 고려될 수 있으며 그 부정적 측면도 상대적으로 적게 나타난다.

그러나 사안에 따라서는 사회적 지역표준의 경우는 위원회 방식보다 더 대중 참여적인 공청회나 주민 투표를 보완적으로 사용할 수 있는 가능성도 높다. 특히 지역 주민의 이해관계가 첨예하게 얽힌 사안일 때에는 이러한 방식이 진지하게 고려될 필요가 있다.

표준화는 한 국가의 사회구조적 성향을 반영하는데, 국가 표준의 경우가 특히 그러하다(Repussard 1995, 63). 일반적으로 표준은 사회와 경제의 구조적 성격에 잘 통합된 국가 체계라는 맥락에서 가장 잘 제정되고 사용되기 때문이다. 국제 무역이 활발해지면서 국가 표준보다는 점차 국제 표준이 많아지는 것이 사실이지만, 유럽 표준들에서 대표적으로 나타나는 바와 같이 국제 표준들도 기존 국가들의 사회 · 경제적 조건들을 반영한다.

마찬가지로 표준화 과정에서 나타나는 이해 갈등도 사회구조적 특성이 반영되어 진행된다. 이 사회구조적 특성과 긴밀하게 맞물린 사안에서 표준이 더욱 필요하지만 이해 갈등이 첨예하기 때문에 표준 제정은 결코 쉽지 않다. 따라서 적절한 갈등 조정이 더욱 필요하므로 코포라티즘적 조정도 이러한 사안에서 더욱 중요하게 사용될 수 있다.

직능적 국가표준의 제정에서 표준화 갈등은 표준의 생산자와 단체 이용자들 사이에서 주로 발생하므로 이들의 갈등 조정이 중심이 된다. 국가라는 더 넓은 범주에서 표준 대중이용자들은 특정 직능 내의 표준에 대해서는 이해관계가 쉽게 형성되지 않는다. 따라서 조정 방식도 직능 부문 내의 미시 코포라티즘으로 충분할 수 있다. 표준화 기구는 직능 부문 내부 조정을 위해 프로젝트팀 모델이나 워크숍 모델을 주로 활용해도 될 것이다.

그러나 사회적 국가표준의 제정은 표준화 갈등이 가장 첨예하면서도 광범위하게 일어날 수 있다. 기업과 노동자 및 소비자들 간의 전 사회적 갈등이 형성될 수 있으며 이러한 갈등 조정이 핵심이 된다. 따라서 표준화 기구는 다양한 직능 부문들 간 및 사회집단들 간의 거시 코포라티즘을 염두에 두어야 한다. 특히 갈등이 첨예한 사안에 대해서는 직접적인 이해관계자들이 워크숍 모델뿐만 아니라 위원회 모델을 활용해 광범위한 위원회 활동을 조성해야 하며 어느 정도 효율성을 포기할 필요도 있다. 또한 사안에 따라서는 위원회 활동조차도 공청회를 통해 보완되는 것이 필요하다. 사회적으로 민감한 사안들은 언제나 그 절차적 정당성을 두고 새로운 심각한 시비로 비화될 수 있기 때문이다.

제4부

표준의 다양한 쓰임새

제1장

노동 규범과 표준

노동 규범은 중요한 표준의 하나며 표준화의 핵심 대상 중의 하나다. 넓은 의미의 표준으로 볼 때, 각 나라의 노동 관계법들이나 국제 노동조합 조직들의 기준들도 표준에 포함된다. 그중 국제연합UN 전문기구로서 노동자의 노동조건 개선 및 지위 향상을 위해 설립된 국제노동기구ILO의 각종 국제 노동 조약과 권고 등이 대표적인 노동 관련 국제 표준이라 할 수 있다. 그러나 국제 표준화 기구가 공식적으로 제정한 가장 의미 있는 노동 관련 표준은 2010년 ISO 26000으로 사회적 책임SR 국제표준이다. ISO 26000은 무엇보다 노동 관련 규정이 표준화 기구에 의해 공식 국제표준으로 제정되었다는 점에서 의미가 크다. 이 사회적 책임 표준이 노동계에 미치는 영향과 그에 대한 노동계의 대응을 살펴봄으로써 노동 규범과 표준의 관계를 도출하고 그에 대한 대응을 모색할 수 있다.[1]

SR 국제표준이 노동계에 갖는 의미

법령은 국민 대표에 의해 제정되어 모든 국민들에게 배타적으로 적용되지만, 표준은 이해관계자의 자발적 참여와 동의에 의해 제정되어 사적 계약에 의한 의무만 발생하므로 역시 자발적 수용에 의해 적용된다. 국제

1 ISO 26000에 대한 노동계의 대응에 대해서는 정병기 2012 참조.

법의 경우도 당해 국제기구에 가입하거나 협정에 합의하고 비준을 거치면 국내법과 마찬가지로 강제성을 띤다. 그러나 국제 표준은 국가 표준과 마찬가지로 이해관계자들의 자발적 참여에 의해 제정되고 수용된다.

따라서 표준이 강제적 구속력을 갖추려면 법에 의해 다시 규정되거나 사회적 압력에 따른 강제가 있어야 한다. SR 표준에 포함된 노동 관련 표준이 이해관계자들의 자발적 참여에 의해 제정되었고 인증 표준이 아니라 지침 표준이라는 점에서 그 구속력은 더 약하다고 지적된다. 그러나 사회·경제적으로 커다란 영향력을 가진 기업과 단체들의 경우는 SR 표준 수용의 강력한 사회적 요구에 직면할 가능성이 크다. SR이 표준으로서 수행하는 기능과 다루는 주제 영역이 그만큼 공적 성격을 크게 갖기 때문이다.

ISO 26000이 규정한 사회적 책임SR은 "보건과 사회복지를 포함해 지속가능 발전에 기여하고, 이해관계자의 기대를 고려하며, 법과 국제 행위규범에 적합하고, 조직을 통해 통합되고 조직 관련 범주에서 실천되는 투명하고 윤리적인 행위를 통해 사회와 환경에 관한 결정과 행동의 영향에 대해 조직이 지는 책임"으로 정의된다(ISO 2010, 3). 이 SR의 핵심 주제는 조직 거버넌스, 인권, 노동 관행, 환경, 공정 운영 관행, 소비자 이슈, 지역사회의 참여와 개발 등 일곱 가지로 구성되어 있다. 그중 노동 관련 주제들은 인권과 노동 관행에 나누어 배치되었다. 인권 영역에 포함된 노동기본권은 결사의 자유와 단체교섭권 인정, 강제노동 철폐, 동등한 기회와 차별 금지, 아동노동 폐지 등 네 가지로 천명되었다. 그리고 노동관행 영역은 고용과 고용관계, 근로 조건과 사회적 보호, 사회적 대화, 직장에서의 보건과 안전, 인적 개발과 직장 내 훈련 등 다섯 가지를 내용으로 한다. 이 노동 관련 사항들은 노동과 직접 관련되므로 노동자 조직인 노동조합이 적극적으로 대처해야 하는 중요한 영역이다. 뿐만 아니라 다른 핵심 주제들도 사회의 주요 단체행위자로서 역시 노동조합이 간과할 수 없는 영역들이다.

노동 관련 사항들은 사실상 노사관계에서 노조가 지속적으로 주장해 온 주요 관심사들이다. 이 사항들은 개별 기업 내에서 노사간 협상의 대상으로뿐 아니라 마땅히 지켜야 할 전 사회적 표준으로 인식되었다는 점에서 기업에게는 중요한 압력으로 작용할 수 있으며, 노동계는 이를 사회적 기준에 따른 명분으로 주장할 여지를 갖게 되었다. 인권의 다른 주제들과 조직 거버넌스, 환경, 공정 운영 관행, 소비자 이슈, 지역사회의 참여와 개발이라는 핵심 주제들도 기업을 포함해 모든 사회 조직들에게 적용된다. 따라서 노동계는 기업에게는 직접적으로 전 사회적 주제들에 개입해 그 책임을 주장하고 감시하는 역할을 수행할 수 있으며, 사회집단의 하나로서 정부와 정당 및 다른 사회단체들에게도 이를 주장하고 감시하는 역할이 요구된다.

특히 단체협약에 대한 보완 기제로서 SR이 갖는 효과는 클 것으로 기대된다(권현지 2008, 401). 물론 임의적 수용이라는 표준의 성격으로 인해 ISO 26000이 그 자체로 법적 효력을 갖는 단체협약을 대체할 수는 없다. 그러나 궁극적으로 노동자들의 생활에 직간접으로 영향을 미치는 다양한 사회적 주제들에까지 교섭 의제를 확장할 수 있으며, 이 주제들을 단체교섭이나 법으로 정할 경우 표준은 새로운 강제성을 획득해 중요한 사회 규범으로 작용할 수 있다.

노조의 경우도 이러한 가능성에 따라 노사 교섭단체를 넘어 사회 운동단체로 위상을 제고할 수 있다. 그러나 SR과 관련해 실행력이 담보되지 않는 기업 홍보 활동이 될 수 있을 뿐 아니라 전통적 노조 활동을 약화시킬 수도 있어 정부와 기업의 새로운 포섭 전략이 될 수 있다는 점에서 ISO 26000은 노조 등 노동계에게 '양날의 칼'이라는 비판도 가능하다(노광표 2008, 85). 또한 이 칼날은 노사 주제를 벗어난 다른 주제 영역들의 경우 노조에게도 적용되는 것으로서 노조 역시 다른 사회구성원들로부터 감시의 대상이 될 수 있다. 이른바 '노조의 사회적 책임USR' 논의는 이러한 맥락에서 노조의 개혁 요구로까지 이어진다(정승국 외 2011 참조).

기존 노동 기준과 다른 포괄적 기준

SR 표준이 노동에 특화된 것이 아니라 기업과 노동조합을 비롯한 모든 사회 조직들에게 공통적으로 적용되는 표준인 것은 사실이다. 또한 이 표준에 대해 일부 노동조합 조직들은 기존의 여러 노동 관련 규정에 비해 더 진전된 것이 없다고 지적한다. 그렇지만 ILO와 국제 노동조합 조직들을 제외하면 국제 노동 관련 기준들도 대개 기업의 사회적 책임과 함께 논의되어 왔다. 초기에 환경 문제 중심의 '지속가능개발지표 개발' 로 시작해 점차 노동, 안전, 기부 등의 문제로 확대되어 등장한 OECD 다국적기업 가이드라인, GRI 지속가능보고서 가이드라인, UN 세계협약Global Compact 등이 그것이다.

그러나 SR 국제표준은 기존의 노동 기준들과 달리 특정 규모의 기업이나 다른 이슈에 부속되는 형태가 아니라 모든 기업을 대상으로 할 뿐만 아니라 노동이라는 이슈가 여러 핵심 이슈들 가운데 독립적으로 설정된 점이 다르다. 또한 모든 이슈들이 노동조합 자체에게도 적용된다는 점에서 '양날의 칼' 로 묘사되듯이 노동계 자체의 거울로도 작용할 수 있다.

우선, 그중 OECD 다국적기업 가이드라인은 1976년에 제정된 국제투자 및 다국적기업에 관한 OECD 선언의 일부로서 말 그대로 다국적기업을 대상으로 한다(OECD 홈페이지 참조). 이 가이드라인은 다국적기업의 영업 활동이 정보의 공개, 경쟁, 조세, 고용, 산업관계 및 환경과 관련된 체약국 정책과 조화를 이루도록 노력할 것을 권고한다. 현재 OECD 국가들 외에 9개국(아르헨티나, 브라질, 콜롬비아, 이집트, 라트비아, 리투아니아, 모로코, 페루, 루마니아)이 수용하고 있다.

GRI Global Reporting Initiative는 지속가능경영 보고서 작성을 위한 국제 가이드라인을 제공하는 기관으로 UN환경계획 UNEP과 미국 환경 관련 단체인 CERES에 의해 1997년 UNEP 산하에 창설되었다(GRI 홈페이지 참조). GRI의 가이드라인은 환경을 중심으로 한 지속 가능 발전을 주요 목표로 삼은 것으로 노동 문제를 그 목표에 한정해 부분적으로 다룰 뿐이다. GRI 지속가능 보고서 가이드라인은 가장 일반적으로 사용되는 보고서 가이드라인으로 기업의 경제, 사회, 환경적 측면에 따른 경영 활동을 공개하고 이를 통해 지속 가능 경영에 대한 의지를 공유하려는 보고 기준이다. 1999년 초안 마련 이후 현재 G3 가이드라인(2006)까지 발간되었으며, 2013년에 G4 가이드라인 G4 Developments을 발간할 예정이다.

반면, UN 세계협약은 전 UN 사무총장 코피 아난 Kofi Atta Annan이 1999년에 제안하여 2000년에 공식 출범한 자발적 이니셔티브 initiative다(UN Global Compact 홈페이지 참조). 이 협약은 인간의 얼굴을 한 자본주의 capitalism with a human face를 구현하기 위하여 기업의 역할이 중요하다는 인식에서 출발해 상대적으로 포괄적인 주제를 다룬다. 그에 따라 인권, 노동, 환경, 반부패 등 주로 사회정의 구현을 위한 열 가지 기본 원칙을 제정해, 기업 경영 전략과 그 이행 과정을 통해 이 원칙들이 시장에 반영되도록 하고 문제 발생 시 다양한 산업과 이해관계자들이 함께 해결하도록 촉진하는 것을 목표로 한다. UN 세계협약의 회원사들은 연례보고서 같은 공식 문서로 기본 원칙의 이행 상황을 주기적으로 공개해야 한다. 2011년 7월 현재 135개국에서 6,000개 이상의 기업을 포함해 다양한 8,000개 이상의 조직이 회원으로 참가하고 있다. 우리나라에서는 126개 기업과 77개 비영리단체들이 참가하고 있다. 그러나 이 협약은 비록 수많은 나라들이 참여하고 있기는 하지만 협약 당사자들에게만 적용될 뿐만 아니라 기업에 한정된다는 점에서 SR

국제표준의 포괄성에 미치지 못한다.

노동 관련 표준에 대한 노동계의 인식과 대응

노동계를 대표하는 노동조합이 보이는, 노동 관련 국제표준 제정에 대한 인식과 대응은 나라에 따라 다르지만 노동조합의 성격에 따라서도 크게 달리 나타난다. 주로 그 차이는 노동조합의 국가/정부에 대한 태도, 국민/시민에 대한 관계 설정, 기업/사회에 대한 관계 설정과 연결되어 있다 (정병기 2012 참조).

먼저, 국가/정부에 대한 태도에서 한국노총이나 남부 유럽의 가톨릭계 노조들은 국가 역할 중시와 정부 신뢰가 분리되지 않는 반면, 민주노총이나 유럽의 사민주의 노조들은 국가 역할을 중시하면서도 정부에 대해 그다지 신뢰하지 않는 이중성을 보인다. 남부 유럽의 공산주의계 노조들은 공산주의 정당들이 참여한 예외적인 경우가 아닌 한 국가를 친자본가적으로 인식하며 국가의 중재 역할을 중시하지도 않을뿐더러 정부를 신뢰하지도 않지만, 다른 두 기준에서는 사민주의 노조들과 유사하므로 표준에 대한 인식과 대응에서는 두 번째 그룹과 크게 다르지 않다.

따라서 첫 번째 그룹의 노조들은 노동 관련 표준과 관련해서도 국제 표준화 기구의 역할을 중시하고 신뢰해 노동계의 입장을 적극적으로 대변하기 위해 제정 과정에 참여하고자 한다. 이와 달리 두 번째 그룹의 노조들은 노동 관련 표준의 제정에 국제 표준화 기구가 중요한 역할을 수행하는 것을 부정하지 않지만 특정 표준화 기구의 구조와 성격을 문제 삼아 참여를 유보하고 비판하는 양상을 보인다. 때문에 이 두 그룹의 노조들이 다수를 이루고 있는 국제자유노련ICFTU은 ISO 26000의 이중적 성격에 주목하며 조심스럽게 접근하고 있다. 반면, 세 번째 그룹의 노조들은 기본적으로 공식 국제표준의 제정으로 노조의 전통적 역할과 권한이 침해될 것을 염려해 노동 관련 표준에 대해 소극적이거나 비판적인 입장을 견지하면서 참여하고자 한다.

둘째, 국민/시민에 대한 관계 설정에서 첫 번째 그룹의 노조들은 국민/시민과 노동자/노조를 분리해 대개 '국민과 함께 하는 노동운동' 을 주장한다. 곧, 노동자 이익 추구와 국민/시민 이익 추구가 서로 상반되는 영역이 크게 존재한다고 보고 활동을 통해 상호 이익이 되는 방향으로 나아가려고 한다. 이는 노조가 조합원의 이익을 일차적으로 추구하며 비조합원을 국민/시민의 범주로 보는 조합원노조주의라는 정체성을 가지고 있음을 의미한다. 이러한 입장에서 사회 전체적으로 보면 국민/시민의 일부로서 조합원과 비조합원을 분리하되 두 집단의 이익을 동시에 고려하는 활동을 '국민' 의 이름으로 수행한다는 것이다. 반면, 두 번째 그룹 노조들은 국민/시민과 노동자/노조를 분리하지 않는다. 곧, 노동자의 지위 향상이 국민을 넘어 인간의 삶을 개선하는 출발점이라는 입장으로, 여기에서는 노동자의 이익 추구가 국민/시민의 이익 추구와 상반되지 않는다. 따라서 민주노총은 노동자 이익 추구에서도 조합원과 비조합원의 구별 없이 노동자 전체의 이익을 추구하는 일반노조주의라는 정체성을 가진 것으로 볼 수 있다.

이러한 입장에서 두 번째 그룹 노조들은 첫 번째 그룹 노조들에 비해 기업의 사회적 책임 요구에서 노동조건 개선에 더 집중하고 구체적으로 다가가며, 국제표준이 사회적 책임[SR]으로 바뀐 것으로 인해 기존에 논의되던 '기업의 사회적 책임[CSR]' 이 희석될 것을 염려한다. 마찬가지로 첫 번째 그룹 노조들이 스스로 사회적 책임의 대상이 되는 여러 시민 사회 단체들 중의 한 계층을 대변하는 단체로서 SR 표준을 적극적으로 수용하는 반면, 두 번째 그룹 노조들은 CSR의 중요성을 강조하며 SR이 노조에 대한 공격 수단으로 사용될 것을 더 우려한다.

셋째, 기업/사회에 대한 관계 설정에서 포스트 등(Post, et al. 2002)의 이해관계자 분류를 원용해 볼 때, 첫 번째 그룹 노조들은 우선 기업에 있어 종업원을 투자자나 소비자와 동일한 범주의 자원기반 이해관계자stakeholder로 보고 노조를 일차적으로 그 바로 바깥에 위치한 산업구조적 이해관계자로 본다. 그러나 다른 한편으로는 포스트의 분류를 벗어나 최종적으로는 조합원인 종업원을 대변할 뿐만 아니라 지역사회나 민간단체와 마찬가지로 사회 · 정치적 무대에서도 이해관계자로 등장한다. 때문에 미첼 등(Mitchell, et al., 1997)이 얘기한, 정통성과 권력을 가지고 긴급한 이해관계를 갖는 명확한definitive 이해관계자가 되기도 한다. 이러한 의미에서 이 노조들은 SR에 있어서도 사회적 감시자 역할을 수행하지만 시민단체 등과 마찬가지로 특정 집단의 대변 조직으로서 '사회의 성과에 영향을 받거나 미칠 수 있는 조직'으로서 이해관계자의 하나로 규정된다.

반면, 두 번째 그룹 노조들은 스스로를 이해관계자라고 보기보다 기업에서는 경영자와 대등한 입장에서 적어도 사회동반자social partner로서 이해관계자보다 더 많은 특별한 권리를 요구한다. 그리고 사회에서는 궁극적으로 노동자가 주인이 되는 사회를 건설하고자 하므로 사회동반자를 넘어서는 주체임을 강조한다. 우리나라 민주노총이 이해관계자 모델에 입각해 SR 표준을 추진하는 데 상대적으로 소극적이거나 비판적인 것은 이러한 입장에도 기인한다.

국제 표준의 의미와 '양날의 칼'의 도전을 정확히 인식하고 대처해야

우리나라뿐만 아니라 대부분의 국가에서 노조들은 기업의 사회적 책임을 적어도 정치 · 사회개혁 투쟁의 일환으로나마 꾸준히 주장해 왔다.

그러나 우리나라 노조의 경우에는 국제 표준으로 제정된 의미에 대해 아직 충분히 인식하지 못한 것으로 보인다. 표준은 그 자체로 강제성을 띠지 않기 때문에 법이나 단체교섭을 대체할 수는 없다. 그러나 1990년대 이후 표준은 최소 품질 보장, 지속 가능 발전, 사회 통합 등의 기능을 수행함으로써 사회구성원 모두가 지켜야 할 새로운 규범으로 등장하고 있다. 게다가 법적으로 재규정되거나 사회적 압력을 통해 직간접적인 강제성을 띨 수도 있다. 특히 기업이나 행정 조직 등에게는 국제적으로 인정되는 표준을 준수하도록 강제할 수 있는 사회적 압력이 중요하게 작용한다. 물론 기업이 이를 홍보 수단으로 사용한다거나 표준을 지나치게 강조함으로써 전통적 노조 역할을 침해하는 방향으로 사용될 수도 있다. 바로 이러한 이중성 때문에 노동조합으로서는 이를 충분히 인식하고 대처해야 한다.

양대 노총은 모두 2007년부터 임단투 지침서에 기업의 사회적 책임을 별도의 장으로 구성해 단협에 활용할 수 있도록 제시하고 있다. 그러나 이후 지침서들에서는 지속적 발전이 이루어지지 않은 채 2007년의 내용을 반복하고 있다. 기업의 사회적 책임이 모든 조직의 사회적 책임으로 전환되고 국제 표준으로 제정되었음에도 특별한 대응을 보이지 않고 있다는 방증이다.

민주노총은 노사 문제에 있어서는 상대적으로 국제 기준을 더 활용하는 모습을 보이지만, SR에 대해서는 전통적 노조 활동과 CSR조차 위축될 수 있다는 입장에서 전반적으로 비판적 자세를 견지하며 소극적으로 대응하고 있다. 한국노총은 초기부터 표준화 포럼에 적극 참가하고 '국민 속의 노동운동' 을 확대하는 기회로 삼았으며 '노조의 사회적 책임USR' 까지 수용하는 모습을 보이고 있지만, 역시 2010년 국제표준화를 계기로 더 발전하지는 못했다.

결국 한국노총은 국제 표준의 의미를 상대적으로 더 잘 인식하지만 '양날의 칼' 로 작용할 수 있는 SR 표준의 위험을 제대로 인식하지 못하고 있다. 반면, 민주노총은 그 위험성을 충분히 인식하고 있으나 국제 표준의 영향을 과소평가함으로써 조직 발전과 사회 발전을 가속화할 수 있는 계기를 놓칠 가능성이 있다고 할 수 있다. 두 노총은 이러한 한계들을 극복해 노동자 삶의 개선을 넘어 사회 발전을 위한 추동 세력으로 더 새롭게 거듭날 필요가 있다.

제2장

이데올로기와 표준

현대 사회에서 이데올로기는 특정 사회집단의 이해관계와 의식 및 정서를 반영한 이념 체계나 신념 체계를 말한다. 그렇다면 한 사고 체계가 특정 집단 내에서 표준화하면 이데올로기가 되는가? 거꾸로 이데올로기가 되면 그 사고 체계가 곧 특정 사회집단 내에서 표준 사고 체계가 되는가? 흔히 표준화되어 내면화된 것을 완전히 벗어나는 것은 사회적으로 불가능하다고 말한다. 인간은 사회적 동물이기 때문이며, 이 현상 역시 표준화에 의한 고착화 현상의 하나다.

이때 우리는 이데올로기의 양가성ambivalence을 이해해야 한다. 이데올로기는 허위의식, 선입관, 독단적 세계관을 의미하거나 적어도 그러한 의미를 내포하는 것으로 간주되는 한편, 인간이 이데올로기를 완전히 초탈하는 것은 불가능하다는 것이다(노병철 외 2000, 13). 또한 이데올로기와 과학(혹은 학문)의 관계를 이해해야 한다. 이데올로기가 허위의식이나 선입관 혹은 독단적 세계관을 반영한다면, 그것은 진리를 추구하는 과학과 엄밀하게 구분되는가? 아니면 과학으로 발전할 수 있는가?

이데올로기와 과학

이데올로기와 과학의 관계에 대해 먼저 이야기해보면, 이데올로기의 어원 및 생성과 관련된다. 이데올로기(ideologie; ideology)라는 개념은 인간이 지향하는 가장 완전한 상태나 모습을 나타내는 이데아idea와 사물을 인식하고 파악하는 인간의 분별이나 이성을 의미하는 로고스logos의 합성어다. 곧 이데아에 대한 논리적 논의를 의미한다고 할 수 있다. 적어도 어원상으로는 인간의 바람직한 상태에 대한 논리적 접근이라고 볼 때, 과학과 유사한 의미다. 이때 과학은 영어로 science로 표기되는데, 진리에 대한 궁구라는 뜻에서 학문을 지칭한다.

이러한 이데올로기 개념을 가장 먼저 사용하고 체계화시킨 사람이 트라시Destutt de Tracy다. 그는 프랑스 혁명 이후 로베스피에르의 공포정치를 비판하고자 동료들과 함께 '프랑스국립학술원'을 설립하고 계몽주의 정신에 입각해 관념의 형성과 작용 등을 연구했다(이명남 2004, 17 참조). 이를 통해 1796년경에 새로운 학문을 창시했는데, 이것을 이데올로기학science de ideologie이라고 칭했다. 트라시에 따르면, 모든 과학적 지식이 이념의 결합과 관련되기 때문에 이데올로기는 제1의 과학으로서 문법, 논리, 교육, 도덕, 예술, 사회를 규제하는 근거가 될 수 있다. 그에게 이데올로기는 오류와 편견을 치유할 수 있을 뿐만 아니라 도덕과 정치학의 확고한 토대였다.

그러나 이와 같이 과학의 한 영역으로 등장한 이데올로기는 나폴레옹에 의해 과학으로부터 멀어졌다. 프랑스 혁명 이후 쿠데타로 집권한 나폴레옹은 공화주의 사상을 불식시키고자 또 다른 측면에서 이데올로기 개념을 정치적으로 이용한 것이다. 나폴레옹에 따르면, 트라시 같은 사람들은 "새로운 체제를 세우고자 음모하는 형이상학적 도당, 즉 이데올로그ideologue 집단"이었다(노병철 외 2000, 17). 나폴레옹이 보는 이데올로기는 "정치적 실체와 유리된 추상적이고 사변적인 교의"에 불과했다. 이후 이데올로기는 이데아의 과학을 의미하는 것이 아니라, 허위의식으로 이해되는 이념을 의미하게 되었다.

맑스Karl Marx도 포이에르바하Ludwig Feuerbach, 바우어Bruno Bauer, 스티르너

Max Stirner 등 청년 헤겔 좌파들을 비판하기 위해 나폴레옹의 이데올로기 개념을 수용했다. 곧, 청년 헤겔 좌파들은 역사와 사회적 삶 속에서 이념과 가치의 역할을 과대평가하고 있다고 비판하며 이데올로기적이라고 공격했다. 이때 이데올로기는 의식과 물질이 따로 존재한다고 보는 관점을 의미하는 것이었다(Marx and Engels 1992, 191~264). 물론 『정치경제학 비판』(1859)의 서문에서는 정치경제적 개념으로 전환해 이데올로기를 주로 지배계급의 이해관계를 대변하는 이념 및 사상 체계를 의미하는 것으로 이해했다(Marx 1992, 443~480). 그러나 본질적으로는 사회계급의 이해관계를 대변하는 이념체계로서 허위의식을 말하는 것에는 변함이 없었다. 노동계급의 이념도 물론 이데올로기의 하나다. 하지만 맑스에게 있어 노동계급의 이데올로기는 사회의 모순을 온전히 안고 있는 피억압 집단인 노동계급의 이념이기 때문에 궁극적으로 인간 해방을 향한 이념으로 진화할 수 있으므로 과학이 될 수 있는 것이었다.

한편 만하임Karl Mannheim 1991은 맑스의 영향을 받아 인식 주체인 인간을 사회적 생활 조건에 의해서 구속되는 존재로 파악하는 지식사회학의 입장을 주창했지만, 노동계급의 이데올로기가 과학으로 진화하는 것을 부정하며 모든 이데올로기를 허위의식이라고 보았다. 만하임은 이데올로기와 유토피아를 기능적 입장에서 구분했다. 이데올로기는 과거로부터의 규범을 반영하고 현상을 유지하는 기능을 수행하는 반면, 유토피아는 전체적으로든 부분적으로든 기존 질서를 변경시키려 한다는 것이다. 벨(Bell 1960)이 '이데올로기의 종언' 이라는 극단적 언명을 사용하면서 유토피아에 대한 희망을 부여잡고 있는 것도 이러한 맥락과 크게 다르지 않다.

이데올로기와 과학 그리고 표준

시간이 흐르면서 이데올로기에 대한 논의는 사회집단의 사고나 신념 체계라는 의미로 정리되면서 과학으로 발전할 수 있느냐라는 데 집중되었다. 자연과학이 아니라 사회과학의 측면에서 보면, 절대적인 진리는 존재하지 않는다. 인간의 사고나 신념 혹은 진리까지도 사회적 존재 조건으로부터 영향을 받는다는 것은 논란의 여지가 없다. 문제는 이데올로기가 그 사회적 조건으로부터 핵심적으로 영향을 받아 형성되는 사고나 신념 체계라는 것이다. 진리도 이러한 사고나 신념 체계를 토대로 만들어지는 '옳음' 이다. 이 사고나 신념의 체계가 이데올로기라면 과학은 이 체계로부터 형성된 진리를 논하는 것이다. 따라서 어떤 이데올로기가 진리로 승화되거나 정당화되면 과학으로 발전할 수 있다.

그와 달리 표준은 특정 사회집단의 사고나 신념 체계가 아니다. 표준도 물론 특정 사회집단 구성원들에게 적용되는 기준이 될 수 있다. 그러나 이 경우에도 공식 표준의 의미에서 보면, 표준은 이 집단이 사회적 약자일 때 그들을 보호하거나 유익하게 하기 위한 안표로 제정된다. 이데올로기가 전체 사회의 일부인 특정 사회집단의 이해관계나 이익을 정당화하는 근거라면, 표준은 사회적 소수인 특정 사회집단을 보호하는 가운데 전체 사회의 다수가 향유할 공공성을 확보하는 기준이다. 따라서 이데올로기가 표준화의 대상이 될 수는 있지만, 표준이 이데올로기화될 수는 없으며 그래서도 안 된다.

특정 사회집단의 사고나 신념 체계로서 이 집단의 이익을 정당화하는 이데올로기가 전체 사회구성원의 이익이라는 공공성을 확보하거나 그와 일치할 때 과학으로 발전한다고 했다. 이러한 전체 사회구성원의 공공성 확보 기준을 표준이라고 한다면, 이 표준을 충족시키는 이데올로기만이 과학으로 발전할 수 있다는 이야기가 된다.

이데올로기의 양가성

이데올로기의 양가성은 신화를 바탕으로 접근한 소렐Georges Sorel의 논의에서 출발한다(이명남 2004, 19). 소렐에 따르면, 인간은 사회 현상을 인식하기 위해 단순한 개념들로 이루어진 인위적 표상을 만들며, 이 표상은 사회 현상을 특정한 방향으로 드러내주는 경향을 갖는다. 이 인위적 표상이 '신화神話' 이고 이데올로기의 근원이다. 그리고 이 이데올로기는 집단행동의 원인이 되며, 긍정적이기도 하고 부정적이기도 하다.

곧, 사회 현상을 이해하고 설명하기 위해 사람들이 만들어낸 이념 체계나 사상 체계가 이데올로기인데, 이 이데올로기는 사회 현상을 객관적이고 보편적으로 이해하고 설명하지 않고 특정 시각에 입각해 편파적으로 이해하고 설명한다는 것이다. 예를 들어, 모든 인간은 특정한 계급이나 계층 혹은 집단에 소속되어 있으므로 이 소속과 관련된 이해관계를 벗어나서 사회 현상을 보거나 집단행동을 할 수 없기 때문이다. 역시 사람들이 만들어낸 믿음 체계인 신화도 이러한 측면에서는 이데올로기와 동일하다.

그렇지만 이러한 편파성도 반드시 부정적이지만은 않으며 시대와 장소에 따라서는 긍정적일 수도 있다는 점에서 이데올로기는 양가성을 갖는다고 이야기된다.

파레토Vilfredo Pareto도 이데올로기의 양가성을 보았다(이명남 2004, 19). 파레토는 비합리적인 충동이나 감정을 은폐하기 위해 이것을 정당화하고 영속화시키는 것이 이데올로기라고 하며 감정과 충동에 따른 것이라고 부정적으로 보면서도 인간 삶에서 필연적인 것으로 파악했다. 한편, 파슨스(Talcott Parsons 1951)는 기능적인 측면에서 이데올로기에 접근해, 특정 집단의 구성원들이 공유하고 있는 신념 체계 혹은 이념 체계로 이데올로기를 규정했다. 그에 따르면, 이데올로기는 성원들로 하여금 공동의 목표를 지향하게 함으로써 집단의 발전을 위한 토대가 되고, 집단의 결속, 유지, 개혁을 위한 사회적 기능을 수행하며, 집단의 가치 체계를 정당화하는 기능을 한다.

이와 달리 렘부르크(Eugen Lemberg 1971)는 문화를 중심으로 이데올로기에 접근했다. 미완성의 존재인 인간이 본능의 한계를 초월하기 위해 갖는 문화와 그 내용을 이데올로기로 보며, 이데올로기는 인간에게 필수적인 요소라고 판단했다. 그에게 이데올로기는 인간의 의식, 사유, 표상 체계, 사고 체계, 정신을 포함해, 자유주의, 민족주의, 사회주의, 공산주의 등의 다양한 정치 이념과 종교를 포괄한다. 뿐만 아니라 허위의식을 포함해 현실과 유리된 사유, 즉 집단의 목적, 정당의 강령, 개개인의 주의 주장, 변호, 근거 제시, 단기 계획, 개인 행동에 대한 정당화 등을 의미하기도 한다.

반면 포스트모더니즘 시기에 와서 근대적 의미의 이데올로기 논의는 부정되기도 한다. 포스트모더니즘은 주체와 이성을 부정하므로 집단에 대한 논의도 무용하게 된다. 포스트모더니스트들은 소수자와 주변부에 더 관심을 갖기 때문에 이데올로기와 같은 거대 담론을 부정한다. 주체와 이성으로 나타나는 다수 혹은 지배층의 논리로 작동하는 이데올로기는 이들에게 억압과 권위의 다른 표현이기도 하다.

이데올로기의 양가성과 표준

이데올로기의 양가성 논쟁은 이데올로기가 인간 삶에 긍정적인가 부정적인가에 대한 논의를 거쳐 필수적인가 아니면 초탈할 수 있는가로 연결된다. 이데올로기가 특정 사회집단의 사고와 행위의 근거로서 그 집단 내의 의사소통을 활성화하면서 결속과 유지에 기여하는 한편, 특정 집단의 이익과 연결된 허위의식으로서 개인 행동이든 집단 행동이든 진리에 도달하는 것을 가로막기도 한다.

하지만 부정적 기능까지 포함하더라도 이데올로기는 사회적 동물인 인간으로서는 피할 수 없는 사회적 현상의 하나라고 볼 수 있다. 반면, 진리를 추구하는 이성적 존재로서 인간은 사회적 약자를 보호하고 권위의 억압을 극복할 수 있으므로 이데올로기의 질곡을 벗어날 수 있고 또 그래야 한다는 입장도 존재한다. 열 길 물속은 쉽게 측정할 수 있어도 한 뼘에 불과한 그 마음속은 알기 어려운 인간들이 모인 사회의 현상은 더더욱 판단하기 어렵다. 이럴 경우 대개 단정적 판단보다는 양비론이 옳을 가능성이 크다. 때문에 이데올로기도 그 양가성 주장이 옳다고 보는 것이 현명하다.

문제는 이 양가성을 어떻게 측정하여 부정적 측면을 걷어내고 긍정적 측면을 발전시키는가다. 또한 양가성을 가진 존재를 어떻게 진리에 접근하도록 승화시키는가가 중요하다. 앞에서 말한 것처럼 이데올로기를 과학으로 발전시킬 수 있는 관건은 전체 사회의 공공성 확보로 연결시키는 것이며, 이 기준이 곧 표준으로 정립될 수 있다. 그러므로 이데올로기의 양가성 문제 해결도 새로운 규범으로서의 표준에 달려 있다고 할 수 있다.

각자의 이데올로기를 가지고 있는 사회집단들이 자발적으로 모여 합의와 동의를 통해 이데올로기 판단에 대한 표준을 제정함으로써 전체 사회 구성원들을 위한 공공성을 확보한다는 것이다.

이것이 유토피아로 불리든 긍정적 의미의 메타이데올로기로 불리든 그것은 중요하지 않다. 문제는 이데올로기의 부정적 측면을 걷어내는 것이다. 표준이 다수의 논리를 강요하는 획일성의 준거가 아니라, 소수의 이익까지 고려하는 질 높은 다양성의 촉진 근거가 되는 한 그것은 언제나 가능하다.

제3장

일상생활과 표준

2011년 9월 초 기술표준원은 우리나라가 국제표준화기구ISO 기술관리 이사회TMB에 재진출했다고 밝혔다(디지털타임스, 2011.09.06.). 기술관리이사회 14개 이사국들 중 3년 임기가 만료되는 선출직 다섯 자리를 놓고 열한 개 국가가 경합을 벌인 가운데, 우리나라가 주요 경쟁국인 인도, 이탈리아, 네덜란드를 제치고 중국, 브라질, 인도네시아, 남아프리카공화국과 함께 이사국으로 선출된 것이다.

미국, 영국, 독일, 프랑스, 일본 등 다섯 개 상임이사국과 아홉 개 선출 이사국으로 구성된 기술관리위원회는 ISO 내에서 신기술 국제표준 제정을 위한 기술위원회 신설, 기술위원회 간 통합 및 분리, 기술위원회 간사국 및 의장국 수임 결정 등의 핵심 역할을 수행하는 기술 분야 최고 의사결정조직이다. 때문에 기술관리이사회에 진출한다는 것은 우리 기술의 국제표준화를 논의할 기술위원회를 신설하거나 의장 및 간사를 수임할 때에는 물론 우리 기술을 국제 표준으로 등록하는 데에서도 유리한 위치를 차지하는 것을 의미한다.

우리나라는 1993년 이후 ISO 이사국 다섯 번 진출, ISO 소비자정책위원회COPOLCO 의장국(2006~2009) 역임에 이어 2011년 기술관리이사회 재진출에 성공했다. 이로써 우리나라도 기술관리이사회 상임이사국이자 표준 선진국인 미국, 영국, 독일, 프랑스 및 일본과 어깨를 나란히 할 때가 머지않을 것으로 보인다. 이제 세계를 무대로 하는 표준화 활동에서 그 의무와 책임을 다시 한 번 되새겨야 할 때가 되었다.

지구적 공익을 증진시키는 매개 역할

표준 선진국들과 어깨를 나란히 한다는 것은 여타 국가들에게 기술 우위를 으스대는 구태의연한 국위 선양을 의미하는 것이 아니다. 마찬가지로 유리한 위치를 점유해 여타 국가들을 지배하면서 기술 · 경제적 삼투 작용을 노리는 것도 아니다. 우리나라가 G20에 참가하는 올바른 의미가 신흥시장국들이 기존의 G7국가 지배 체제를 견제해 약소국들의 이해를 대변하고 매개하는 것에서 찾을 수 있다면, ISO 기술관리이사회 진출의 의미도 동일한 맥락에서 찾을 수 있다. 곧, 모든 국가와 국민들의 이익에 보탬이 될 수 있도록 기존 표준 선진국들의 표준화 활동을 감시하고 견제하는 것이다.

표준은 인간 생활의 안전과 발전을 위한 최소 기준이며, 특히 공공기관이 합의를 통해 제정하는 공식 표준은 공공의 이익에 부합해야 한다. 그리고 공공의 이익에 부합하는 표준이라면 한 국가에서 출발하되 모든 지구인들의 이익을 증진시킬 수 있는 것이어야 한다. 그러기 위해서는 우선 이해관계의 충돌을 극복하고 자신의 책임을 인정하는 한편 공동의 발전을 위한 협력을 촉구해 나가야 할 것이다.

몇 해 전 우리나라 기상청이 기후 변화에 공동 대처하기 위한 세계기상기구 온실가스 세계표준센터의 한국 유치를 적극 추진하기로 한 것은 이러한 맥락에서 환영할 만한 일이다. 이 유치를 위한 첫 번째 작업으로 기상청과 한국표준과학연구원은 2011년 9월 29~30일 서울 가든 호텔에서 '제3차 아시아 기후변화 감시 국제 워크숍'을 개최했다(기상청 보도자료, 2011.09.27.). 이 워크숍을 계기로 기상청은 한국이 '동북아시아 기후변화 감시의 최적 장소' 임을 확인시키고 우리나라 기후변화 감시 활동을 홍보할 예정이라고 보도 자료를 통해 밝혔다. 또한 기상청 관계자는 "아시아 지역이 빠른 경제 성장과 함께 온실가스 세계 최대 배출 지역"이라며 "기후변화 감시 업무에 있어서 아시아 국가의 국제적 공조가 필요한 시점에서 매우 중요한 행사로 인식되고 있다."고 말했다.

지구 온난화와 환경 재해의 책임이 우리들에게도 있음을 인정하고 스스로 규제할 의지를 표시함과 동시에 더 나아가 선진 각국의 세계적 책임을 촉구하고 나선 것이라 할 수 있다. 이러한 취지에 따라 워크숍 참가자들은 '온실가스 감시 활동' 이란 주제로 각 나라에서 추진하고 있는 온실가스 감시에 대한 정책, 현황, 활동, 기술, 분석결과 등의 정보를 공유하고 국제협력 활성화 방안에 대해 토의했다.

변화를 충실히 반영하는 생활 밀착형 표준의 제정

인간 생활의 안전과 발전을 목적으로 공공의 이익에 부합하는 표준화 활동을 위해 다음으로 추구해야 할 것은 실제 생활에 밀착된 표준을 제정하되 생활의 변화까지 충실히 반영해 그 실효성을 높이는 것이다. 표준 자체가 기원적으로나 규범적으로 인간 생활과 뗄 수 없는 관계에 있기 때문에 생활상의 변화를 거스르면 실효성을 상실하게 되기 때문이다.

그동안 우리 맞춤법 표준안은 이러한 의미에서 부족한 점이 있었다. 다행히 2011년 8월 국립국어원의 결정에 따라 이 부족한 점들이 시정되어 국민들의 호응을 얻었다(이데일리, 2011. 08. 31.). '짜장면', '먹거리' 등 국민들이 실생활에서 많이 사용하고 있으나 표준어로 인정되지 않았던 39개를 표준어로 인정해 '표준국어대사전' 에 반영한 것이다.

사실 '짜장면' 과 '먹거리' 뿐만 아니라 실제 우리가 사용하는 비표준어들보다 사전에 규정된 표준어들이 더 생소하고 어색한 경우가 많았다.

예를 들면, '두리뭉실하다', '눈꼬리', '남사스럽다' 등 자주 사용하는 표현들을 '두루뭉술하다', '눈초리', '남우세스럽다' 라는 표준어에 구속시켜 자연스런 국어 생활을 방해하고 오답의 부담감을 키워왔다.

이처럼 부자연스런 표준어의 강요는 마치 '박쥐' 를 '밝쥐' 로 쓰기를 강요하고 '짐승' 을 '중생' 으로 쓰라고 억지 부리는 것과 진배없다. '밤눈이 밝다' 에서 '밤눈이 밝은 쥐', '밝쥐' 라는 어원을 굳이 상기시키고, 이제는 '사람이 아닌 동물을 이르는 말' 이 되어버린 '짐승' 이 사람을 가리키는 '중생' 이라는 어원을 가지고 있다는 사실에 집착하는 모양새다. 논리적 판단이 체험적 생활을 거부함으로써 비논리적 상황이 연출되는 꼴이다.

이 새로운 표준어 인정과 관련해 국립국어원은 "언어 사용 실태 조사 및 여론 조사를 통하여 국민의 언어생활에 불편한 점이 없는지를 지속적으로 점검" 하겠다고 밝혔다. 또한 "그 결과를 규범에 반영함으로써 국민들이 국어를 사용할 때에 더욱 만족할 수 있도록 계속 노력할 계획" 이라고 덧붙였다. 이는 표준을 실제 생활에 밀착시킴으로써 언어생활의 발전을 가져올 결정으로서 역시 크게 환영받을 일이다.

교육 표준 등과 같이 인문사회적 표준도 이제 표준화 활동의 중요한 영역으로 부상하고 있으며 ISO도 이 새로운 영역에 활동을 넓혀 가고 있다.

국내에서 국민 생활 밀착형 표준을 제정하듯이 국제 표준화 활동에서도 우리나라는 ISO의 주요 이사국으로서 지구적 생활 변화를 충실히 반영하는 세계적 생활 밀착형 표준을 제정하기 위해 노력해야 할 것이다.

자연 법칙을 살린 인간 규범으로서의 표준을 제정

표준은 인간이 제정하지만 태초에 인간에 의해 창조된 것은 아니다. 인간 생활이 유지되고 향유되는 곳에는 언제나 신이나 자연에 의해 창조된 법칙이 존재한다. 사회 활동을 규제하는 규범이나 약속은 물론 인간이 제정한다. 그러나 인간 상호간 행위를 규제하는 이 규범과 약속은 신이나 자연이 창조한 법칙을 따르고 반영해야 한다. 이러한 경우 표준은 자연 법칙을 발견하고 인위적 규범으로 전환한 것에 다름 아니다.

이러한 현상의 하나로서 인간 생활과 연관된 가장 대표적 표준이 표준시標準時다. 지금 모든 국가들은 오래 전 선조들이 제정한 세계표준시를 따르고 있다. 경도 0°의 시각을 기준으로 어떤 시각을 나타내는 시時를 말하는 세계표준시는 1972년 1월 1일부터 세계에서 공통으로 사용하는 협정세계시UTC를 기본으로 한다. 각 나라들은 이 세계시에 자국 경도에 따른 시차를 더해 국가 혹은 국내 지방 표준시를 채택하고 있다. 그중 우리나라의 표준시KST는 세계 표준시(그리니치시, GMT)보다 9시간 빠르다.

현재 개인생활뿐만 아니라 모든 사회생활의 근간으로서 비할 데 없는 편리함을 제공하고 있는 표준시는 분명 인간들이 과학적 사고를 토대로 인위적으로 제정한 것이다. 그러나 표준시의 기본은 태양의 일주운동이라는 자연의 법칙을 따르고 있다. 따라서 이러한 표준시는 단위와 운동 방식은 동일하지만 지역마다 다른 일주 운동을 반영해 그 지역의 경도에 따라 조금씩 달라진다. 이와 같이 자연 법칙은 통일성뿐만 아니라 다양성도 내포하고 있다.

시간은 기본적으로 자연이나 신이 정한 표준이다. 반복되는 자연 주기를 시간의 단위로 정했기 때문이다. 인간 활동이 크게 제약되는 북극이나 남극에 가까운 지역이 아니라 인간 활동이 활발한 지역에서는 대체로 일년이라는 기간이 반복적으로 나타난다. 그리고 문명이 발달함에 따라 인간 활동은 더욱 작은 단위의 시간을 다투게 됨으로써 분초와 같은 짧은 단위들이 생겨났다. 그러나 문명의 양태에 따라 역법도 달리 나타났다.

태양의 영향을 더 크게 받는 이집트 등지에서는 오늘날 양력의 모태인

태양력太陽曆이 발전한 반면, 달의 운행에 따라 농경 절기가 결정되는 동양에서는 태음력太陰曆이 발전했다. 그중 이슬람 문화권에서는 달의 운행만을 기준으로 순태음력純太陰曆이 개발되었고, 중국과 동아시아에서는 태양의 운행을 가미한 태음태양력太陰太陽曆이 발전되었다. 역법에 관한 지식이 없었을 때에도 인간은 태양과 달의 운행을 자연 현상의 변화로 추측하였다고 한다. 그 중에서 꽃이 피고 새싹이 트고 철새가 날아들고 물이 어는 것을 보고 인간은 계절을 알게 되었는데, 이것이 소위 자연력自然曆이라 불리는 것이다. 이 자연력에서 역법을 발견하고 또 이를 발전시켜 오늘날의 시간이 탄생했다.

이와 같이 시간의 역사는 자연의 역사를 반영하고, 이러한 자연의 역사에서 표준이 창조되고 발전했다. 다시 말해 시간이라는 표준은 인간이 과학적 지식을 토대로 자연 법칙을 발견하고 인간 생활에 적합하게 발전시킨 인간 지혜의 대표적 예다. 그중 세계표준시가 태양력에 따라 제정된 것으로 산업 활동의 척도라면, 태음태양력의 절기는 농경 생활의 중요한 척도다. 특히 태양력의 시간과 태음태양력의 절기를 아는 문화를 가지고 있다는 점에서 우리나라는 국제 표준의 새로운 발전을 기할 수 있다. 문화적 다양성과 변화를 올바로 반영하는 생활 밀착형 표준의 제정을 통해 전 지구 시민들의 공익을 추구하는 데 앞장서야 한다.

서민생활과 표준

일상생활을 언급할 때 가장 중요한 계층은 서민이다. 어원으로 보면 서민은 과거 신분제 사회에서 천민 바로 위의 상민常民 혹은 평민平民이라는 일반 백성을 의미하는 말로 양반이나 귀족 같은 상류층을 제외한 사회계층을 의미한다. 이를 천민이나 귀족이 존재하지 않는 현대 사회에 적용하면 영어 표현처럼 대중mass이나 보통 사람common people을 의미하며, 경제적 측면에서 '중류 이하의 넉넉지 못한 생활을 하는 사람' 으로도 규정된다. 이때 '이하' 란 단어는 중류층을 포함하는 의미지만, 일상적 용법으로는 중산층 아래 하층민을 가르키는 말로도 쓰이며 현 정부도 구체적으로 약 1/3에 해당하는 하층민을 서민으로 본다.

그러나 표준과 관련해 볼 때 대부분의 생활표준은 하층민에만 유용한 것이 아니라 부유층을 제외한 대중의 삶에 두루 유용하므로 이때 서민은 부유층이 아닌 모든 대중들을 뜻한다고 볼 수 있다. 그러므로 표준에 있어서 서민은 사회의 다수로서 소비자를 형성하기도 하며 바로 그렇기 때문에 표준의 핵심 이용자에 해당한다. 때문에 서민 생활표준은 하층민을 위한 표준만이 아니라 부유층에 속하지 않는 보통 사람들이 두루 사용하는 제품 및 접근 가능한 서비스의 표준을 말하는 것으로 표준의 핵심이라고 해도 지나치지 않다. 이러한 표준화는 굳이 서민 생활표준이라는 특정 정책으로 책정되지 않더라도 이미 표준화 활동 자체라고 할 수 있다. 다만 현실적으로 시장을 장악하는 것은 소비자보다는 생산자인데, 소비자와 대중은 단결된 집단이 아니기 때문에 표준화 활동에서 주요 행위자로 등장하기 어려울 뿐이다. 따라서 표준화 기구에서 서민 표준을 주요 정책으로 선정하여 의도적으로 강조할 필요가 있고 이러한 측면에서 서민 생활표준 정책은 중요한 의미를 갖는다.

표준은 원래 그 본질에서부터 친서민적이다. 전구에서부터 자동차 부품에 이르기까지 현대인들이라면 누구나 생활 속에서 접하는 제품들이 표준화의 대상이 되며 이미 이와 같은 수많은 생활표준들이 제정되어 온 까닭이다. 유럽 표준화 기구인 CEN의 홍보물을 사례로 들면, 인간의 일상생활 전반에 걸친 표준의 기능을 강조하고 있다. 또한 국제 표준화 기구 ISO도 이미 거의 모든 분야에서 표준을 제정하였다. 곧, 확장된 표준 영역들을 보면 실로 포괄적이어서, 위기 관리, 건설, 교통, 교육, 소방, 방재, 환경, 노동, 문화 관광, 정보 보안, 공공 행정, 재무, 예산, 해양 수산, 물류 유통, 보건 복지 및 윤리에까지 이르고 있다.

상세한 조사를 통해 생활표준을 발굴하고 서민 참여의 동기를 적극적으로 유발해야

서민 생활표준 정책에서 무엇보다 먼저 해야 할 것은 상세한 조사를 통해 서민들이 필요로 하는 생활 표준을 발굴하는 일이다. 추진위원회를 구성하여 적극적으로 서민 생활표준을 발굴해가며 '생활표준 국민제안' 사이트를 설치해 다양한 의견들을 수렴하려는 노력은 필요하고도 적절한 조치다. 더 욕심을 부린다면 일반 대중을 상대로 표준 제안 대회를 개최해 적극적 동기를 부여할 수도 있을 것이다. 자전거, 짜장면, 대중교통, 장례식장 등 서민 생활에 필수적인 제품과 서비스는 우리 주위에 널려 있지만 이들을 민감하게 발굴하고 적절한 표준화로 결실을 맺는 것은 정책 담당자들만으로는 무리기 때문이다.

이러한 노력을 통해 생활 표준을 발굴해가는 것은 필연적으로 생활 표준의 주체이자 이용자인 서민들의 참여 문제로 연결된다. 모래알처럼 흩어져 있는 서민들을 표준화 활동의 참여 주체로 끌어올리는 것이다. 다행히 현대에는 소비자 단체를 비롯한 시민 사회 단체들이 조직되어 있어 대중과 소비자가 집단 행위자로 행동하는 것이 가능하다. 이 단체들을 어떠한 방식으로 엮어내느냐의 문제만 남아 있을 뿐이다. 또한 단체로 엮이지 않은 다양한 대중들의 직접적인 목소리를 듣기 위해 제안 사이트를 활용하는 것은 긍정적인 방식이다.

서민 참여 문제에서도 더 욕심을 부린다면, 배심원 제도에서 아이디어를 얻을 수 있다. 건전하고 상식적인 시민들 중에서 배심원을 뽑아 법정에서 유죄 여부를 판단케 하는 것처럼, 생활표준 제정 과정에도 건전하고 상식적인 서민들을 참여시킬 수 있지 않을까? 물론 공청회를 통해 서민들의 다양한 의견을 청취할 수 있을 것이다. 그러나 공청회는 제정 과정에 직접 참여하는 것에는 미치지 못한다. 복잡하고 난해한 법정의 공방 속에 일반 시민이 참여할 수 있다면 표준화 과정에 서민이 참여하지 못할 것도 없다.

최저 기준이 아니라 바람직한 수준을 정하는 표준이어야

서민 생활표준 정책이 다음으로 염두에 두어야 할 것은 최저 기준을 정하는 것이 아니라 바람직한 수준이 되는 표준을 제정하는 것이다. 맛과 양 및 가격에 있어서 바람직한 짜장면의 수준을 정하고 편리하고 안락한 저렴한 주택 표준을 제정할 수 있다. 특히 바람직한 유통 구조를 제시하여 소비자 가격을 안정시키는 데도 기여할 수 있다.

오픈 프라이스 제도로 언론이 자못 시끄러웠던 적이 있다. 서민에게 유리한 가격이 형성될 것이라는 긍정적인 바람도 있지만, 소상인들이 죽어나간다는 부정적인 전망도 없지 않다. 소비자뿐만 아니라 소상인들도 서민이라는 점을 감안한다면, 권장 소비자 가격의 폐지만이 능사는 아니다. 오픈 프라이스 제도를 통해 희생될 소상인들의 활로는 표준을 통해 찾을 수 있다. 유통 구조의 개선도 표준화의 대상이지만, 표준 이윤율을 정하고 제품의 질을 표준화한다면 품질 덤핑이나 가격 덤핑을 방지해 소비자와 소상인들이 함께 살 수 있을 것이다.

생체 리듬과 연계된 노동 시간이나 기계의 안전도 등 노동자 보호와 관련된 표준도 서민 생활표준의 중요한 대상이다. 독일을 예로 들면 DIN 33400으로 노동 체계, 노동 조건, 노동 분석 등을 표준화하고 있다. 노동자들은 서민의 대부분을 차지하는 중요한 계층이다. 또한 수질 등급화와 식수 표준을 제정하여 바람직한 환경 보호를 표준화하는 것도 서민 생활과 밀접히 관련된다. 환경 파괴에 더 많이 노출된 사람들이 서민들이기 때문이다.

사회 통합에 기여하고 사회적 결실을 맺는 정책으로

마지막으로 서민 생활표준 정책은 서민의 표를 의식한 정치적 명분으로 사용되어 변죽만 울리는 것이 되어서는 안 된다. 서민 생활표준은 실질적인 사회적 결실로 연결되어야 한다. 이를 위해서는 물론 적극적인 생활표준 발굴과 서민의 직접 참여 보장이 중요하다. 그러나 실질적인 결실을 맺으려면 이것만으로는 부족하다. 서민 생활과 밀접히 연관되어 있음에도 시장이 제대로 형성되어 있지 않은 부문에서는 표준이 제정되더라도 이 표준이 제품이나 서비스로 연결될 수 없기 때문이다. 정부 기관이나 사회 공공기관들을 통해 이 분야에서 표준에 따른 질 좋은 서비스와 제품을 직접 제공하는 것도 고려해 볼 필요가 있다.

또한 자칫 서민 표준이 부유층 표준과 구별되어 작용함으로써 또 다른 사회 분열을 조장하거나 정당화하는 것을 피해야 한다. 서민 생활표준은 부유층보다 못한 하층의 생활 기준이 아니라 바람직한 시민 생활을 보장하는 인간다운 삶의 표준으로서 사회 통합에 기여해야 한다. 서민 생활표준은 정치적 명분보다 앞서야 하고 경제적 이익보다 먼저 챙겨야 하며 사회적 통합을 위해 먼저 일어나야 할 것이다.

제4장

감성 및 예술과 표준

표준이라고 하면 흔히 산업 표준 혹은 기술 표준을 떠올린다. 현대 사회가 더욱 진척되면서 정보 표준도 중요하게 등장했으며, 어찌 보면 정보 표준으로 인해 표준의 중요성이 더욱 부각된 듯하다. 그러나 정보 표준도 넓게 보아 산업 표준이나 기술 표준에 해당한다고 보면, 감성과 이를 중시하는 예술은 표준과 무관한 것으로 비치기도 한다. 엄밀히 말해 다양성과 독창성을 중시하는 예술의 세계에서 통일성을 함께 혹은 중요한 요소로 추구하는 표준은 불필요하거나 때로는 지양해야 할 대상으로 간주될 수도 있다.

그러나 예술이 추구하는 감동이 감성에 기대고 있으며 이 감성 또한 인류의 보편적 양심에 근거하고 이 양심을 계발하는 과정에서 작동한다고 할 때, 역시 보편성에 토대를 두고 다양성을 촉진하는 표준과 동일한 맥락에 있다고 볼 수 있다. 최근 기술의 개념이 점차 감성과 맞닿아가고 있는 것도 이와 무관하지 않다.

감성적 영역으로 발전해온 기술

그리스 어에 기원을 두는 기술technology이라는 개념은 실용적인 목적으로 무엇인가를 만드는 기능技能 또는 기예技藝를 의미하는 techne와 체계적인 지식을 뜻하는 logos가 17세기초에 합성되어 만들어졌다(김상배 2007,

65~66). 이후 19세기에 이르러 '지식의 형태로 체계화된 기능' techne으로 정립되어 1970년대 말까지 지속되었다.

동양에서는 영어의 technology를 '재주 기(技)' 와 '꾀 또는 재주 술術' 이라는 한자로 번역한 '기술技術개념' 을 사용하는데, 이것은 19세기 후반 일본의 니시 아마네西周가 『백학연환百學連環』(1870)이라는 책에서 처음 사용하면서 정착되었다고 한다. 기능과 기예를 의미하는 뜻에 충실한 번역으로서 서양의 문물이 동양에 전해지면서 동서양 사이에 기술 개념의 수렴이 이루어졌다고 할 수 있다.

그러나 1980년대를 지나면서부터 기술은 장치를 포함하는 개념으로 발전했고 1990년대에 와서는 지능과 지식을 포괄하는 개념으로 다시 변했다. 이를 두고 김상배 교수는 기술(전통적 의미의 기술)과 지식을 결합한 새로운 개념으로서 '기식技識' 이라는 용어를 제안하기도 했다. 더 나아가 21세기에는 지식지능뿐만 아니라 감성도 추가됨으로써 기술 개념은 더욱 복잡하게 되었다. 따라서 21세기 사회의 기술 개념은 '인간의 개념과 발상을 기능과 설비장치 및 지식지능과 감성을 통해 실용적 과제에 구현하는 방식' 이라고 정의할 수 있다.

이를 참고해 일반적으로 풀어볼 때, 기술이란 개념과 발상을 실용적 과제에 적용하여 제품이나 서비스로 전환해내는 방법을 일컫는다. 기술표준원 최갑홍 전 원장의 강의에 따르면, 이 방법은 손 기능에서 감성의 기능으로 점차 발전해 왔다. 머리로 생각한 개념과 발상을 Head라고 칭할 때 21세기에까지 이르는 기술의 변화는 거칠게나마 단순화하자면 모두 4H(Hand, Hammer, Head, Heart)로 표시할 수 있다는 것이다(정병기 2008, 1~2). 이 개념과 발상이 각각 육체적 기능Hand, 장치Hammer, 지능(두뇌, Head) 혹은 감성(Heart)을 통해 제품과 서비스로 전환하는 방향으로 발전해왔다는 이야기다.

산업혁명 이후 산업과 경제는 무한히 발전해왔으며 그에 따라 기술도 크게 진보해왔다. 그러나 1970년대까지 그 전환의 방법은 육체의 기능skill이 얼마나 숙련되느냐에 달려 있었다. 그 주요 관련 산업은 섬유 산업과 조립 산업이었고, 핵심인프라는 토목이었다. 다시 말해 손기술을 놀려 얼마나 섬세하게 직조하고 조립하느냐가 중요했으며, 이 과정을 뒷받침해주는 인프라는 공장이나 건물과 같은 토목이었다.

1980년대에는 발전된 기계와 설비 및 장치를 이용한 중화학 · 자동차 · 조선 산업이 중추를 이루었다. 특히 선반과 고도의 기구 및 설비는 육체Hand와 비교해 볼 때 장치(혹은 설비)라는 의미에서 Hammer라고 표현할 수 있다. 이 시기의 산업들이 기반한 인프라는 고도의 기술을 요구하는 것이었다. 이때 기술은 과학적 지식을 실용적 과제에 적용하는 방법이라는 일반적 의미의 기술을 의미하기는 하지만 주로 2차 산업에 한정된 의미로 사용되었다.

1990년대에 오면 정보 산업이 비약적으로 발전하기 시작했다. 따라서 이 시기에는 개념과 발상을 지능을 통해 제품과 서비스로 구현해내는 정보통신IT 산업이나 소프트웨어S/W 산업 및 바이오 산업의 발전이 현저해졌다. 이를 뒷받침하는 인프라는 역시 지적 능력의 바탕이 되는 지식이었다.

마지막으로 2000년대에 들어오면 더 이상 지능만으로 설명할 수 없는 문화 현상들까지 나타나고 있다. 인간의 감성이 존중되기 시작하면서, 감성에 호소하는 영화나 기타 문화 산업이 발달하고 있다. 아직 주류라고 할 수는 없지만 이러한 문화 산업이 지식 산업과 더불어 팽창하고 있는 것이 사실이다. 그밖에 1990년대에 등장한 지능형 신산업도 감성에 호소하는 방식으로 발전해가고 있다. 21세기에 접어든 이 시기부터 표준과 특허 및 디자인과 같은 소프트인프라가 핵심인프라로 부상한다.

물론 이러한 발전은 과거의 주류 산업들이 사라지고 새로운 산업들로 대체된다는 것을 의미하는 것이 아니다. 과거의 산업 및 기술과 새로운 산업 및 기술들이 서로 융합해갈 뿐 아니라 새로운 기술들 내에서도 융합이 일어난다. 특히 IT분야에서 나타나는 이른바 디지털 융합digital convergence처럼 네트워크형 복합 시스템도 등장한다. 컴퓨터 · 통신 · 방송 등의 분야들이 수렴되지만, 이 융합은 말 그대로 각기 다른 기술들이 하나의 시스템으로 녹아드는 것이 아니라 다양한 기술들이 네트워킹을 통해서 연결되는 복합 시스템의 출현을 의미한다. 다양성 속의 융합이라는 점에서 특징적이라고 할 수 있다. 특히 지식과 감성에 기반한 기술들은 이와 같이 수렴되면서도 다양성을 중시하는 측면이 강하다. 섬세한 차이와 다양한 디자인을 통해 감성을 자극함으로써 새로운 소비 욕구를 창출할 수 있기 때문이다.

기술과 감성, 그리고 표준

표준의 기능에서 설명했다시피, 기술과 관련되는 표준의 내용은 사실상 정보 자체라고도 할 수 있다. 규격을 단순화하고 통일함으로써 호환성을 확보하거나 최소한의 품질 기준을 정해 이를 지키도록 할 때, 그 규격과 품질의 내용은 일정한 정보다. 교통 표지판이나 화장실 혹은 길 안내판처럼 표준은 그 자체로 유용한 기술 정보가 된다. 기술 관련 표준은 두 거래 당사자의 의사소통을 원활히 함으로써 거래 비용을 감소시킴과 동시에 오해로부터 발생할 수 있는 손실 비용도 절감시킨다. 또한 이러한 정보 제공 기능은 원하는 부품이나 제품을 찾아내기 위한 탐색 비용과 성능 측정 비용도 감소시킨다.

감성의 영역에서도 기술적 표준이 제정될 경우, 동일한 효과가 발생한다. 앞에서 든 예와 같이 섬유 산업이나 페인트 산업 등에서 색을 사용할 때, 표준 색도 번호CIE number를 지정함으로써 의사소통이 명확해진다. '조화로운', '해맑은' 등과 같은 묘사적 표현뿐만 아니라 '노르스름하다', '누렇다', '흐리다', '탁하다' 등 색감과 직접 관련되는 표현들도 사용하는 사람마다 느끼는 감성의 차이가 다르고, 그에 따라 구체적으로 떠올리는 색깔마저 다를 수 있다. 이럴 때 색도를 다루는 수많은 직업과 관련 산업들은 감성 전달이라는 의사소통에 많은 불편을 느낀다. 색은 관찰자의 상황이나 환경에 따라 변하는 주관적 대상으로서 전달과정에서 객관성을 유지하기 어렵기 때문이다. 따라서 기준으로 약속된 표준색은 섬유 · 의류산업 등 색도 관련 산업 종사자들의 의사소통을 위해 매우 중요할 수밖에 없다.

우리말 색이름 체계(KS A 0011)

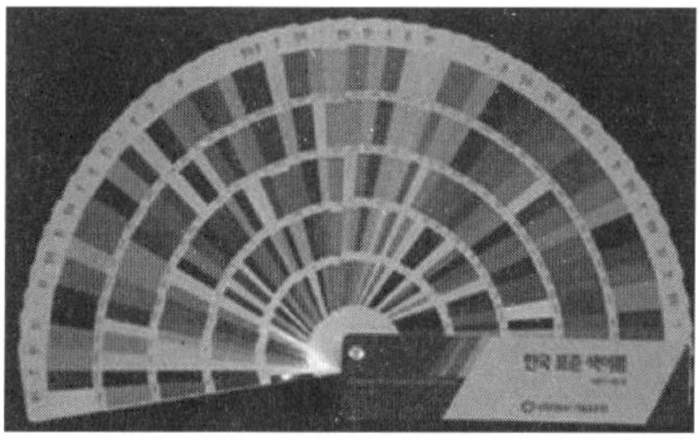

기본 색이름
하양, 회색, 검정, 빨강, 주황, 노랑, 연두, 초록, 청록, 파랑, 남색, 보라, 자주, 분홍, 갈색

색이름 수식형
빨간(적), 노란(황), 초록빛(녹), 파란(청), 보랏빛, 자줏빛(자), 분홍빛, 갈색, 흰, 회 검은(흑)

수식형용사
선명한, 흐린, 탁한, 밝은, 어두운, 진(한), 연(한)

우리말 색이름의 표준도 이미 오랜 역사를 가지고 있다. 1964년에 제정되어 2005년에 최종적으로 개정된 KS A 0011이 우리나라 색이름 표준이다. 특히 2009년에 제정한 '공공디자인색채표준가이드'는 국제적 색 표준에 부합하는 노력을 기울였을 뿐 아니라 그동안 일본식 이름을 사용하는 데에서 나타나는 어려움을 해결한 것으로서 주목받고 있다(전자신문, 2009.09.21.). 색이름은 감성적 소통을 수월하게 하는 것도 중요하지만, 문화적 특수성을 반영하는 만큼 특정 사회의 감성적 뉘앙스를 제대로 표현하

는 것도 중요하다. 다시 말해 특정 사회의 감성적 뉘앙스를 가장 적절히 표현함으로써 다른 문화를 가진 사회에 오히려 더 적절히 전달할 수 있다.

창작과 예술, 그리고 표준

어떤 예술가들은 창작을 위한 지침서나 교과서들을 쓸 데 없는 허접쓰레기라고 폄하한다. 감성이 이끄는 대로 자신만의 이야기와 느낌을 흘러가는 대로 표출해야 한다는 이른바 즉흥주의적 자동기술법을 따르는 입장이다. 그러나 예술의 핵심 분야 가운데 하나인 시詩를 예로 들어 보자.

적지 않은 시창작 교재에서 나무나 꽃 같은 자연 사물을 대상으로 하는 시작법詩作法을 볼 수 있는데, 그중 도종환 시인(2005, 242)의 꽃의 비유가 흥미롭다.

우선 꽃을 있는 그대로 보고, 꽃의 이름과 모양, 종류와 색깔, 특징 등 그 꽃이 어떤 꽃인가를 살펴봐야 한다고 권고한다. 꽃에 집중하여 세세하게 보라는 것이다. 꽃이 바람에 흔들리고 있다든지, 꽃잎에 이슬이 맺혀 있다든지, 그 꽃이 지금 어떤 모양과 상태에 있는지를 세밀하게 관찰해야 한다. 그저 눈에 보이는 대로가 아니라 작은 움직임과 변화까지도 집중적으로 궁구하는 것이다. 다른 대상에 현혹되어 이리저리 관심을 분산시키지 않고, 한 가지 대상을 끈기 있게 관찰해야 한다. 이 집중적 관찰을 통해 자신이 보이고 세상이 보이게 된다. 이 세상을 바로 보고 꽃에 다시 이입할 때 비로소 시는 완성된다.

여기에서 우리는 수많은 표준을 발견할 수 있다. 꽃의 이름과 모양, 종류와 색깔, 특징 등에 대한 표준 용어가 없다면 우리가 관찰한 내용과 느낀 감성들을 어떻게 표현할 것인가? 김춘수 시인이 노래한 것처럼 "내가 너를 꽃이라 부르기 이전에 너는 하나의 몸짓에 불과" 했으리라. 표준에 따라 이름 부르기 전에 모든 사물은 사회적으로나 감성적으로 그저 하나의 무의미한 존재에 지나지 않는다. 시인이 되고자 하는 사람들은 사전을 씹어 삼켜야 한다는 말을 종종 듣는다. 국어 사전을 외울 정도로 언어 표준에 통달해야 한다는 것이다. 그 다음에야 비로소 새로운 발상이 가능하기 때문이다.

꽃의 이름과 모양, 종류와 색깔, 특징뿐만 아니라 모든 상태와 움직임에 대한 표현도 사투리 같은 비표준어로 묘사할 수 있다. 소쉬르의 기호 이론을 빌리자면, 기표signifiant와 기의signifie의 관계는 사물과 이름을 잇는 것이 아니라 개념과 청각 영상을 결합한 것이다. 특히 시에서는 기표가 다름으로써 감성적으로 가리키는 기의가 다르며, 그것이 곧 시의 묘미가 된다. 그러나 자연적 사물로 볼 때는 기표에 일정한 차이를 주더라도 궁극적으로 그것이 가리키는 대상은 동일하다. 청각 영상과 시적 기의가 달라지는 것은 표준적인 기표-기의 관계를 토대로 보편적 독자들이 이를 수용한다는 전제에서 그 이상의 다양성을 표출하는 것이다. 앞에서 말한 것처럼 리좀적 다양성을 가능하게 하는 것은 표준이다.

그림이나 연극, 음악도 마찬가지다. 이 예술들이 표현하는 것은 보편화된 인식과 감성의 틀을 벗어남으로써 가치를 갖는다. 그러나 보편화된 인식과 감성이 없다면 예술에 대한 이해 자체가 불가능해진다. 이를 토대로 새로운 인식과 감성을 표출함으로써 기존의 인식과 감성을 뛰어넘는 신선함과 감동을 줄 수 있는 것이다. 또한 예술을 감상하는 사람들은 새롭고도 독창적인 인식과 감성을 느끼고 감동하고 자신만의 느낌을 소중히 여기지만, 많은 사람들이 그렇게 느낄 때 그 예술 작품은 고전이 되고 걸작으로 인정받는다. 세부적으로는 서로 다른 독창적인 각인들이 감동하는 기저에 보편적인 인식과 감성이 존재하기 때문이다. 예술 영역에서 이것을 나타내는 것은 곧 표준이다.

창작의 과정도 마찬가지 설명이 가능하다. 낯설게 하기라는 러시아 형식주의 기법은 여전히 유효하고 모든 창작에서 금과옥조처럼 여기는 기법이다. 도입을 낯설게 하여 호기심을 자극하는 것이 창작의 기본이라는 데에는 누구나 동의한다. 소설이든 시든, 아니면 시각적, 청각적 또는 공감각적 종합 예술이든 벌여 놓은 화두나 소재는 반드시 마무리해야 한다. 의도적으로 마무리를 거부함으로써 새로운 감성을 유발하고자 하지 않는다면 말이다. 그러나 달리 보면 이러한 의도 자체가 열어 놓은 화두나 소재에 대한 처리기도 하다. 예술의 완성도라는 기준이 중요하다는 것이다. 이러한 기본적인 창작 기법들이 표준이며, 또 이러한 기법들을 이름 지어 부르는 것이 표준이다. 예술과 그 창작이 표준을 거부하는 것이 아니라, 표준에 충실하고 표준을 활용할 때 예술이 비로소 예술일 수 있고 또 더 성숙할 수 있다.

제5장

일탈과 다양성에 숨겨진 표준

표준은 권위를 공고화하는 것이 아니라 일탈을 통해 권위를 극복하고 다양성을 촉진하는 토대가 된다. 그렇다고 표준이 만병통치약은 아니며 천상의 규범도 아니다. 표준도 낡으면 언제나 새로운 표준으로 교체되어야 한다. 그러나 법과 달리 표준은 유연하고 수월하게 교체되고 발전될 수 있다. 다만 '사실 표준'에서는 소비자의 선택이 중요하게 작용하지만, 공식 표준에서는 이해관계자들의 참여가 관건이 된다.

표준이 자발성을 의미하는 임의성과 사회적 약자에 대한 보호 및 새로운 창발성과 다양성을 촉진하는 기능을 상실할 때, 그 표준은 더 이상 본래적 의미의 표준이 아니라 권위적 규범이 되어 사회 발전을 가로막게 된다. 기존의 질서가 권위에 의해 유지되고 사회구성원들의 참여가 억압될 때 진정한 의미의 표준은 제정되지도 않을뿐더러 오히려 억압된다. 그러나 현실적으로 이러한 표준도 존재할 수 있으며, 이때 표준의 부정적 기능이 극대화된다. 권위적 규범이나 그와 유사하게 타락한 표준이 지배할 경우에는 이를 거부하고 새로운 표준을 제정하기 위한 일탈이 필요하다.

유럽의 68혁명운동은 당시의 권위적 규범과 질서에 대한 도전이었다(정병기 2007a). 68혁명운동이 비판하고 반대한 대상들은 대의 민주주의, 거대 기업, 자본주의 기술, 관료와 전문가에 의한 지배, 전쟁, 미디어에 의한 조종, 교수 · 교사 중심의 학교, 가부장적 가정 및 남성 중심 사회라는 당시의 지배적 규범과 질서였다. 68혁명 세대들에게는 계급만이 아니라 혹은 계급보다는 일상적 삶의 스타일이 중요했다. 그 삶의 스타일은 새로운 의미에서의 해방적 삶을 뜻하는 것으로서 구체적으로는 반권위주의를 지향했다. 곧, 68혁명운동은 대중에 대한 관료적 권위주의, 여성과 청소년에 대한 가부장적 권위주의, 소수자에 대한 다수자의 권위주의, 자연에 대한 인간과 문명의 권위주의, 약소국에 대한 강대국의 권위주의 등을 반대하고 일상에서 권위주의를 탈피한 해방된 삶을 지향한 것이었다.

권위적 규범과 질서에 대한 일탈과 저항

민주주의 원리를 원용해볼 때, 68혁명운동의 의미는 일상성의 민주주의를 요구한 데에서 찾을 수 있다. 이러한 요구의 정치 · 경제적 배경은 보통선거권의 확립이라는 정치적 민주주의의 정착과 사회안전망이라는 사회경제적 민주주의의 확립이었다. 서독, 프랑스, 영국, 이탈리아 같이 68혁명운동이 가장 활발했던 서구 주요 국가들은 안정된 정치적 민주주의와 사회경제적 민주주의를 구가하고 있는 나라들이었다. 과거 봉건 사회와 극단적 초기 자본주의에 비해 제2차 대전 이후 유럽의 질서는 민주주의적 측면에서 대단히 발전한 사회였다. 법치주의에 입각해 정치적 · 사회경제적 기본권이 잘 보장되고 인권을 존중하는 규범이 작동했다.

그러나 민주주의의 발전을 위한 사람들의 욕구는 여기에 만족하지 않았다. 과거에 비해서는 완전하다고 할 정도의 발전을 구가하는 이러한 질서가 특히 젊은 세대들에게는 억압적 질서로 다가갔다. 그들은 더 많은 민주주의와 자유를 원했다. 이들의 요구는 발전된 민주주의를 토대로 새로운 발상과 자유를 갈구하는 것으로서 역사의 색다른 도약을 꿈꾸는 것이었다. 오히려 정치적 기본권과 물질적 욕구가 충족되지 못하면 인간은 이 이슈에 얽매여 창발적 사고를 하지 못한다. 그럼에도 불구하고 당시의 권위주의적이고 수구적인 입장에서 볼 때, 이들의 요구는 '등 따시고 배불러서 도가 넘는 못된 생각을 하는' 것으로 비쳤다. 기존 질서에 대한 만족과 신념이 확고해 새로운 사고를 받아들일 수 없었던 것이다. 따라서 당시 젊은이들은 기존 질서와 제도가 허용하는 방식으로는 자신들의 욕구를 분출할 기회가 없었고, 때문에 이들은 일탈을 통해 새로운 질서를 요구할 수밖에 없었다.

68혁명운동의 정신적 지주였던 프랑크푸르트 학파의 한 사람인 호르크하이머(Horkheimer 1988, 280)는 당시 사회의 성격을 파시즘으로까지 규정했는데, 이러한 관점은 가정의 모습에까지 이어졌다. 그에 따르면, 유년기에 가정의 권위에 절대적으로 복종했던 사람들이 파시즘에 쉽게 선동된다는 것이다. 이 관점은 68혁명운동 세대들이 가정 안의 권위주의에 강력하게 반대했던 이유를 잘 설명해 준다(오제명 외 2006, 135). 가부장적 권위주의의 문제는 청소년에 대한 아버지의 권위에만 관계되는 것이 아니라 여성에 대한 남성의 권위와도 관련된다. '개인적인 것이 정치적인 것' 이라며 일상생활에서 나타나는 여성 차별을 사회정치적 차원으로 끌어올려 비판을 제기했던 당시의 여성운동을 이해할 수 있는 대목이다.

일상성의 민주주의에 대한 요구가 비판하는 또 다른 문제는 전문가 권위주의를 포함한 관료적 권위주의다. 68혁명운동은 엘리트 양성체제를 거부했다. 곧, 68혁명운동 참가자들은 "추상적이고 한정된 교육을, 독백의 공범자가 되는 것을, 몇몇 사회계급에 한정된 유료 교육을, 학생이 거대한 비생산적 투자로 이해되는 것을, 학생, 노동자, 민중과의 접촉으로부터 배제되어 단절된 채로 있는 것"을 거부했으며, "학생이 노동자가 되어 생산체계의 일부를 형성하는 것을, 국민적인, 나아가 보편적인 대학에 참여할 수 있기를, 교육이 무료화되는 것"을 요구했다(오제명 외 2006, 157). 또한 그들은 "내가 참여하네, 네가 참여하네, 그가 참여하네, 우리가 참여하네, 너희가 참여하네, 이익은 그들이 챙기네"라고 비꼬며 반관료주의와 자주관리를 주장했다(오제명 외 2006, 164~165).

그렇지만 이들은 무질서 사회를 욕망한 것이 아니었다. 법치국가의 테두리에서 기존의 관습과 권위를 정당화하는 법질서를 비판한 것이다. 이들은 이제 의회라는 제도가 제정하는 법에만 호소하는 것을 거부했다. 가정과 학교, 교회 및 일터와 사회에서 자신들의 이해관계가 얽힌 곳에서는 직접적인 참여를 요구했다. 긴급하고 다양한 이해관계들이 폭발적으로 생겨나고 복잡하게 얽혀 있는 현대 사회는 더 이상 의회와 법으로만 작동하는 사회가 아니게 되었다. 광범위한 이해관계자들의 자발적 참여가 보장되고 제·개정이 유연한 표준 같은 새로운 규범이 요구되었다.

탈물질주의 사람사회에 대한 요구

권위적 규범에 대한 비판과 일상성의 민주주의에 대한 요구는 물질주의적 소비사회에 대한 인식에 근거한다. 대중들을 관리하는 것은 거대한 조작체계이며 이를 통해 후기 자본주의의 지배 이데올로기가 사회, 교육, 문화의 영역뿐 아니라 개인 내면의 충동 구조에까지 침투하게 되었다는 인식이 싹텄다. 이제 물질주의 소비사회의 문제는 경제적 "착취"라기보다 일상적 "소외"였다(Touraine 1966, 14~26). 68혁명운동 세대는 소비사회와 관리되는 삶으로부터 해방되기를 원했다. 그것은 수동적 소비와 진부한 일상적 삶에 대한 거부였으며, 이때 그들의 육체와 욕망은 단순한 일탈이 아니라 창조적 거부의 코드로 인식되었다.

1930년대 말이나 1940년대 초에 태어나 풍요로운 시기에 성장기를 보낸 68혁명운동 세대는 이러한 조건에서 대안적 사고가 동결되고 봉쇄된 듯이 보이는 사회에 대해 새로운 방식으로 대응하고자 했다. 물질적 풍요는 새로운 사고가 형성되는 경제적 조건이 되기도 했지만 소비사회의 명에를 씌우는 질곡이기도 했다. 그에 따라, 끊임없는 축적을 추구하는 우파든 평등한 분배를 요구하는 좌파든, 모두 경제적 가치를 중시하는 사고를 가지고 물질적 가치의 소비에 종속되었다는 반성이 제기되었다. 경제 발전이 대중 생활수준의 향상을 가져왔지만, 경제 발전을 가능하게 한 기술 진보가 진행될수록 전쟁은 더욱 확대되고 도구적 합리성이 생활세계에 깊숙이 침투하여 인간성이 말살되어가는 현상으로 이어지기도 했음을 인식한 것이다.[2] 이제 새로운 세대에게 중요한 것은 경제적 가치 외에 인간적 가치를 추구하는 탈물질주의 사람사회의 요건이었다.

국제적으로 인권에 대한 시민사회의 요구가 강화되어 최근 사회적 책임에 대한 표준화 요구로 발전하게 된 것은 이러한 격변의 경험을 통해 가능했다고 해도 과언이 아니다. 물질만능주의나 소비만능주의적 풍요 사회에 대한 실망과 혐오가 커지면서 기업과 조직은 감시와 비판의 대상이 되었다. 생산 활동을 감시하고 소비 활동을 건전화하는 것은 소비자의 몫이 되었다. 소비가 생산을 통제하고 소비자가 생산자의 활동에 영향을 미치기 시작했다. 이러한 변화들이 앞서 가는 일등이 아니라 함께 가는 이등, 삼등이 더 필요하고 더 바람직하다는 표준의 원리를 요구하는 흐름을 낳았다고 할 수 있다.

68혁명을 문화혁명이라고 보는 사람도 많다. 정치경제적 변혁의 성과보다 문화적 충격과 변화가 더 가시화되었기 때문이다. 이러한 측면에서 볼 때 68혁명운동은 문화적 다양성을 요구하고 성공시킨 운동이기도 하다. 기존의 권위적 규범에서 획일화되어가던 당시의 문화에 일침이 가해졌던 것이다. 미국에서 가장 활발하게 일어났던 베트남전 반대 운동과 동

2 인간 해방의 열쇠로 보였던 기술 진보가 거꾸로 인간의 종속을 심화시키는 질곡이 되었다는 비판은 마르쿠제(Marcuse 1980)에게서 비롯되었고, 도구적 합리성에 대한 비판과 '체계에 의한 생활세계의 식민지화'는 하버마스(Habermas, 1997)가 제기했다.

구권에서 일어났던 반소련 운동은 정치적 제국주의뿐만 아니라 문화적 제국주의에 대한 비판의 성격도 띠었다. 이른바 미국식 '코카콜라 제국주의'와 소련식 '보드카 제국주의'라는 문화 획일화 현상에 대한 거부였다.

새로운 규범으로서의 표준은 획일화가 아니라 창발적 다양성을 보장해야 하며, 그러한 의미에서 표준은 당해 문화의 주체들이 주도해야 한다. 중국과 대립했던 한글 입력 표준 논란도 이러한 맥락에서 이해할 수 있다.

문화적 표준은 문화 주체가 주도하고 이윤의 논리를 벗어나야

인문 표준을 고려하면 우리나라 최초의 걸출한 표준은 한글자모라고 할 수 있다. 우리나라 말은 중국말과 달라 우리 고유의 정서를 표현할 표준 문자가 필요해 새로 문자를 만든다는 것이 훈민정음 창제의 이유와 목적이었다. 그리고 이 목적은 훌륭하게 달성되어 세계 굴지의 과학적 문자가 탄생했다. 훈민정음이 더욱 발전된 오늘날의 한글은 마치 정보기술IT 시대까지 내다본 듯 그 과학성이 더욱 뚜렷이 부각되고 있다. 한글 철자는 모두 스물네 자로 일본어(50자)나 영어(26자)보다 적어 휴대전화의 열두 버튼만으로도 무슨 글자든 구현할 수 있을 뿐만 아니라 입력 속도도 빠르기 때문이다.

이러한 우수성은 우리 문화에 맞는 표준을 우리가 제정했기 때문에 보장되고 더욱 발전될 수 있었다. 문화적 표준은 이윤의 논리만으로 제정될 수 있는 것이 아니다. 2010년 10월 중국의 한글 표기 표준화 추진 논란에서 중국의 표준화 추진이 사실이라면, 그것은 문화적 표준의 의미를 올바로 인식하지 못한 데 기인한다. 그렇지만 역설적으로 이 논란은 우리나라 관련 기업들과 학계에 매우 중요한 교훈을 주었다.

중국의 한글 표기 표준화 추진이 보도된 후 당시 우리나라 학계와 기업계 및 정계에 이르기까지 온 나라가 떠들썩했다. 중국의 동북공정에 이은 한글공정이라는 말이 회자될 정도로 네티즌들은 서명운동을 벌이고 소설가 이외수 씨는 "만리장성을 한국 것이라고 우기는 것과 무엇이 다르냐?"는 격앙된 반응을 보이기까지 했다(한국경제, 2010.10.11.). 그러나 실상은 중국의 한글 표기 표준화가 중국 정부가 추진한 것이 아니라 중국 조선어신식학회 현용운 회장이 "필요에 의해 중국에서 조선어 자판 표준을 만들고 있다."라고 발표한 사실이 왜곡되고 부풀려 전해졌다는 것이 밝혀졌다(이기성, 2010).

우리는 조선어신식학회에게 오히려 감사해야 한다. 온통 영어가 판치고 광화문의 한글 현판을 한문 현판으로 교체한 것이 우리의 현실이다. 뿐만 아니라 지난 2005년부터 추진돼오던 '겨레말 큰 사전' 편찬 작업이 예산 감축으로 어려운 처지에 놓였다. 특히 '겨레말 큰 사전' 편찬은 분단 반세기 동안 우리나라 남과 북의 언어소통 차이를 극복하기 위해 남북 국어학자들이 함께 추진해온 사업이었다. 지리적으로 갈라진 한반도의 남북은 각종 산업과 문화까지 갈라져 어문법과 컴퓨터 자판 배열도 달라졌다. '컴퓨터'란 글자를 북한의 키보드로 입력하면 '캄츄타'로 구현된다고 한다. 이러한 상황에서 중국의 한글 표기 표준화 추진은 우리들에게 대단히 따끔한 일침이 아닐 수 없다. 우리의 한글 사랑이 부족했던 것이 가장 뿌리 깊은 원인이다.

또 한 가지 중요한 원인은 표준화의 중요성에 대한 인식 부족이다. 우리나라 휴대전화 한글자판 사용 현황을 보면, 천지인(삼성전자, 55%)과 나랏글(LG전자, 20%)이 가장 많이 사용되지만 팬택(SKY, 14%)과 모토로라(11%) 등은 다른 입력 방식을 사용한다(이데일리, 2010.10.13.). 또한 관련 특허만 해도 400여 개가 난무하는 실정이다. 이러한 상황에서도 일부 한글과 정보 관련 학계에서 한글 입력 표준화를 주장했지만 제대로 받아들여지지 못했다.

중국이 '조선어 국가표준 워킹그룹'을 구성해 휴대전화의 한글 입력 방식을 정하려 한 것은 어디까지나 학회 등 민간 차원의 움직임이었을 뿐 정부 차원의 사업이 아니라는 것이 밝혀졌고, 국제표준화기구ISO 등에서는 종주국도 아닌 제3국이 국제 표준화를 신청해 등재하는 것을 허용하지 않는다고 한다. 따라서 이 논란을 동북공정에 이은 '한글공정'이라고 몰아붙이기는 사실상 어렵다. 문제는 당시 우리나라에서는 이와 같은 민간 차원의 적극적 움직임조차 없었다는 점이다. 비록 외풍에 의해서긴 하지만 그 후 한글 표준의 중요성을 인식하고 기술표준원과 기타 관련 기관 및 단체들이 발 빠른 움직임을 보여 다행이다. 문화적 표준은 그 문화의 주체가 주도하고 이윤의 논리를 넘어서야 전정한 표준이 될 수 있고, 국제적으로도 인류 문화의 다양성을 보장하는 발전이 이루어질 수 있다.

제5부

인권과 복지를 지원하고 생명을 살리는 표준

제1장

인권과 표준

인류의 역사는 인권 침해의 역사였다. 특히 각국의 이해관계가 충돌하면서 약육강식의 정글법칙이 작용해온 국제 관계에서 어느 순간에도 전쟁이 없는 시절은 거의 없었다. 전쟁은 국내적으로는 국민의 기본권을 침해하는 권력 행위가 정당화되고 국제적으로는 인간의 기본권을 침해하는 폭력이 정당화되는 비상 상황이다. 그리고 역설적으로 역사는 이 비상 상황을 통해 반성하며 인권 보장을 확대해온 역사기도 하다.

인권은 사람이라면 누구나 태어나면서부터 당연히 가지는 기본적 권리를 말한다. 여기에는 정치적 기본권과 노동권 및 평화와 행복을 추구할 권리 등이 포함된다. 그리고 역사가 거듭될수록 인권의 목록은 다양해졌고, 이제는 환경과 자연이 지속가능한 발전을 통해 보전되어야 한다는 것도 이 목록에 더해졌다. 인권은 인간에게 가장 기본적이면서도 포괄적인 권리다.

현대 사회의 기점이 되는 제2차 세계대전은 국제적 인권 보장에서도 획기적 계기가 되었다. 생체 실험과 인종 학살, 가공할 대량 살상 무기의 사용 등이 공권력을 통해 자행된 가장 크고 잔혹한 전쟁이었기 때문이다.

1948년 국제연합UN 총회는 세계인권선언을 채택했고, 이것이 전후 체결된 가장 대표적인 인권 조약이라고 할 수 있다. 이후 이 조약은 다양한 인권 조약들로 이어져 인권에 관한 한 '사실 국제표준'으로 인정되었고,

최근에는 국제표준화기구에 의해 ISO 26000이라는 명실상부한 '공식 국제표준'으로 제정되기에 이르렀다.

현대 사회 최초의 인권 부문 '사실 국제표준', 세계인권선언

국제연합이 제정한 '세계인권선언'은 첫 문장에서 인권을 모든 인간들이 고유하게 가지고 있는 존엄성의 권리로서 평등하고 양도할 수 없는 권리라고 선언했다(『국제인권조약집』 2000, 14~18). 그리고 이 인권을 보장하는 것이 자유, 정의, 평화의 기초라고 단정하고, 법에 의해 인권이 보장되지 않을 때는 반란이라는 저항권을 발동할 수 있는 마지막 보루임을 함께 천명했다.

총 30조로 구성된 각론들은 이 원칙을 구체화하면서 각종 권리들을 나열하고 이 권리들이 국내적으로나 국제적으로 모두 지켜져야 한다고 명기했다. 생명권, 자유와 안전을 누릴 권리, 예속 상태에 놓이지 아니할 권리, 고문 · 잔혹 행위 혹은 비인도적 · 모욕적 취급이나 형벌을 받지 아니할 권리, 평등권, 기본권 침해를 구제받을 권리, 자의적 체포 · 구금 · 추방을 받지 아니할 권리, 재판권, 무죄 추정권, 거주 이전의 자유, 재산권, 사상 · 양심 · 종교의 자유, 표현의 자유, 집회와 결사의 자유, 참정권, 사회 보장권, 노동권, 직업 선택권, 교육권, 문화 생활권 등이 그 내용이다. 적어도 핵 문제 등과 관련된 평화권과 환경권을 제외하면 대부분의 인권이 포괄되어 있어 인권 표준이라 할 만하다.

이후 1960년대 말을 거치면서 평화권과 환경권도 광범위한 인권의 의미에 포괄되었지만, 다른 한편 인권 외에 새로운 항목으로 거론되기도 한다. 이 새로운 권리들은 기술이 발전할수록 그 위험도가 높아지고 그에 따라 보장의 절박함도 커진다는 사실을 인정할 뿐만 아니라 인간도 자연과 환경의 일부기도 하다는 관점을 수용했기 때문이다. ISO 26000에서 노동과 환경이 인권 외에 별도의 항목으로도 설정된 것이 이러한 맥락에 기인한다.

산업 표준에 있어서와 마찬가지로 인권 표준에 있어서도 표준을 준수하지 않았을 경우의 구제 방법이 있다. 특히 보건과 안전 등과 관련해 인간의 신체에 심각한 위해를 가할 수 있는 상품의 경우에는 리콜 명령을 내리며, 공공성이 매우 큰 표준의 경우에는 기술규정으로 제정해 강제성을 띠게 만든다. 인권 표준은 이와 같이 공공성이 매우 클 뿐만 아니라 기본권 중의 기본권이라 할 수 있는 생명과 직결되어 있다. 때문에 국제연합은 인권 침해의 경우 그 구제방법에 대해서도 상세히 규정하고 있다.

국제연합(UN)의 인도적 간섭 규정

국제연합헌장 제7조 2항은 "심각한 인권 침해가 발생한 경우", "이 상황에 대한 간섭에는 하등의 장애를 구성하지 않는다. 이것은 인권 보호의 문제는 본질적으로 국내 관할권에 속하는 사항이나, 인권의 침해에 대한 보호는 국제 사회가 떠맡아야 함을 인식한 데서 비롯된 것"이라고 규정했다(성재호 2003, 182). 인권 보장이 국가의 책임과 권한임을 명시적으로 인정하는 한편 국제기구의 역할도 아울러 강조한 규정이다.

문제는 인권 침해 구제나 인권 보장이라는 명분이 거꾸로 인권 침해로 작용할 수 있다는 것이다. 국제 사회에는 양육강식과 적자생존이라는 다윈적 원리가 적용되며, 이 원리를 결정하고 적용하는 데 강대국의 영향력이 크게 작용하기 때문이다. 한 나라 안의 표준에서는 표준화 기구라는 공공 기구가 국가와 협력해 개별 행위자들의 자구 행위를 엄격히 제한하고 정당한 강제성을 동원할 수 있지만, 국제 사회의 표준에서는 강대국이라는 개별 행위자들의 구제 행위가 실질적으로 가능하고 또 빈번히 일어나고 있다. 게다가 인권 침해는 시장 행위에 국한되지 않고 물리력을 동원한 전쟁을 동반하는 경우가 많으므로 더더욱 예민하고 중요한 문제가 아닐 수 없다.

이와 관련해 국제연합은 '인도적 간섭' 규정을 두고 그 허용 요건을 명시하고 있다(성재호 2003, 187~188). 우선 기본적 인권의 침해가 대규모로 진행 중이거나 현저해야 한다는 것이 실질적 요건을 구성한다. 그리고 평화적 해결 수단을 다한 후에 이루어져야 하고, 국제기구에 의한 적시의 행동에 대한 합리적 기대가 없어야 하며, 적절한 국제기구에 대해 즉각적이고 완전한 보고와 제출이 있어야 한다는 것이 절차적 요건을 구성한다. 또한 집단적 조치여야 하며 피간섭국의 요청이나 동의가 있어야 한다는 것을 선택적 요건으로 한다. 개별 국가의 행위를 제한하고 국제기구의 평화적 해결과 감시 역할을 중시한다는 점을 알 수 있다.

그러나 문제는 상술한 바와 같이 국제 사회에는 힘의 논리가 우선하므로 이러한 규정조차 해석이 분분하다는 것이다. 전통주의자들은 UN 안전보장이사회에게만 간섭이 허용된다고 엄밀하게 해석하는 반면, 현실주의자들은 다음 세 가지 이유에서 개별 국가의 인도적 간섭을 허용해야 한다는 입장이다. 첫째, 인권 보호가 UN의 우선적인 목적이므로 안전보장이사회가 간섭에 실패할 경우에는 당연히 가능하고, 둘째, UN이 인권 보호에 실패할 경우에는 UN 헌장 이전의 관습적 간섭 권리가 부활하므로 가능하며, 셋째, 인도적 간섭에 의해 사용된 무력이 대상국의 영토적 보전과 정치적 독립을 훼손시키지 않는다면 가능하다.

UN의 구제 방법은 전쟁이나 대량 학살 같은 초대형 인권 침해의 경우에 국한된다. 사실 이러한 인권 침해의 경우에도 국가라는 거대한 물리력 행사자들의 개입이 아니면 해결이 어렵다. 국제 사회는 국제법조차 이들이 거부하면 지켜질 수 없는, 만인에 대한 만인의 투쟁이 비일비재한 공간이다. 결국 보다 근본적인 문제 해결은 객관적 판단의 기준과 이 기준을 세우고 각 구성원들이 이 판단을 수용하고 준수하는 자발성일 수밖에 없다. 국가 개입의 영역이 아니거나 좁은 시장과 소규모 행위자들의 공간에서 더욱 그러하다. 여기에서 국제 인권표준의 필요성이 절실하게 제기된다.

인권 관련 최초의 '공식 국제표준', ISO 26000

사회적 책임 국제표준인 ISO 26000은 인권 문제를 가장 우선적으로 다룬다(ISO 2010, 23~33). 총 일곱 가지 핵심 주제들 중 인권 이슈가 조직 거버넌스 바로 다음에 배치된 것이다. 조직 거버넌스가 가장 먼저 기술된 것은 ISO 26000이 모든 사회 조직을 대상으로 하는 만큼 그 직접적인 내부 질서와 행위를 규정하는 조직 거버넌스 이슈가 총론적 성격도 갖기 때문이다. 이를 도식화한 그림에서 조직 거버넌스가 그림의 가운데에 위치한 것은 이러한 까닭이기도 하다.

인권 분야 최초의 공적 국제표준인 ISO 26000이 조직의 사회적 책임에 관한 규정이며 인권이 조직의 사회적 책임의 한 주제로 자리 잡은 것도 특별한 의미를 갖는다. 이 표준이 대상으로 하는 조직은 기업을 비롯해 각종 사회단체들과 국가 및 정부를 포괄한다. 따라서 국가를 주요 행위자로 하는 영역에 대한 기존 국제연합 규정을 포함할 뿐 아니라 국가 이외의 조직을 주요 행위자로 하는 다른 중위적 혹은 미시적 영역도 대상으로 한다. 또한 국제적 인권 침해는 주로 조직에 의해 이루어지므로 조직을 직접 적용 대상으로 다룬다.

ISO 26000 인권 표준은 인권의 천부적 내재성, 양도 불가능성, 보편성, 불가분성, 내적 상호의존성이라는 다섯 가지를 기본 원칙으로 한다. 이 인권 표준을 다루는 제6장 3절 '조직과 인권'은 우선 인권을 두 개 부문으로 크게 나눈다. 첫 번째 부문이 생명과 자유에 관한 권리 및 법 앞의 평등과 표현의 자유로 구성되는 시민 · 정치권이고, 두 번째 부문이 노동권, 식량권, 건강권, 교육권, 사회안전권을 포괄하는 경제 · 사회 · 문화적 권리다. 그리고 주의 의무, 인권 위험 상황, 연루 회피, 분쟁 해결, 차별과 취약 집단, 시민 · 정치권, 경제 · 사회 · 문화적 권리, 노동에 관한 기본 원칙과 권리 등을 여덟 가지 주요 이슈로 열거하며 다루었다.

ISO 26000의 인권 표준은 세계인권선언과 그 이후 제정된 각종 국제 인권 조약들에 토대를 두고 있다는 점 외에도 표준의 의미를 정확히 제시하고 있어 주목된다. 먼저, 여러 도덕적 · 자연법적 · 인식적 규준들은 성문법과 문화 전통을 넘어선다는 전제에 기초하고 있다고 명시했다. 그리고 대부분의 인권 관련 성문법들이 국가와 개인의 관계를 규정하는 데 머물지만, 비국가 조직들도 개인의 인권에 영향을 미칠 수 있고 그렇기 때문에 책임을 져야 한다는 점이 폭넓게 인식되어야 한다고 강조했다. 이때 그 규준들을 표준으로 이해할 수 있다. 성문법의 영역을 넘어 새로운 국제 규범으로서 표준의 의미와 기능을 잘 살린 결과다. 이제는 이 표준을 실질적으로 수용하고 실천에 옮기는 행위자들의 자발적 참여가 관건이다. 이것은 국제 사회의 오랜 숙제가 될 공산이 크다.

제2장

복지국가의 기틀, 표준

최저임금제와 등록금, 무상급식 등 사회복지 안건들이 주요 이슈로 등장하고 있다. 직접적 이해관계자뿐만 아니라 사회적 갈등의 주체인 다양한 정치 · 경제 · 사회단체들에게도 이 안건들은 중요한 화두로 부상하고 때로는 뜨거운 감자가 되기도 한다. 사회구성원들의 안전과 발전을 위해 이 문제들은 언젠가는 반드시 해결되어야 할 사안들이다. 다만 그 시기와 내용을 두고 이해관계와 관점을 달리하고 있을 뿐이다.

사실 우리나라에서 사회복지가 주요 이슈로 등장한 것은 최근의 일이 아니다. 요즘 언급되는 내용과는 사뭇 다른 맥락이었지만, 사회복지는 이미 1980년 신군부에 의해 처음으로 중요한 정치적 목표로 선정된 바 있다.

그리고 이후 경제 발전을 토대로 점차 도달해야 할 목표라는 점에 대부분 동의해 왔으며, 서구 선진 국가에서는 산업 발전 초기부터 중요한 사회적 가치로 인정되었다. 이와 같이 사회복지는 발전된 국가의 중요한 목표이자 기준이 된다는 점에서 표준과 밀접한 관계를 갖는다.

사회복지의 객관적 기준

1980년대 초에 정의사회와 사회복지가 중요한 정치적 담론으로 선정되면서 사회적으로는 표준이 그 객관적 기준으로 거론되기 시작했다. 당시 여론이 "복지사회 구현을 위한 객관적 기준이 절실"(동아일보, 1980.10.20.)

하다고 논평한 것이 그 시발점이 되었다. 물론 당시의 복지 담론은 사회안 전망을 구현한다는 의미보다는 권력 장악과 정권 유지라는 정치적 목표를 위한 수단과 그에 봉사하는 담론으로 설정된 것이 사실이다.

그러나 당시의 담론은 적어도 복지를 정치 사회 목표로 명시적으로 규정했다는 점에서 중요한 의미를 갖는다. 이후 아동복지법(1981), 생활보호법(1982), 사회복지사업법(1992), 사회보장기본법(1995) 등이 제정되기 시작했다. 또한 현행 헌법은 제10조에서 "모든 국민은 인간으로서의 존엄과 가치를 가지며 행복을 추구할 권리가 있다."고 행복추구권을 규정하고, 이 맥락에 따라 제34조에서 "모든 국민은 인간다운 생활을 할 권리를 가진다. 국가는 사회보장 · 사회복지의 증진에 노력할 의무를 진다."고 규정하여 복지국가 실현을 위한 국가의 의무를 선언하고 있다.

1980년대 초의 복지 담론은 특히 복지의 객관적 기준으로 표준을 상정했다는 점에서 최초의 중요한 발걸음이었다고 할 수 있다. 표준은 통일성을 주요 목적으로 하는 확정된 규격이라는 의미로 사용되기도 하지만, 기술 발전과 질 높은 다양성을 촉진하는 최저 기술 수준과 품질 보장 및 제품 안전의 기준이라는 의미로 사용되기도 한다. 무엇보다 후자의 경우에 표준은 도달하고자 하는 최소 수준을 의미하며, 이 최소 수준은 사회적 삶을 보는 시각에 따라 달라진다. 다시 말해 표준이 복지 수준의 적절함을 나타내는 지표로 요구되며, 이때 그 지표는 구체적으로 복지가 사회적 삶의 어느 수준까지 보장해야 하는가를 보는 시각에 따라 달라질 수 있다는 것이다.

객관적 기준이 결여된 보충적 복지

사회복지의 개념과 실현 방법에 대한 논란은 역사적으로 끊이지 않았다. 여러 논란들을 크게 두 가지로 나누면 보충적 복지와 보편적 복지로 구분된다. 복지가 보장해야 할 사회적 삶의 수준을 규정하는 관점에 입각한 이 구분은 국가 개입 범위를 포함하는 실현 방법과도 긴밀하게 연관된다.

우선, 보충적 복지 개념은 사회적 삶에 대한 일차적 책임이 개인에게 있다는 자유주의 사상과 삶을 위한 모든 재화는 시장에서 얻어야 한다는 시장경제 원칙을 바탕으로 한다. 그에 따라 국가와 사회의 공동체적 책임과 노력은 인간다운 사회적 삶을 위해 필수적인 문제가 아니라 부차적이고 보충적인 문제로 인식된다. 때문에 개인이나 가족 혹은 직장의 노력으로는 정상적 사회 생활을 영위할 수 없는 상태에 떨어져 삶 자체가 파괴될 정도에 이른 경우에 한정하여 국가가 선별적으로 개입해야 한다는 선별적 복지가 주장된다.

이 입장에 의하면 사회복지 혜택을 받는 사람은 비정상적이며 병리적인 사람으로 간주되어 사회적 낙인이 찍힐 수 있다. 이는 영국 등 서구 선진국에서 산업 발전 직후까지 성행했던 빈민 구제 수준으로, 자본주의가 고도로 발전해 복잡한 현대 사회에는 적절하지 않은 입장이다. 우리나라의 경우에도 이 보충적 복지의 개념은 오랜 전통을 가지고 있다. 이미 중고교 교과 과정에서도 익히 배운 바 있는 고구려 진대법이나 고려 의창제도 및 조선 혜민국 등과 같은 구빈 제도들이 그 대표적 예다.

이 구빈 제도들은 국왕과 관료의 시혜나 관공서의 임의에 따르기 때문에 일시적일 뿐만 아니라 부정부패의 수단으로 사용되는 경우도 적지 않았다. 국왕과 관료의 시혜나 관공서의 임의에 의존한다는 것은 달리 말해 표준과 같은 객관적 기준이 결여되었다는 것이다. 상존하는 빈민과 사회적 약자에 대한 일시적 시혜라는 정치적 선택이나 이를 집행하는 관공서의 임의 선별은 신속한 구제와 순간적인 정치적 효과를 거둘 수 있을 것이다. 그러나 구빈법이나 혜민국 같은 제도화 수준을 거치더라도 그 혜택은 모든 사회구성원에게는 말할 것도 없고 선별된 수혜자들에게조차도 생존권과 생활권을 보장하는 근본적 해결책이 되지는 못한다. 필요한 것은 수혜자 선별의 기준이 아니라 물질적 결핍이라는 생존 문제 해결과 기본적 생활 보장이라는 장기적 사회 문제 해결의 관점에서 복지 제도를 평가할 수 있는 객관적 기준이다. 이 기준을 복지 표준이라고 명명할 수 있다.

보편적 복지를 위한 잣대, 복지 표준

현대적 의미의 복지 담론은 보충적 복지를 넘어섰다. 보편적 복지로 불리는 현대적 의미의 복지는 사회구성원 일반을 대상으로 하여 그 생활의 모든 측면에서 나타나는 복지 결여를 다루거나 해결하고자 하는 것으로 제도적 의미를 강조하는 입장이다. 이때 사회복지는 특수한 처지에 놓인 사람들만을 대상으로 하는 일시적 · 선별적 · 보충적 개념이 아니라 모든 사회구성원을 대상으로 하는 항구적 · 보편적 · 제도적 개념이다. 곧, 모든 사회구성원들이 살아 있는 동안에는 언제 어디서나 제공받는 복지로서, 현대사회에서 각 개인의 자아실현을 돕기 위해 필수적이고 정당한 기능을 수행하는 것이다.

또한 이 보편적 복지 관점에서는 각 개인이 자신이나 가족 혹은 직장의 힘만으로는 충분히 인간다운 안정된 생활을 할 수 없는 상황이 비정상적인 상태가 아니라 정상적인 상태로 간주된다. 그러므로 복지 제도는 비정상적 상태로 간주되어 수혜자로 선별된 사람들만을 위한 보충적 제도가 아니라 정상적 상태에 있는 모든 사회구성원들의 자아실현을 위한 필수적 제도가 된다. 보편적 복지는 사회구성원들 중 누구라도 물질적 · 사회적 결핍 상황에 떨어지지 않도록 하기 위한 최소한의 기초적 요건을 확보할 것을 요구한다.

이때 사회복지는 결핍 상황이 발생한 후 사후적으로 보충하기 위해 취하는 조치가 아니며 결핍 상황이 발생하기 전에 예방적으로 취하는 조치를 의미한다. 따라서 그 객관적 기준이 되는 복지 표준은 결핍 상황에 처한 특정한 사람들을 사후적으로 구제하기 위한 특수 요건이 아니며, 모든 사회구성원들에게 닥칠 가능성이 있는 결핍을 예방하기 위한 일반 요건으로서 보편적 공식 표준이다. 보편적 공식 표준은 마치 공기나 물 혹은 국방이나 도로와 같은 공공재의 최소 기준이자 그 자체로 공공재의 기능을 수행한다. 사회복지와 관련된 복지 표준도 공공재인 사회복지의 최소 기준으로 작동함과 동시에 그 자체로 복지와 결부된 공공재로 기능한다.

국가 차원의 복지표준 제정을 통해 복지국가의 토대 마련

예를 들어 복지표준의 가장 기본적인 내용은, 더불어 사는 사회구성원이라면 누구든지 돈이 없어 의식주를 해결하지 못해서는 안 되며 돈이 없어 아파 죽거나 배우지 못하는 상황에 빠져서도 안 된다는 요건을 충족해야 한다. 이 요건은 모든 사회구성원이라는 보편적 수혜 대상을 규정함과 동시에, 의식주라는 물질적 생존권과 보건과 교육이라는 사회적 생활권을 복지의 범위로 규정한다. 그리고 이 요건을 넘어서거나 더 미시적으로 적용하는 차원에서 복지표준은 더욱 다양하면서도 폭넓게 발전해 갈 수 있을 것이다. 사회복지의 구체적 구현 방법들은 이러한 복지 표준이라는 기준에 따라 고안되고 선택되어야 한다.

우리나라에서도 미시적 차원이나 부문별 차원에서는 복지 표준이 제정되어 왔다. 노사복지 표준사규나 사회복지시설 운영표준 등이 대표적이다. 아쉬운 것은 국가나 전 사회적 차원에서 복지 표준이 제정되지 않고 있다는 것이다. 법률이 헌법을 토대로 하듯이 미시적 차원의 부문별 복지표준도 국가 혹은 전 사회적 차원의 복지 표준을 토대로 할 때 일관된 적실성을 갖출 수 있다. 복지 표준이라는 담론은 아직 화두의 수준으로 제기되는 단계다. 요즈음 다양한 사안들을 두고 벌어지는 논란들은 국가 차원의 복지표준 제정으로 가닥을 잡아가면서 궁극적으로 복지국가의 토대를 마련하는 방향으로 나아가야 한다.

제3장

교육 대계의 기본, 표준

2009년 뉴질랜드 총리 존 키John Key는 초 · 중학교 학생들을 대상으로 꼭 갖추어야 될 교육 목록을 정하고 전국적으로 동일한 기준으로 작용할 국가 교육 표준을 제정했다고 발표했다. 키 총리는 자신의 칼럼을 통해 일정 수준을 갖추지 않은 채 학교를 떠나는 학생이 5명 중 1명꼴이라고 밝히고 이를 시정하기 위해 국가 교육 표준을 제정했다고 진술했다(뉴질랜드 트리뷴, 2009.11.04; WeeklyKorea.net, 2010.07.13.).

2009년 당시 이 내용은 우리나라 국내에서는 거의 보도되지 않았다. 몇몇 인터넷 신문들이 보도했을 뿐 대부분의 신문이나 보도 매체들은 별 관심을 갖지 않았다. 아마도 우리나라에는 이미 국가 교육 표준이 자주 제정되었고 현재에도 시행되고 있기 때문일 것이다. 그렇지만 이 보도는 최소한 우리나라 교육 표준에 대해 다시 한 번 되돌아볼 계기를 마련했다.

입시 기준과 교육 표준

제5공화국 시절 우리는 340점 만점의 학력고사를 거쳐 전국의 모든 대학 입시생들이 0점과 340점 사이에서 줄을 서고 역시 정해진 순위에 맞추어 대학을 정했다. 이것이 당시에는 표준이라면 표준이었다. 이른바 입시 표준이라는 강변强辯이 생겨난다. 그러나 이것은 교육 표준이 아니라 교육의 결과를 평가하는 기준에 불과했고, 그 기준은 교육의 질을 제대로 평가할 수 있는 척도도 되지 못했다. 표준은 성과를 측정해 순위를 매기는 것이 아니라 뉴질랜드 교육 표준이 의도한 것처럼 올바른 사회생활을 영위하는 데 필요한 최소한의 기본 역량을 갖추도록 함양하는 교육의 기준이다. 교사와 학생은 최소한 이 표준이 요구하는 기본 요건을 충족시켜야 하며, 상황에 따라 더 나은 양질의 교육을 수행할 수 있다.

우리 교육도 공식적으로는 이러한 이념을 설파하고 있다. 그러나 교육 현장은 등수 매기기에 바빴다. 학생은 학생대로 학교는 학교대로 서로 경쟁하며 그 경쟁의 목표는 이른바 더 나은 대학에 보내는 것이다. 올바른 교육을 주장하는 교사들의 목소리는 체제를 위협하는 범죄자로 취급되기까지 한다. 역설적으로 우리 교육의 현실과 교육 체제가 올바르지 못하다면 현실과 체제를 위협하는 것이 오히려 정당하다. 표준은 다수와 함께 하지만, 질적 저하를 용납하지는 않는다. 특히 신체적 안전이나 인권과 관련된 표준들은 위험에 빠진 다수를 구제하기 위해서라도 최소한의 기준을 정해 질적 저하를 방지해야 한다. 하물며 백년대계라는 교육의 문제에서 이러한 최소 품질 보장이라는 표준의 기능은 충실히 확보되어야 한다.

'교육과정'과 중등 교육 표준

중등 교육 이하 교육에 우리나라에도 분명히 표준이 존재한다. '교육과정'이라는 이름으로 제7차까지 표준이 제정되었고 1997년 이후 제7차 교육과정이 개정되어 실시되고 있다(유광찬 2008 참조). '교육과정'은 물론 표준이라는 명칭으로 실시되지는 않는다. '교육과정'은 교육 목표를 달성하기 위해 선택된 교육 내용과 학습 활동을 체계적으로 편성하고 조직한 계획이다. 그러나 '교육과정'에는 분명 필수적으로 달성해야 할 내용과 활동이 있으므로 교육 표준을 담고 있다고 할 수 있다.

문제는 이 '교육과정'들이 최소한 갖추어야 할 기준을 제시하기보다 도달해야 할 최대 목표에 치중해 있다는 것이다. 또한 이 목표들은 참된 인간의 모습과 도량을 키우는 것이 아니라 시대에 따라 변하는 국가 혹은 정부의 목표에 부응하는 도구적 인간상을 제시하고 있다는 것이다. 미군정청 학무국에서 교과서를 편찬하던 교수 요목 시대를 지나 1955년에 시작된 제1차 교육과정은 미국식 진보주의 교육 사조를 따랐으며, 1963년 제2차 교육과정은 5 · 16군사정변 후 민족주의 주체성과 경제발전에 기여하는 인간상을 제시했다. 1973년 제3차 교육과정은 산업화 시대에 걸맞는 국민의 자질 함양과 인간 교육을 목표로 했고, 1981년의 제4차 교육과정은 5공화국식 복지사회와 민정당식 정의사회의 실현에 이바지하는 교육을 추구했다.

민주화 이후에 이러한 흐름은 다소 달라졌다. 1987년 고도 산업화, 국제 관계의 다원화, 평화 통일 등에 대한 대응으로 제정된 제5차 교육과정은 민주화 초기에 지속되었고, 1992년의 제6차 교육과정은 국제 개방화 및 정보화 사회 등의 환경에서 도덕성, 공동체 의식, 민주성, 창의성 등을 목표로 규정했다. 그리고 1997년 제정된 제7차 교육과정은 제6차 교육과정을 이어 21세기의 세계화 · 정보화 시대를 주도하며 살아갈 자율적이고 창의적인 한국인을 육성하겠다는 표현이었다. 시대가 흐르고 민주화가 진행되면서 보다 본연적인 인성 교육을 강조하는 모습을 보이기 시작했다고 할 수 있다. 특히 제7차 교육과정에서는 과잉 경쟁의 폐단을 막기 위해 절대평가를 확대하고 필수 과목들을 대폭 줄이는 등 인성 교육을 강화하기 위해 노력했다.

그러나 현실에서의 교육은 언제나 비판의 대상이었다. 학부모들의 교육열은 여전히 대단하고, 이것을 관련 기관들과 사회 제도가 충족시켜 주지 못했다. 가장 민주화된 제7차 교육과정도 뿌리 깊은 경쟁 위주의 관행과 최대 목표의 산정 등 기존의 한계를 크게 벗어나지 못했다. 교육계의 파행과 부정, 그리고 입시 제도의 비효율성과 불공정성은 언제나 도마 위에 올랐다. 물론 잘못된 교육열과 사회질서에도 책임이 있고, 특히 사회질서에서 가장 근본적인 원인을 찾을 수 있다. 그러나 사회질서가 먼저 고쳐진 다음 구성원들의 행태와 제도가 바뀌기는 어렵다. 사회구성원들과 무엇보다 이 사회에서 더 큰 영향력을 행사하는 계층이 반성과 성찰을 통해 개혁을 시도할 때 사회의 진보는 더 빨리 이루어질 수 있다.

교육 분야에서 이러한 시도는 더욱 중요하다. 제도의 원칙과 근간이 되는 성문법의 경직성을 고려하고 사회구성원들의 참여와 제 · 개정의 유연성을 고려할 때 교육 담당자들과 현장의 변화가 먼저 이루어질 필요가 있다. 국가와 관계 당국은 이러한 시도를 격려하고 지원해야 한다. 그리고 이를 통해 교육 분야의 자발적 표준이 생성되어 다수가 공유할 때 이를 강제성을 띤 법과 제도로 정착시켜 가야 할 것이다.

대학 교육과 고등 교육 표준

제7차 교육과정의 한계는 신자유주의적 세계화가 본격화되면서 가시화되었으며, 그 연장선상에서 대학 교육을 통해 더욱 첨예하게 드러나고 있다. 학문의 전당으로서 진리를 추구하고 인간의 가치와 행복을 궁구하는 고등 교육 기관인 대학에서 삶의 권리마저 허용하지 않는 무한 경쟁의 교육이 이루어지고 있기 때문이다. 2011년 초 불과 삼 개월 사이에 네 명의 학생들을 불귀의 객이 되도록 내몬 카이스트의 교육이 대표적 예다. 고등학생 때까지 입시를 향해 앞서 가려고 꿈꿀 시간도 없이 앞만 보고 달려온 학생들이 대학에 와서까지 함께 고민하는 마음과 멀리 볼 여유와 꿈꿀 시간을 빼앗기고 있다.

한 카이스트 학생이 쓴 대자보에 따르면, “학점 경쟁에서 밀려나면 패배자 소리를 들어야 하고, 힘든 일이 있어도 서로 고민을 나눌 여유조차 없다."(한겨레, 2011.04.07.). 이 학교에서 그들은 행복하지 않다. 교육 현장은 물론 흥미나 단기적 행복만을 추구하지 않는다. 그러나 흥미와 호기심을 통해 유도되는 교육이 효과적이라는 점은 삼척동자라도 아는 일이며, 교육도 결국은 행복한 삶을 위한 것이다. 그럼에도 불구하고 카이스트를 비롯한 대학의 교육은 오로지 학교 등급을 높이고 앞서 가기 위해 흥미와 행복을 희생하는 이른바 서남표식 교육으로 진행되고, 이것이 마치 교육 표준인 양 인식되어 퍼지고 있다.

경쟁지상주의 교육의 폐단을 다룬 〈세 얼간이들〉이라는 인도 영화가 카이스트의 교육을 영화화한 것이 아닐까라는 의구심까지 들 정도였다. 서남표식 교육은 정도의 차이는 있을망정 요즘 한국 대학 교육의 대명사라 해도 과언이 아니다. 학벌 줄세우기라는 사회적 현실도 개탄할 일이지만, 그렇다고 과연 유수 대학들이 올바른 교육을 통해 우수한 인격체를 양성하는 것도 아니다. 대학이 자본과 대기업의 인간 제품 조달업체로서 불안감과 경쟁을 부추긴다고 고려대를 자퇴한 한 학생의 일은 이를 여실히 드러낸다. 그는 함께 꿈꾸고 멀리 보기 위해 물질만능주의적 자본주의의 도구를 만드는 대학으로부터 탈주했다.

도달해야 할 최대 강령을 내세워 무한 경쟁을 부추기고 등수를 매겨 패자들을 도태시키는 것은 교육이 아니며 하물며 교육 표준이 추구할 바는 더더욱 아니다. 모든 사회구성원들이 인간으로서 마땅히 갖추어야 할 인성을 함양하고 올바른 사회 생활에 필요한 능력을 배양해 도태되어 소외되는 학생이 없도록 하는 것이 교육의 본질이다. 앞에서도 이야기했듯이 앞서나가는 1등을 위해 다른 사람들이 배경이 되는 것이 아니라 모두가 자격을 갖고 행복해지도록 하는 것이 교육이고, 그 최소 강령이 교육 표준이다.

사실 대학에서도 표준을 발견하기가 어렵지 않다. 단과대학별로 표준이 존재하며 더 좁게는 학과 교육별로 "....표준 교육"이라는 명칭으로 기준들이 제시되고 있다. 여기에는 부문별로 학자들이나 교육전문가들이 경험과 전문성을 토대로 만들어낸 지침이나 목표들이 명시되어 있다. 임의표준이나 단체 표준으로서 이 교육 표준들은 세부적인 사항들을 유용하게 적시한 경우가 많다. 그러나 적어도 교육 표준에서만큼은 메타표준이 확고하고 올바르게 제정되어야 할 필요가 있다. 교육은 백년대계라는 말처럼 시대에 따라 속절없이 변하거나 세부적인 지식과 목표만으로 충족될 수 없기 때문이다. 특히 대학에서 이행해야 할 고등 교육 표준은 누구나 인정하는 것처럼 진리 추구의 전당이고 인간의 가치와 행복을 증진하는데 기여하는 대학의 목표에 충실한 기준으로 합의에 의해 제정되어야 할 것이다.

제4장

생명의 코즈모스, 표준

생명공학 분야에서도 국제표준 제정 노력이 한창이다. 그 흐름은 시장 선점을 목표로 하는 시장 논리와 생명의 순환성 촉진을 위한 상생의 논리로 크게 나눌 수 있다. 물론 시장에 출시되는 모든 상품과 재화에도 마찬가지 논리가 적용된다. 그곳에는 언제나 시장의 논리 혹은 이윤의 논리가 있으며, 이를 제한하고자 하는 공공성의 논리가 있다. 생명 분야에서는 공공성의 논리가 상생의 논리로 언급될 뿐이다.

그러나 생명 분야는 단순히 시장과 이윤의 논리만으로 부족한 보다 필연적이고 근본적인 문제가 있다. 지키지 않으면 시장 선점에서 도태되어 사라질 수 있다는 시장 논리가 인권 표준에 적용되듯이 생명을 다루는 생명 표준에도 마찬가지 논리가 적용된다. 다만, 생명 분야의 표준에는 인권 표준보다 더 직접적으로 생명을 다루는 영역에서 시장의 논리가 맞물려 있다는 점이 다르다. 때문에 생명 분야의 표준은 공공성 확보라는 표준의 본질적 기능을 볼 때 상생의 논리가 시장의 논리를 더욱 제한할 필요가 있다.

생명 분야의 시장 논리와 표준

" '5년 전쯤 유산균이 위장에 있는 헬리코박터균의 활동을 억제한다는 연구 결과를 내놓자 과학자들이 잘 믿지 않는 데 놀랐습니다. 유산균은 장에서나 작용한다는 선입견 때문이었을 겁니다. 반면 사업가들은 눈이 번쩍 뜨여 달려들었습니다.' 그가 개발한 헬리코박터균 억제 유산균은 내로라하는 유제품 업체에 이전, 상품화돼 날개 돋친 듯 팔리고 있다. 그 덕에 기술료도 꽤 받고 있다고 한다."

로레알코리아와 유네스코한국위원회가 주는 여성생명과학진흥상을 수상한 한 생명공학 교수의 발언을 보도하고 해석한 중앙일보 2005년 6월 24일자 기사다. 기사 제목은 "생명공학 국제표준 서둘러야 세계시장 선점"이다. 유네스코의 숨겨진 목표와 구조적 기능을 비판하고자 하지 않는다면, 교육 · 과학 · 문화 부문의 국제 협력을 도모함으로써 세계 평화에 기여하는 것을 목적으로 하는 유네스코가 과연 생명공학의 결과를 상품화해서 성공했기 때문에 생명과학진흥상을 주었을까? 아마도 수상자 본인도 이 해석에는 찬성하지 않을 것이다.

이 교수가 생명공학 분야의 국제표준화를 주장하고 이를 통해 시장을 선점해야 한다고 주장한 것은 사실로 짐작된다. 그러나 그것의 목표가 시장 선점을 통해 상품화하고 그 이윤을 취득해 부를 축적하는 것이었을까? 그렇다면 생명의 논리나 상생의 논리가 아니라 시장의 논리며 이윤의 논리다. 그것은 국제표준화기구ISO가 지향하는 목표도 아니며 표준의 진정한 기능도 아니다.

그러나 시장의 논리가 표준 본래의 기능과 목표에 걸맞을 수도 있다. 침략 전쟁에 맞서 민족주의를 부르짖고 자국의 식민지화를 거부하는 전쟁이 올바른 것처럼, 강대국의 시장 선점으로 인해 입을 피해를 방지하기 위해 표준을 통해 시장을 선점할 필요는 있다. 더 나아가 국제 관계에서는 타국보다 더 나은 조건을 쟁취하기 위해 시장을 선점하는 것도 용인될 수 있고 필요하다. 개인들의 관계에서는 여러 가지 이유로 물질적 손해와 현세적 양보를 감수하면서도 정신적 가치나 내세적 대가를 추구하는 경우가 있지만, 국가들의 관계인 국제 질서에서 이것은 환상에 불과하기 때문이다. 다만 더 우세한 지위를 획득하기 위한 선점은 어디까지나 타국 국민들의 인권과 생명을 유린하는 것이 아니어야 한다.

표준은 천상의 규범이 아니므로 그 자체로 이윤 논리의 수단이 될 수도 있고 지배 논리의 도구가 될 수도 있다. 그러나 이러한 부정적 기능을 예방하는 것이 국제표준화기구의 원칙으로 명시되어 있듯이 표준 제정에서 항상 염두에 두어야 할 사항이다. 특히 생명 분야에서 표준이 상업화되어 시장의 논리만 적용된다면, 부당한 기업들의 이윤 추구에 생명이 희생될 수밖에 없다. 그것은 사회적 책임SR이라는 새로운 국제표준에도 부합하지 않는다. 또한 사회적 약자를 보호하고 공공성을 확대하는 표준의 기능에도 역행하는 것이다. 암이나 에이즈 같이 치료비와 약값이 매우 비싼 경우, 표준이 공개되지 않고 특허처럼 독점권을 허용하는 방향으로 나간다면 가난한 사람들은 표준으로 인해 더 손해를 보고 심지어는 생명을 빼앗기기도 하는 절박한 상황이 발생한다.

상생의 논리와 표준

표준의 이용이 이처럼 자칫 치명적일 수 있음에도 표준에 주목하는 이유는 표준이 본질적으로 생명의 순환을 따르며 상생의 논리를 촉진시킨다는 점 때문이다. 생명 분야에서 우리는 수많은 표준을 접하고 있다. 생명체 자체가 이미 표준에 따라 생성되고 진화해 왔다. 동물과 식물의 차이, 수중생물과 육지생물 및 창공의 생물이 갖는 차이, 영장류와 비영장류의 차이, 남자와 여자의 차이 등은 모두 각각의 표준이 다름으로써 생겨나는 차이다. 이러한 차이를 인간이 인식해 각 군집의 표준에 이름 붙인 것이 린네Carl von Linne의 학명scientific name이다. 따라서 우리의 육체와 생활방식은 이미 알게 모르게 우주와 생명의 표준을 따르고 있으며, 앞으로도 그러할 것이다.

이제 생명 분야 표준은 기술의 비약적 발전으로 인간 생체 인식의 표준화로 나아가고 있다. 국제표준화기구 생체인식분과 기술위원회(JTC1/SC37)는 2002년부터 현재까지 총 27종의 국제표준을 제정해 왔으며, 우리나라도 지금까지 '생체인식 API 적합성 테스트' 및 '정맥 인식 기술' 등 3종에 대한 국제표준을 제정했다(IT Daily, 2008.07.06.). 또한 우리나라는 'DNA 인식' 및 적합성 평가 기술 등 16개 기술 분야의 프로젝트 에디터로 참여하고 있는 등 활발한 국제표준화 활동을 전개하고 있다.

사람마다 다른 특정 신체 부위를 가려내 보안 장치의 열쇠로 활용하는 기술 분야인 생체인식의 표준화는 복잡한 암호 기억, 신분증 소지 등의 번거로움을 없애고, 분실이나 위 · 변조의 위험을 해소해 전 세계적으로 활용 범위가 확대될 것으로 전망된다. 물론 표준 자체가 그렇듯이 생체인식 표준도 악용될 소지가 없는 것은 아니다. 최근 급증하고 있는 인터넷 금융 사기가 이 표준화로 인해 더욱 정교해질 가능성도 있으며, 개인에 대한 체제의 감시가 더욱 정확하고 치밀해질 수도 있다. 그러나 이것은 운영의 문제일 뿐 그 자체로 발전을 포기할 명분이 되지는 못한다.

중요한 것은 이러한 표준화 발전을 어떻게 상생의 논리로 끌어가느냐다. 표준은 순환의 이득을 최대화하는 생명의 흐름과 같다고 얘기했다. 적어도 생명의 분야에서 인간은 유일무이한 생명체가 아니며, 다른 생명으로부터 독립된 생명체도 아니다. 생태계와 환경에 의해 끊임없이 영향을 받으며 더불어 순환하는 생명일 뿐이다. 생명 흐름의 본질은 순환이며, 그 순환은 직접적인 교환의 관계가 아니라, 장기적 순환의 고리로 이어지는 증여의 관계다. 다른 생명으로부터 자신에게 없는 것을 제공받고, 또 자신이 가진 것을 갖지 못한 또 다른 생명에게 주는 흐름이다. 이로써 생태계 고리 전체적으로 최대의 이득이 생겨나는 것이다. 이 생태계에는 비단 유기체만 존재하는 것이 아니다. 무기체일지라도 궁극적으로 생명의 순환에 포함된다. 이러한 표준은 생명의 흐름을 차단하는 인간의 질서를 의미하는 노모스가 아니라, 인간을 포함한 모든 생명의 흐름을 담아내는 우주와 자연의 질서인 코즈모스를 표현하며, 또 그래야 한다.

생체 인식과 그 기술의 표준화도 부정적으로 이용될 경우, 악법이나 잘못된 제도처럼 노모스가 될 수 있다. 그러나 생명과 순환의 본질을 살리는 표준화로 나아간다면 보안뿐만 아니라 의학의 발전에도 크게 기여할 수 있을 것이다. 표준화 자체도 유사한 위험성은 존재한다. 코즈모스를 본질로 한다 하더라도 이 표준을 제정하고 운용하는 것은 노모스 안의 인간이기 때문이다. 그렇지만 표준은 노모스가 더 가시적으로 구현되어 이 노모스에서 이득을 보는 기득권층이 지키고자 하는 경직된 법이나 관습과 달리 순환의 자연스런 흐름처럼 자발성과 합의를 토대로 하므로 노모스의 질곡을 덜 받아 상대적으로 더 유연하다. 그러나 표준도 상황에 따라 시장의 논리에 매몰될 수 있고 그럴 경우에는 기존의 법이나 관습 등의 노모스와 다를 바 없게 된다. 표준이 표준으로 남아 그 본질을 구현하는 것이 코즈모스로 기능하는 것이다.

제5장

국가 표준 정책의 방향

2011년 12월 17일 지식경제부는 국가 표준 정책의 큰 틀을 담은 국가표준기본계획을 공표했다(지식경제부 2011). 이미 2010년 10월에 국가표준심의회가 2015년 세계 7위권의 표준강국 진입을 목표로 하는 기본계획의 수립을 예고한 데 따른 것이다. 이 기본계획은 1999년 2월에 법률 제5930호로 제정 · 공포된 국가표준기본법에 따라 5년 단위로 수립되어온 것으로 그 세 번째에 해당한다.

2001부터 2005년까지 시행된 제1차 기본계획은 국가표준정책의 중요성과 국가표준화제도의 미비를 인식하고 제도화의 기치를 내걸었으며, 2006년부터 2010년까지 시행된 제2차 기본계획은 첨단산업을 발전시키고 국제표준화에 효과적으로 대응하려 했다. 이러한 1, 2차 계획의 성과를 토대로 제3차 기본계획은 2011년부터 향후 5년 안에 명실공히 표준강국으로 부상하겠다는 의지를 담았다.

표준강국 부상 목표와 국민 실생활 개선 중시

제3차 기본계획은 입안 단계에서부터 50여명의 민간 표준 전문가가 참여하여 분야별로 추진 과제를 발굴하고 관계 부처의 협의를 거친 것으로 알려졌다. 구체적 내용은 미래 성장 동력을 지원하는 표준 개발, 기업하기 좋은 표준 기반 구축, 편리하고 안전한 사회를 위한 표준화, 민간과 정부가 함께하는 표준 행정 등 4대 분야를 중점 과제로 삼고 151개 시행 과제를 확정한 것이었다.

무엇보다 이 기본계획의 가장 큰 특징은 제품 호환성 확보나 생산성 극대화 등 산업 발전에 초점이 맞춰진 기존 계획들과 달리 생활공감 서비스, 사회 안전, 공공행정 분야 등으로 확대해 국민들의 실생활 개선도 국가 표준의 기본 방향으로 삼은 것이다. 이로써 휴대전화 문자입력 방식의 통일과 이어폰 잭의 통일 및 병원간 검사 결과의 공동 활용을 통해 국민 편익의 증진을 기대할 수 있게 됐다.

다른 삼대 과제들도 물론 중요하다. 녹색 성장, 신성장 동력, 고부가 서비스 등 미래 성장 동력이 될 원천 표준 개발을 확대하고, 이를 국제 표준으로 제안하면서 우리 기술의 국제 경쟁력을 높이며, 민간 표준 활성화와 표준 관련 부처간 협력 증진 등을 통해 선진형 표준 체계를 구현해 나가고자 했다. 우선 스마트그리드나 전기차, 3D 분야에 대한 표준화 대응이 강화될 예정이다.

제3차 표준기본계획에 거는 기대는 결코 적지 않다. 미래 성장 동력의 강화와 국제표준화 대응을 추진할 뿐만 아니라 국민 실생활에 도움이 되고자 하려는 노력이 분명하기 때문이다. 그렇지만 기대가 큰 만큼 이 계획의 성과를 올바로 전망하기 위해서라도, 2000년대 들어와 본격화되기 시작한 우리 표준 정책이 과거 두 차례의 기본계획을 통해 제대로 성과를 거두었는지, 그리고 그 성과에 대한 성찰을 충분히 해왔는지를 되새겨 볼 필요가 있다.

제1차 국가표준기본계획의 성과와 한계

우선 2000년대 초반을 장식한 제1차 국가표준기본계획은 국가표준제도 기반 구축, 적극적인 국가표준 선진화 활동 전개, 기술 무역 장벽 해소 노력 강화, 남북한 표준 통일 준비를 4대 기본 과제로 선정했다(국가표준심의회 2000). 최초의 표준기본계획인 만큼 이 계획은 국가 표준 제도의 기반 구축에서 시작해 표준을 점차 발전시키고 국제 무역 장벽에 대처하며 남북 표준 통일을 준비한다는 토대 작업에 초점을 두었다.

그에 따른 정책적 노력의 결실로 실제 국가 표준 제도가 발전하고 표준의 수도 눈에 띄게 증가했으며 남북한 표준에 대한 연구도 활성화되었다. 국가 표준 수가 2000년대 중반에 거의 두 배로 증가했을 뿐만 아니라, ISO와 IEC의 기술위원회나 사무국의 의장 혹은 간사로 진출한 우리나라 전문가들도 비약적으로 증가해 2005년에는 2001년의 여덟 배 가까운 45명을 헤아렸다(정병기 2008, 121~122 참조). 뿐만 아니라 국제표준 제안에 있어서도 2001년도 15건에서 2005년도 77건으로 거의 다섯 배가 넘는 수준으로 증가했다.

그러나 이러한 성장에도 불구하고, 표준화 선진국과 비교해 볼 때 그 수준은 아직 미약하다. 그동안 우리나라가 꾸준히 활동해왔으며 상대적으로 전략적 비중이 높은 IEC의 2000~2005년 누계를 보면, 우리나라 의장 및 간사 진출은 독일과 미국의 약 7분의 1에 불과했고, 일본에 비해서도 약 5분의 1 수준을 넘지 못했으며, 표준 제안 수도 이 국가들에 비해 약 5분의 1 내지 10분의 1 수준에 불과한 상황이었다(정병기 2008, 122).

또한 제1차 기본계획이 마감되는 2005년에 당시 산업자원부의 한 관계자가 "KS를 관리하는 기표원이 산자부 산하 1급 부처다 보니 다른 부처에 협의를 요청해도 아예 상대를 안 해줘 산자부 공무원이 '얼굴 마담' 으로 나가는 촌극까지 벌어지고 있다."(중앙일보, 2005.08.22.)고 털어놓았듯이 표준은 국가 정책에서 여전히 크게 주목받지 못하는 상황이었다. 게다가 최고 표준관련 기구인 국가표준심의회가 당시까지 한 번도 열리지 않아 '개점 휴업' 이라는 비판까지 일었다.

제2차 국가표준기본계획의 성과와 한계

이어 2010년까지 국가표준의 틀을 구성한 제2차 표준기본계획은 국가표준체계 선진화, 표준기술 하부구조 강화, 국제표준화 대응역량 강화, 민간표준 활성화를 4대 기본과제로 채택했다(산업자원부 2006). 제1차 기본계획의 성과를 이어받아 한 걸음 더 진전된 과제들을 선정한 것으로 볼 수 있다. 국가 표준 제도의 기반을 구축했다는 판단에서 국가 표준 체계를 선진화하고 표준 기술의 하부 구조를 강화하려는 것이고, 더 나아가 국제표준화에 적극 대응하며 공공 표준뿐만 아니라 민간 표준까지 활성화하겠다는 것이었다. 특히 부처별 표준간 중복이나 이원화 및 중복 인증 문제를 해결하고 적합성 평가 제도를 국제 기준에 부합시키는 것을 크게 강조했다.

이 기간의 성과도 국가 표준 수와 국제 표준화 기구 임원 수임 및 국제표준 제안에서 뚜렷하게 나타났다. 국가표준 수가 지속적으로 크게 증가했을 뿐만 아니라, ISO/IEC의 의장 혹은 간사로 진출한 전문가들이 2009년에는 2005년에 비해 두 배로 증가해 95명에 달하고, 국제표준 제안 수도 2005년에 비해 약 4배로 증가한 327건이나 되었다(기술표준원, 2011, 43).

그러나 제3차 표준기본계획이 발효한 현재에도 우리나라의 국제표준화 전략은 인적 구성이나 제도적 기반 면에서 여전히 부족하다. 2009년 ISO/IEC 기술위원회 정회원 가입률이 80.7%에 이름에도 불구하고 실제 회의 참가는 2005년의 절반으로 줄어든 279건에 불과했으며, 독일, 미국, 일본에 대한 ISO/IEC 임원 수임 비율도 나아지지 못했다(기술표준원, 2011, 43). 더욱 심각한 문제는 경직되고 중복된 적합성 평가 체계다. 현재 우리나라의 인증제도는 정부 20여개 부처의 98개 법정 인증이 난립하고 있으며 여기에 민간 인증 60개를 합하면 모두 160여 개나 된다. 중복 인증도 심각해 환경 부문을 예로 들면 2008년 1분기에만 1만3577건의 심사건수 중 200건(1.47%)이 중복심사인 것으로 나타났다(시민사회신문, 2008.08.11.).

성과를 토대로 한계를 극복하는 표준정책으로 나아가야

아직 극복해야 할 한계들이 적지 않지만, 10년이라는 짧은 역사에도 불구하고 국가표준기본계획이 이뤄온 성과는 놀라운 수준이다. 크게 보면 표준의 양적 발전과 국제 표준 무대의 진출 확대가 대표적 성과다. 반면 IT 기반의 국가표준 정보화, 세계적 단체 표준화 기구와의 협력 강화, 국제 공인 시험제도 확산, 대학의 표준화 교육 확충, 표준화 기구의 독립성 확보와 효율화는 아직 한계로 남아 있다. 특히 남북 관계의 변화에 따라 통일을 겨냥한 표준 정책이 제대로 발전하지 못하고 있는 것도 안타까운 일이다. 여기서는 국가 표준 정책과 관련해 구체적 과제인 IT 기반의 국가표준 정보화, 세계적 단체 표준화 기구와의 협력 강화, 국제 공인 시험제도 확산, 대학의 표준화 교육 확충 그리고 표준화 기구의 독립성 확보와 효율화에 한정해 간략히 언급하고자 한다.

IT기반의 국가표준 정보화

IT 분야에서 우리나라는 이미 둘째가라면 서러울 정도의 강국이 되었다. IT는 전통적인 산업선진국들과 상대해 우리나라가 국제적 비교 우위를 확보한 영역인 것이다. 물론 전통적인 산업 영역에서도 표준화에는 지속적으로 노력해야겠지만, 국제표준화 영역에서는 비교 우위를 가진 분야를 집중적으로 공략할 필요가 있다.

그러나 주의할 것은 아무리 비교 우위를 가지고 있다고 하더라도 그 분야가 다른 산업 분야들로부터 뒷받침을 받지 못한다면 결국 전체적으로 다시 강대국들에 종속된 경제 체계를 가지게 된다는 점이다. 또한 표준화에 있어서 분야별로 표준화 기구들이 독립적으로 존재할 때 사회적 비용이 많이 들 뿐 아니라 종합적 지식과 시설을 충분히 활용할 수 없다는 점이다.

따라서 IT 분야에 초점을 두되 다른 산업 분야들과 보조를 맞추어야 하며, 표준화 기구들의 특화된 전문성을 살리되 최소한 긴밀한 협력과 조정체계를 갖추어야 할 것이다. 구체적으로 현재 운용 중인 표준 제정 · 검색 · 투표 시스템 등 관련기관 간의 네트워크를 대폭 보강하여 IT기반의 국가표준 정보화 시스템을 수립할 필요가 있다.

세계적 단체 표준화 기구와 협력 강화

국제 표준화 기구와 타국 국가 표준화 기구를 대상으로 하는 활동도 중요하지만, 국제 표준화 기구나 국가 표준화 기구 내에 준회원 혹은 참관회원으로 참여하는 단체 표준화 기구들을 대상으로 하는 활동도 대단히 중요하다. 특히 미국의 ANSI처럼 세계적으로 활동하는 단체 표준화 기구들로 구성된 경우에는 더욱 그러하다. 대표적으로 재료 부문의 미국재료시험협회ASTM나 미국기계기술자협회ASME 및 전기전자기술자협회IEEE 등이 중요한 대상이 될 수 있다.

더 나아가 우리나라는 국제적으로 이러한 표준화 기구들을 대상으로 활동할 뿐 아니라 우리나라 내에서도 국제 표준화 기구를 겨냥해 적극적으로 활동할 수 있는 전문적 단체들을 지원할 필요가 있다. 학회나 협회의 경우에는 그 전문성을 기반으로 인적으로나 조직적으로 국제 표준화 활동에 깊이 관여할 수 있기 때문이다. 실제 국제 표준화 기구들마다 조직 구성이 다르지만 세계적으로 활동하는 단체 표준화 기구들은 국제 표준화 기구에 적지 않은 영향력을 행사하고 있다.

이러한 기구들을 대상으로 하는 활동은 포럼이나 컨소시엄의 형태가 많다. 이러한 유형의 표준화 활동들을 적극적으로 유치하고 그 결과를 내면화하는 것이 필요하다. 여기에는 당연히 정부 차원의 협력이 크게 도움이 될 것이다.

국제 공인 시험제도의 확산

현재 우리나라는 기술 장벽에 직면한 수출 기업에 대한 지원 정책에서 국제 공인 시험 · 분석 역량 미흡으로 정책의 실효성이 저하된다는 지적을 받고 있다. 실제 국제 공인 인정기구인 한국교정시험기관인정기구KOLAS를 통해 세계 45개국과 상호 인정 체계를 구축하고 있지만 신성장 분야 시험 능력은 선진국 대비 23%에 불과하다(기술표준원 2008). 그로 인해 해외로 유출되는 시험 비용은 해마다 2.1조원 규모며 국내 1만 개 이상의 일자리가 외국으로 유출되는 상황이라고 한다.

이러한 문제를 해결하기 위해 정부는 향후 장기 계획을 통해 각 부처 법령의 시험 · 검사 제도에 KOLAS를 확대 반영하여 국내 시험 성적이 외국에서 인정받을 수 있도록 하는 등 교정 · 시험 · 검사, 시스템인증, 제품인증 관련 국제 인정 기구 등의 가입을 확대하여 국제적인 인정 연계성을 강화할 예정이다. 특히 한-미 FTA 등 국가간 자유 무역 협정과 국제 환경 규제에 적극 대응하기 위해 수출품 시험 분석을 위한 설비 현대화를 추진하고 국제 공인 시험 제도를 국내 모든 관련 기관으로 확산해 나갈 것이라고 한다.

이 계획을 성공적으로 실현하기 위해서는 시험 · 분석 능력 확보가 필수적이다. 거꾸로 이 능력의 확보는 수출시 외국 시험기관 이용과 수출품의 중복시험 방지 등 기업의 부담을 줄이는 데에도 기여할 것이다. 이것은 국내 표준화 교육의 확충과도 관련된다.

대학의 표준화 교육 확충

표준화 영역에서 상대적으로 후발 주자라고 할 수 있는 일본은 이를 만회하기 위해 대학의 표준화 교육을 강화하고 있다. 그러나 우리나라는 아직 대학에서의 표준화 교육이 정착되지 못한 상태며, 이것은 다시 사회의 표준화 인식 결여와 연결되고 있다.

어느 정도 표준을 인식하고 그 중요성에 동의하는 경우에도 공학 분야에 한정된 것으로 이해하는 경우가 대부분이다. 그러나 표준은 이제 전 사회 영역에 걸쳐 새로운 규범으로 자리잡고 있다. 전문가나 종합 교양인을 양성하는 대학에서 이러한 표준을 이해하지 못한다는 것은 대학 교육의 치명적인 결함이 될 수 있다.

또한 현대 사회에서는 산업과 경제가 정치 및 사회 영역과 긴밀하게 맞물려 있다. '사회적 자본' 이라는 말이 회자될 정도로 사회적 유대와 교육적 효과가 산업과 경제에 미치는 영향은 막대하다. 현실적으로도 특히 정밀 첨단 산업 분야에서는 산 · 학 · 연 간의 참조표준 데이터 공동 개발이 대단히 중요하다. 대학에서의 표준화 교육 강화와 산 · 학 · 연 공동 작업은 향후 표준 전문가 양성에도 크게 기여할 것이다.

표준화 기구의 독립성 확보와 효율화

거시적 차원에서 국가 표준화 체계가 수립되면, 다음으로 긴요하게 추진되어야 할 것은 표준화의 핵심 주체인 국가 표준화 기구의 독립성 확보를 통한 권한 강화와 효율화다. 민간 표준화 기구와 기타 전문가 단체들의 활성화도 중요하지만, 이들을 다시 조정하여 국가 차원에서 통일성 있고 일관성 있는 전략과 정책을 추진하는 것은 국가 표준화 기구기 때문이다.

또한 현대 사회에서 표준의 영역은 국민 생활의 전 분야에 걸쳐 있다고 해도 과언이 아니므로, 국가 표준화 기구가 독립성과 권한을 확보하지 못한다면, 표준화 활동이 각 부처들로 흩어져 제대로 수행되지 못하거나 표준화 기구가 각 부처의 이권 다툼의 장으로 변질될 수 있기 때문이다.

현재 우리나라 표준화 기구는 표준 제정에서부터 적합성 평가에 이르기까지 매우 다양한 법률과 기구들의 병존으로 각인된다. 그에 따라 부처별 중복 운영을 피하기 위해 〈제2차 국가표준 기본계획〉을 확정하기도 했으나, 관계 부처의 비협조로 실질적인 진척을 이루지는 못했다. 따라서 표준화 기구의 효율화를 위해서는 정부의 긴밀한 협조를 받아 이러한 근거 법률과 기구의 난립을 조정할 필요가 있다.

우선 정부 부처에 산재한 표준과 기술규정을 통합적으로 조정하는 체계를 수립해야 한다. 국무총리가 주재하는 국가표준심의회가 있지만 실제로 종합하고 조정하는 기능을 수행하지는 못하고 있다. 보다 실무 능력을 갖춘 영향력 있는 인물들로 구성된 조직이 수립될 필요가 있다. 또한 국가기술표준의 대외 창구인 기술장벽TBT 사무국의 운영에서도 국가 차원의 통합이 필수적이다.

인증 제도의 통합과 조정도 마찬가지다. 수많은 인증 마크가 난무할 뿐만 아니라 한 제품이 여러 개의 인증 마크를 취득해야 하는 경우도 적지 않다. 제품의 성격에 따라 인증 제도가 다르기 때문에 나타나는 현상으로 적지 않은 시간적 · 경제적 낭비를 초래하는 일이다. 유럽연합의 CE 마크처럼 단일 인증 제도로 운영하는 방안을 마련해야 할 것이다.

제6부

국제 규범과 통일 규범으로 기능하는 표준

제1장

국제 경제 질서의 쟁점, 표준

1995년 WTO는 제품과 서비스의 회원국간 이동시 관세 장벽을 낮추고 보건, 환경, 안전에 관한 기술규정을 제외한 기술 장벽을 제거하는 협정을 체결했다. 그러나 이러한 예외 규정을 활용한 유럽의 환경기준(WEEE, RoHS, ELV, EuP 등)[1]을 필두로 중국(전자제품 오염방지법, 폐가전제품 재활용법), 일본(유효자원 이용촉진법, 가전 · 자동차 재활용법), 미국(전자폐기물 재활용법, 휴대전화 재활용법) 등도 유사한 환경 규제 정책을 내놓고 있으며 이와 같은 기술규정은 관세 장벽보다 더 높은 무역 장벽으로 다가오고 있다. 실제 1999년 OECD 자료에 따르면 기술규정과 각국의 다른 표준들이 기술 장벽으로서 국제 무역에 미치는 영향은 80%에 달했다(김창수 2001, 2).

국제 표준화 기구들이 환경, 보건, 안전 등에 관한 국제 표준을 제정하는 것은 이 부문들이 국가들간 무역 경쟁의 수단이 됨으로써 인간의 행복추구권을 침해하는 것을 방지하기 위해서다. 그러나 국제 질서는 '만국에 대한 만국의 투쟁' 원리가 작용하는 무대다. 따라서 위와 같은 국제 협약이나 기구들조차 강대국의 이익을 위해 희생될 수 있다고 할 수 있다. 회원국 모두가 함께 참여해서 공동으로 제정할 수 있는 규칙이 보장된다면,

1 WEEE(Waste Electrical and Electronic Equipment): 폐전자제품 처리 지침; RoHS(Restriction of Hazardous Substances): 유해물질 제한 지침; ELV(End of Life Vehicle): 폐자동차 처리 지침; EuP (Energy-using Product): 에너지 사용 생산 관련 지침.

국가들간 합의에 의한 국제 표준을 통해 이러한 무역 경쟁을 제한할 수 있을 것이다. 이러한 의미에서 표준은 국제 사회에서 새로운 무역 규범으로 작동한다. 최근 체결된 한-EU FTA를 통해 국제 경제 질서의 쟁점이 되는 표준의 문제를 알아볼 수 있다. 한-EU FTA는 한-미 FTA에 비해 국민들의 비판을 상대적으로 덜 받는 공정한 협정으로 알려지고 있어 표준의 의미를 파악하기에 더 적당하기 때문이다.

물론 다른 국제기구들처럼 국제 표준화 기구 자체도 무역 경쟁의 장이 될 수 있다. 무선랜 보안 표준을 둘러싼 중국과 미국의 경쟁이 그러한 우려가 현실화되었던 경험이다. 그러나 정치 영역이나 경제 부문에 한정된 국제기구들과 달리 표준화 국제기구는 강대국과 초국적 기업의 영향력이 상대적으로 적게 작용한다고 할 수 있다. 일국 내의 경우와 마찬가지로 표준은 언제나 다수 소비자들과 함께 가기 때문이다. 국제 사회에서도 표준은 문화 영역에까지 광범위하게 확장되어 합의와 동의를 더 중시하는 절차를 가지고 있으며 자발성에 기초한다는 점에서 국제 사회에서 한층 더 유용한 규범이자 게임의 규칙으로 작용할 수 있다(강병구 2009 참조).

한-EU FTA 협상의 주요 쟁점, 표준

한-EU FTA는 협상 과정에서 관세 협상이 합의된 후 표준이 가장 첨예하게 대립하는 분야로 떠올랐다. 그에 따라 정보통신정책연구원도 한 보고서(남상열 · 김성웅 2008, 4)를 통해 한-EU 간에는 표준을 포함하는 FTA를 체결함으로써 더 높은 투명성 및 자율성을 확보해 제도 개선을 도모할 수도 있지만 반대로 표준이 더 큰 규제 수단으로 작용할 수도 있다고 밝힌 바 있다. 상품뿐만 아니라 서비스 분야에도 표준 문제가 심화되고 그로 인해 FTA 같은 시장 개방 기회를 통해 상대국으로부터 이익을 얻을 수 있으므로 양측이 모두 욕심을 내는 것이 당연하다고 했다.

사실 EU는 외형적으로 단일체지만 내부적으로는 28개 회원국으로 구성돼 있어 각 회원국의 제도들이 단일하게 수렴되는 것은 쉽지 않다. 따라서 회원국들간 민감한 사안에 대해서는 협정을 맺지 않으려 하는 반면, 어떤 회원국에도 손해가 되지 않아 상대적으로 덜 민감한 사안에 대해서는 적극적으로 협정을 맺으려 한다.

표준 분야는 이 두 요인이 모두 작용하는 주요 쟁점 중의 하나다. EU는 회원국 모두에게 확실하게 유익하도록 협정을 유도하려 했을 뿐 아니라, EU 전체 차원에서는 이익이 된다는 계산이 나올지라도 한 회원국에게라도 손해가 될 만한 내용에 대해서는 협상에 임하려 하지 않았다. 특히 표준 선진국이 대거 포진하고 있을 뿐만 아니라 유럽 전체 차원에서도 유럽표준화위원회CEN를 통해 상당한 수준의 선진 표준을 이룩하고 있는 EU와의 협정이라는 점에서 우리나라는 이 협정에 대해 더욱 예민하게 대응할 수밖에 없었다.

체결 협정문에 드러난 표준 관련 분야

한-EU FTA 협정문에서 표준이라는 단어는 무려 87회에 걸쳐 등장한다(대한민국과 유럽공동체 및 그 회원국 간의 자유무역협정). 이와 같이 빈번한 언급을 통해 전자제품과 자동차뿐만 아니라 의약품, 농산물, 지식재산, 정부조달과 무역 등 모든 영역에서 표준이 다루어졌다. 또한 제4장 '무역에 대한 기술장벽' 에서 기술규정(제4.4조)과 표준(제4.5조)에 관한 별도의 규정을 둠으로써 표준과 관련된 쟁점들은 더욱 중요하게 취급되었다. 협정 내용은 대개 ISO, IEC, ITU가 제정한 국제표준과 TBT 협정을 준수하고 상호 표준 발전을 위해 협력한다는 것이다. 이 내용들은 국제적 기준과 경험으로 볼 때 특별히 불리한 사항을 포함하지 않은 것으로 보인다.

무엇보다 'Made in EU' 라는 원산지 표기를 허용하지 않기로 한 점은 우리 협상팀의 중요한 공적으로 인정된다. EU는 제품이 회원국 내 여러 국가를 거쳐 제조되는 경우 원산지 결정이 어렵다는 이유로 EU라는 원산지 표기를 허용할 것을 강력히 요구했었다. 그러나 우리나라는 소비자 선택권 제한 등을 이유로 수용 불가 입장을 고수해 요구 철회를 이끌어냈다. 자동차 부문에서도 관세율을 낮추는 대가로 자동차 개별 소비세와 배기량 기준 자동차 세제를 내줘 '조세주권 양도' 라는 비판을 받았던 한-미 FTA와 달리 이런 문제가 불거지지 않았다.

국제표준화 노력으로 불리한 조항 극복해야

민변의 발표에 따르면, EU가 줄기차게 요구해온 자동차 관련 표준을 우리가 양보한 것은 중대한 결함이다(오마이뉴스, 2011.04.05.). 우리나라가 협정 발효 5년 안에 유럽 자동차 기준에 일치시켜야 할 안전 기준은 29개 사항에 달하지만, EU가 우리나라 기준에 일치시켜야 할 안전기준은 단 한 개에 불과했다. 전기담요, 전기다리미, 전선, 퓨즈 등 전기안전 인증제도의 침해도 문제였다. 각종 전기용품에 대한 화재와 감전 등의 위험과 장애 우려가 큰 용품에 대해 현행법으로 안전 인증 기관에서 정기적 검사를 받도록 돼 있는 사항이 한-EU FTA에서 사실상 폐기됐기 때문이다.

물론 이에 대한 반론도 있었다. 기술표준원 측에서는 민변이 주장한 국내 전기용품에 대한 안전 인증 제도가 마치 국내 전기용품에 대한 안전 검사 제도에 심각한 문제가 발생한 것과 같이 보도되었지만, 실제로는 전기용품 안전관리법에 따라 일부 안전에 대한 위해도가 낮은 제품에 대해 선진국형 공급자적합성선언SDoC 방식의 인증 제도를 도입하기로 했다고 밝혔다.[2] 새로운 공급자적합성선언 방식의 인증제도와 더불어 화재와 감전

2 이 내용의 칼럼을 쓰는 과정에서 받은 기술표준원 담당자 조언의 내용.

등 전기 안전에 각별히 우려가 되는 전기담요, 전기다리미, 전선 등 53개 품목에 대하여서는 국내외 제품을 불문하고 적합성 보증을 계속 요구할 수 있다는 것이었다.

유럽산 광우병 검역 문제는 다소 독소적인 조항으로 지적된다. 한-EU FTA 협정문에서는 나라별 수입 요건을 정할 때 국제수역사무국OIE 지침과 기준을 따르도록 돼 있다. 특히 유럽과 같은 넓은 지역에서 특정 국가에 대해 광우병 안전 지역 또는 광우병 발생 지역을 결정할 때 해당 수출국 결정을 고려하도록 했다. 이는 수출국 스스로 안전 지역 등을 객관적으로 증명하도록 한 WTO 규정과도 모순된다.

이러한 독소조항에도 불구하고 한-EU FTA는 국회의 비준에 따라 효력을 발휘하게 되었다. 그러나 적어도 국제표준을 준수하기로 했으므로 우리나라의 국제표준화 노력 여하에 따라 해소될 수 있는 문제도 적지 않다. 그렇지만 국제표준 전략을 추구하기에도 우리나라는 EU에 비해 인력이나 가동 자원이 턱없이 부족하다. 협정에 명기된 주요 국제 표준화 기구는 사실상 EU가 장악하고 있다고 해도 과언이 아니기 때문이다.

국가 표준 체계 효율화와 표준 전문가 양성 시급

2009년도 ISO와 IEC의 간사 수를 보면, 독일, 영국, 프랑스, 이탈리아, 스웨덴, 네덜란드, 이탈리아가 도합 443명을 차지한 반면, 우리나라는 18명을 배출하는 데 그쳤다(기술표준원 2011). 그중에서도 독일, 프랑스, 영국은 모두 ISO와 IEC에서 4위권 안에 든다. 또한 2000~2005년 표준제안 건수를 보더라도 우리나라는 125건으로 아직 이들 나라들 전체에 미치지 못하는 수준이다.

게다가 CEN의 활동은 EU의 적극적 지원을 받아 유럽 표준을 ISO와 IEC의 국제표준으로 채택시키기 위한 전략을 추진했다(정병기 2007b, 89~91).

1991년과 1996년에 각각 발효된 '비엔나 협정' 과 '드레스덴 협정' 을 통해 유럽 표준들이 그대로 ISO나 IEC의 표준 원안으로 취급돼 기술위원회 심의를 거치지 않고 곧바로 표준 제정 투표에 회부되는 바이패스가 보장된 것이다.

거인과 싸우는 아이의 상태에 처한 것이 우리나라의 상태다. 그러나 골리앗과 싸워 이긴 다윗의 경험은 신화가 아니라 역사적 사실이다. 이제라도 국제표준화 과정을 주시하고 국제표준화 전략을 더욱 적극적으로 추진해야 한다. 그리고 이러한 전략의 추진을 위해서는 표준 전문가의 양성과 국가 표준 체계의 효율화가 시급하다. 표준 전문가 양성이 대학 교육을 통해서도 이루어질 필요가 있으며, 부처간 산발적으로 흩어진 표준 체계를 통합해 국제적 도전에 효과적으로 대응해야 한다. 한-EU FTA의 결과는 표준 전쟁의 승패에 달려 있다고 해도 지나치지 않다.

그러나 표준 전쟁이 극대화되면 표준의 양가성도 첨예화되며 그 부정적 측면이 가져올 파급 효과도 크다. 표준을 앞세운 강대국들의 공격에는 현명하고 강력하게 대처해야 하겠지만, 역시 동일한 시장 논리로 대응한다면 수인囚人의 딜레마처럼 양쪽 모두 피해를 보는 부메랑 효과를 맞을 수 있다. 충분한 준비와 대처를 통해 전쟁의 희생자가 되지 않도록 해야 한다. 그리고 더 나아가 국제 표준화 기구를 적극 활용해 표준이 갖는 새로운 국제 규범의 긍정적 측면을 충분히 살려 양자 모두 승자가 되는 게임의 규칙으로 만들어가도록 노력해야 할 것이다.

제2장

글로벌 사회에서 신뢰를 가꾸는 표준

매년 10월 14일은 세계 표준의 날(World Standards Day)이다. 우리나라에서도 2011년에는 지식경제부 제1차관을 비롯해 각계 인사 600여 명이 참석한 가운데 대한건설회관에서 기념식이 열렸다(지식경제부 보도자료, 2011.10.15.).

그밖에 이 행사에는 국제 표준계에서 우뚝 솟은 우리나라의 위상을 반영하듯 국제표준화기구ISO 사무총장이 참가했다. 특히 2011년은 우리나라 산업표준화법이 제정된 지 50주년이 되는 해로 그 의미가 각별해 산업표준화 50주년 행사를 함께 개최했다.

세계 표준의 날은 25개국 대표들이 1946년 런던에 모여 표준화를 추진해 나갈 국제기구 설립을 결정한 것을 기념해 제정된 날이다. 세계 표준의 날은 1970년이 되어서야 국제기구들이 공식적으로 기념식을 거행하게 되었지만, 그 의미로 따져보면 금년에 이미 예순 아홉 번째를 맞이하는 셈이다. 2011년 세계 표준의 날을 기념해 국제 표준화 기구인 ISO, IEC, ITU는 '모두에게 열린 세상을 만드는 표준' (Standards make the world accessible for all!)이라는 2010년 주제에 이어 '지구적 신뢰 창출' (Creating Confidence globally)이라는 주제를 제시했다.

우리나라도 이를 받아 '국제표준 - 글로벌 사회의 신뢰 창조' 를 내걸었다. 2010년 주제가 표준을 통해 모두에게 열려 있는 세상을 만들어 동등한 기회를 제공하고 나눔과 배려가 충만한 살기 좋은 사회를 만들어 나가자는 취지를 담았다면, 2011년 주제는 이러한 표준을 통해 국제적으로 신뢰를 창출하자는 취지였다. 이 주제를 이어간 화두가 2010년에는 공정한 사회와 따뜻한 사회였고 2011년에는 신뢰받는 사회였다. 이 두 주제나 화두는 별개의 것이 아니었다.

열린 세상과 신뢰받는 사회를 만드는 표준화 노력들

표준은 그 기능과 제정 원칙에서부터 모두에게 열린 세상을 만드는 성질을 가지고 있다. 호환성 보장과 기본 품질의 확보 및 정보 제공이라는 전통적 기능뿐만 아니라 사회통합 수단과 사회적 책임 이행 수단이라는 새로운 기능에서 표준은 모든 이용자들에게 차별성을 배제한 공공성을 추구한다. 또한 합의성과 공개성 및 정당성과 투명성, 개방성이라는 제정 원칙에서 표준은 열린 공공성을 지향한다. 2010년 세계 표준의 날에 제시된 주제는 이러한 기능과 원칙을 살려 표준을 통해 모두에게 안전하고 편리한 현재와 미래의 삶을 제공한다는 의미였다.

2011년 세계 표준의 날의 주제인 '지구적 신뢰 창출'은 모두에게 열린 세상을 만들 때 가능한 결과다. 이와 같이 열린 세상을 만들어 폭 넓은 신뢰를 창출하려는 노력은 고령자, 장애인 및 일반인 모두의 삶을 편리하고 안전하게 하는 표준을 제정하고, 선진국과 개발도상국 간의 기술 혁신과 보급을 도와주고 세계 무역을 증진시키는 표준을 제정하는 것으로 나타날 것이다.

우리나라 기술표준원도 이러한 노력에 발맞춰 2011년에는 사회적 책임에 관한 ISO 26000을 비롯해 고령자 · 장애인 등 사회적 배려 계층을 위한 국가 표준을 확충하기로 계획했다. 뿐만 아니라 수요자 친화적인 표준 개발을 위해 개개의 단위 표준들을 모듈화 · 시스템화하고, 누구에게나 접근 가능한 국가 표준 체계를 조속히 마련한다는 방침을 발표했다. 그리고

2012년에는 국제 표준이 제품이나 서비스 등의 기준을 정하고 소비자, 생산자에게 편리와 안전을 제공하여 글로벌 사회의 신뢰를 창출해야 함을 분명히 했다.

열린 세상과 신뢰받는 사회는 민주주의의 기본

발전된 현대 사회는 민주주의를 기본 질서로 한다. 적어도 중세 이후의 역사는 민주주의의 발전을 향해 흘러왔다. 민주주의라는 용어는 원래 인민demos과 지배kratos의 합성어인 '인민의 통치' demokratia라는 그리스 어에서 발원했다. 그러나 앞에서도 말했듯이 그 의미는 인민이 다른 어떤 계층이나 집단을 지배한다는 것이 아니라 아무도 지배하지 않고 누구도 지배받지 않는다는 의미에서 '인민의 자기 통치' 다. 인민의 자기 통치는 모든 사회 구성원들에게 정보와 결정권이 개방되고 사회 구성원들이 스스로 참여하고 합의를 통해 정책을 결정할 때 가능하며, 이러한 사회가 곧 신뢰받는 사회가 될 수 있다. 그리고 이것은 곧 표준의 기능 및 제정 원칙과 다를 바 없다.

표준화, 특히 공식 표준화는 '사실 표준' 을 승인함으로써 기존 질서를 공고히 하는 한편, 다양한 대안들이 다투는 상황에서 표준을 제정함으로써 새로운 질서를 창출하기도 한다. 민주주의 질서로 폭넓게 인정되는 규범들이 표준 질서로 확립되면 기존의 민주주의 질서를 공고히 하지만, 민주주의 대안들을 두고 논란이 많은 상황에서는 표준 질서를 정함으로써 새로운 민주주의가 창출된다. 정치적 측면에서는 적어도 형식적 민주주의의 기본 조건에 대해 더 이상 논란이 없을 정도로 보편 · 평등 선거나 권력 분립 및 인민의 자결권 등이 표준적인 민주 질서로 인정받고 있다.

그러나 경제와 사회적 일상에서는 아직 표준적 민주주의 질서가 확립되지 못해 각종 대안들이 난무하고 있는 상황이다. 시장 경제나 자본주의 질서 내에서도 유럽의 사회적 시장경제나 미국식 자유 시장경제 혹은 일본식 가족주의 시장경제 등 다양한 양상들이 나타나고 있다. 그 가운데 구체적인 재화나 서비스의 생산과 유통 혹은 기업과 소비자들의 행태가 보이는 차이들은 더욱 클 수밖에 없다. 지금과 같은 민주주의 사회에서 표준이 중요해지는 것은 바로 경제와 사회적 일상에서 표준이 확립되지 않았다는 방증이라고 할 수 있다. 표준을 통해 모두에게 열린 신뢰받는 사회를 만들자는 취지는 바로 이러한 영역의 민주화 욕구를 표현한 것에 다름 아니다.

일상적 사회 생활과 경제 생활의 민주주의 조건과 표준

일상적 사회 생활에서 표준의 중요성은 우리 주변에서 흔히 접할 수 있다. 시각 장애인들과 안과 수술을 받은 환자들에게 편리를 제공하기 위해 전화기의 5번에 표시된 작은 점이나, 반대편에서 오는 행인, 특히 유모차를 끄는 아기 엄마들과의 충돌을 방지하기 위해 설치한 휠체어 램프 같은 조치들이 이미 국제 표준으로 제정되어 있다. 그밖에 국내에서는 버스의 앞좌석들과 서울지하철 차량 끝 좌석들을 노약자석으로 지정한 것들이 국내 표준 혹은 지역 표준의 예에 해당한다. 이러한 표준들은 일상적 삶의 편리를 위해 제정되어 공동생활의 질서를 잡아주고 삶의 질을 풍요롭게 한다.

더욱 예민하고 심각한 문제는 일상적 사회 생활이 시장과 연결된 경제 생활 영역에서 발생한다. 시장에서는 생산자와 소비자가 희소성과 가격을 두고 갈등하기 때문이다. 일찍이 스미스Adam Smith는 시장 외적 요인의 개입 없이 공정한 경쟁이 보장된다면 생산과 가격은 '보이지 않는 손'에 의해 조절되어 값싸고 질 좋은 재화와 서비스가 충분히 공급된다고 했다.

그러나 현실 세계의 시장에서 진정으로 공정한 경쟁은 존재하지 않으며 따라서 보이지 않는 손도 존재하지 않는다. 시장 외부의 개입이 없다면 시장은 언제나 무한 경쟁과 강자의 논리가 작동하는 영역일 수밖에 없다. 그렇기 때문에 지구상 어디에서나 국가가 여러 가지 방법으로 시장에 개입하고 공정한 경쟁을 보장하기 위해 노력한다. 곧 국가가 '보이는 손' 으로 작용한다. 이때 표준은 이용자들의 자발적 참여와 수용을 조건으로 하는 새로운 규범으로서 국가와 시장의 사이에 존재한다. 법은 국가가 제정하여 시장에 적용하지만, 표준은 시장 행위자들이 제정 과정에 직접 참여하여 자발적으로 수용하기 때문이다.

국가와 시장의 사이에서 미래 인간 삶의 발전을 규정

표준을 제정하는 기구가 국가와 시장 중 어디에 속해 있는지는 나라마다 다르다. 그러나 표준화 기구가 국가보다 시장에 더 가까운 나라라 할지라도 표준의 공공성을 인정해 표준화 과정에 국가가 직 · 간접적으로 개입한다는 점은 그렇지 않은 나라와 다르지 않다. 따라서 표준은 항상 국가와 시장의 사이에 존재하지만 국가와 시장의 영역에 모두 속한다고도 할 수 있다. 게다가 표준의 영역이 산업과 밀접히 연관된 부문이라는 전통적 영역에 더 이상 한정되지 않고 인문사회적 부문으로 확장됨으로써 표준은 이제 현재와 미래의 모든 인간 삶에 개입하고 있다. 때문에 표준 제정 과정에서 공공성을 보장할 국가가 완전히 물러날 수도 없으며 전적으로 감당할 수도 없다.

국가와 시장의 관계, 특히 시장에 대한 국가의 개입 범위를 둔 논란은 언제나 뜨거웠다. 자유시장주의자들은 가능한 한 국가가 개입하지 않는 것을 선호하며 '작은 것이 아름답다.' 고 주장해 온 반면, 현실사회주의자들은 국가가 전적으로 개입하는 것을 선호하며 '계획이 모든 것' 이라는 주장을 폈다. 그러나 현실 세계 어디에서도 완전한 자유 시장은 존재하지 않으며, 계획으로 모든 경제 활동을 운용할 수도 없다. 이른바 국가의 실패나 시장의 실패라는 논의는 이러한 현실을 인정하는 담론이다.

문제는 어떻게 개입할 것인가다. 우리나라의 경우는 시장이 충분히 형성되지 않은 상태에서 국가가 근대화를 추진하면서 현대적 의미의 시장을 형성하기 위해 표준화를 주도했다. 다시 말해 1960년대 표준화는 시장 형성 전략으로 도입되었다. 이후 신흥시장국가로 발전한 후에는 더 이상 국가가 시장을 전적으로 운용할 수 없을 정도로 시장이 성장했다. 그에 따라 표준화는 시장 형성 전략에서 시장 조정 전략으로 전환되고 있다. 이제 우리나라는 신흥시장국가들 중에서도 선두 주자로 올라서고 있어 장차 선진국으로 진입한다면 표준화는 시장과의 관계에서 위상을 다시 전환해야 할 것이다.

세계 경제는 신자유주의적 흐름에서 벗어나 새로운 국가 개입을 요구하고 있다. '모두에게 열린 세상을 만들고 지구적 신뢰를 형성한다.'는 두 차례 세계 표준의 날의 주제는 이러한 변화와 맞물려 있다. 또한 배려와 나눔 및 신뢰가 미덕이 되는 공정하고 따뜻하며 믿을 만한 사회라는 메시지는 새로운 국가 개입 방법을 제시한다. 적어도 표준은 배려와 나눔이 충만하도록 제정되어야 할 것이며, 시장에 의해 이러한 가치가 훼손될 때 국가는 시장에 개입해 공정하고 따뜻한 신뢰받는 사회로 발전할 수 있도록 최선을 다해야 한다는 것이다. 이때 국가가 시장에 개입하는 방법은 시장 행위자들의 불만과 저항을 최소화할 수 있도록 개입 전략 형성에서부터 이해관계자들의 참여가 보장될 수 있도록 하는 것이 필요하다. 이러한 조건을 충족시키는 것은 자발적 참여와 수용을 보장하는 표준화에서 찾을 수 있다. 새로운 일상적 사회 생활과 경제 생활에서 표준은 필수적 국가 개입 전략임과 동시에 공정한 시장 활동의 보장 수단이다. 이제 인간 삶의 미래는 표준에 달려 있다.

제3장

국제적 사회 통합 규범으로서의 표준

전통적으로 표준은 호환성 확보, 기본 품질 보장, 정보 제공이라는 세 가지 기능을 수행해 왔다. 그러나 변화와 다양성의 시대를 거치면서 제품과 공정뿐 아니라 제도와 경영 및 문화와 윤리의 영역으로 확대되어 법률의 대체 개념으로까지 등장하고 있다. 세계의 변화가 갈수록 빨라지면서 표준에게 새로운 기능이 요구되는 것이다. 현대 사회에서 표준의 기능이 무역 규범, 사회통합 수단, 사회적 책임SR 이행 수단, 기업경영 전략, 기술혁신 도구, 지속가능발전 도구로 확장된 것은 이러한 요구의 반영이다.

특히 최근 G20의 등장으로 나타난 국제 경제 질서의 변화는 새로운 위기에서 나타나는 혼란과 분열을 치유할 사회통합 수단의 기능이 중요해지고 있음을 시사한다.

국제 경제 질서의 변화와 표준의 새로운 기능

2010년 서울에서 열린 주요 20개국 정상회의G20를 두고 우리 사회의 평가는 극명하게 갈렸다. '한국의 국격을 높인 역사적 성과'라는 긍정적 평가와 '먹을 것 없는 소문난 잔치'라는 부정적 평가가 동시에 제기되었기 때문이다. 국제 경제 질서와 관련된 학계의 평가도 마찬가지로 상반된 입장이 존재한다(김용호 2011, 301 참조). G20을 비판하는 사람들은 대부분 G7과 특히 미국의 전략적 선택을 강조하며 미국을 중심으로 하는 G7의 패권이 작동하고 있다고 본다. 이와 달리 신흥시장국들의 부상에 따라 미국 중심의 단극 체제에서 벗어난 새로운 국제 금융 및 경제 질서의 등장에 희망을 두는 입장도 있다.

1990년대 후반에 등장한 G20 체제는 1940년대 중반에 출범한 브레턴우즈 체제Bretton Woods System가 1970년대에 붕괴했고 이를 대체해온 신자유주의적 국제 경제 질서도 역시 붕괴하고 있음을 의미한다. 그러나 인류의 역사가 끊임없는 진화를 통해 위기와 창조를 반복했듯이 국제 금융 및 경제 질서의 부침도 상호 소통과 세계화의 진전 속에서 나타나는 변화라고 할 수 있다. 브레턴우즈 체제의 붕괴도 제한적 금융 질서의 와해와 국제 금융 시장의 급성장에 따른 것이었으며, 신자유주의적 국제 질서의 약화도 국제 금융의 자유화가 신흥시장국가군에까지 급속하게 확장된 데 따른 것이기 때문이다.

1990년대 후반 이후 세계적 추세는 지구화로 촉진되는 세계화의 흐름이 단극 체제에서 다극 체제로 전환하는 것에 다름 아니다. 다시 말해 미국 중심의 세계화가 유럽연합과 같은 지역 단위의 작은 세계화들과 신흥시장국들의 새로운 도전 등으로 다극화된 것이다. 그리고 이 흐름은 거대 단일 국가나 지구적 단일 국가가 거버넌스를 독점하는 것이 아니라 다양한 국가들이 공동으로 거버넌스에 참여하는 것을 의미한다. 다시금 국가의 역할이 중요해지는 시기가 도래한 것이다.

그러나 국가의 재등장은 국가가 과거의 모습과 동일한 권력체로서 부활하는 것을 뜻하지 않는다. 국제 NGO의 강화와 유럽연합의 등장에서 보는 것처럼 새로운 영역의 국제기구가 강화되는 현상의 하나다. 곧 재등장한 국가는 무한 경쟁의 주체라는 권력체가 아니라 새로운 국제 거버넌스의 한 구성요소일 뿐이다. 이제 이 국제 행위자들이 활동하는 주요 국제기구는 정치 군사 영역이나 경제 영역에 한정된 것이 아니라 다양한 영역에서 통합 기능을 수행하는 존재다. 그중에서도 대표적인 것이 표준이라는 새로운 규범을 제정하는 표준화 기구며, 그 중요한 기능이 사회통합 기능이라고 할 수 있다.

표준의 국제규범성과 사회통합 기능

국제표준화기구/국제전기기술위원회 규정ISO/IEC Guide 2의 표준 개념을 다시 상기하면, "인정된 기관이 공통적이고 반복적인 사용을 위하여 합의에 의해 제정하고 승인한 것으로서, 주어진 여건 하에서 최적의 질서를 확립함을 목적으로 하는 활동이나 그 결과를 위한 규칙, 가이드라인 혹은 특성을 제시하는 도큐멘트"다. 세계무역기구/무역기술장벽 협정(WTO/TBT Agreement)과 유럽표준화위원회CEN도 이를 준용하고 있다.

다극화된 국제 사회의 새로운 국제규범으로서 표준이 갖는 주요 성격은 이와 같이 규칙이나 지침으로서의 규범성뿐만 아니라 이를 뒷받침하는 공인성, 합의성, 자발성이다. 인정된 기관에 의해 공인되고 합의에 의해 제정되며 자발적 준수가 기대되는 지침으로서의 국제규범이라는 것이다. G20으로 대표되는 다극화된 협의 통치governance와 다기한 이해관계로 얽힌 다양한 행위자들이 합의로 창출하고 지켜나가야 하는 국제질서의 현실을 잘 반영한 성격이라고 할 수 있다. 따라서 이러한 성격을 벗어나는 특정 행위자들의 독단적이고 권리침해적인 행동은 표준이라는 새로운 국제규범에 어긋나게 된다.

세계는 통합의 역사를 거쳐 왔고 앞으로도 통합의 역사를 창조해 나갈 것이다. 어느 사회든 통합은 규범을 통해 이루어지며, 그 규범이 강제적이 아니라 동의와 합의를 통해 이루어질 때 통합은 보다 견고하고 오래 지속될 수 있다. 또한 합의에 기반해 생성된 규범은 다시 사회적 동의를 거쳐 그 유용성과 실익을 인정받을 때 모든 구성원들에게 강제성을 띠는 약속

내지 법률로 제정되기도 한다. 국제 표준화 기구들이 이해하고 동의하는 표준의 정의는 이러한 규범성들을 잘 드러내고 있다. 표준이라는 새로운 국제 규범을 통해 국제 사회가 통합될 수 있는 가능성이 제시된 것이다.

구체적으로 보건, 안전, 환경과 관련된 기술규정들이 대표적 예다. 이 부문은 인간 삶과 직접 관련되므로 그 유용성과 실익을 수월하게 인식할 수 있다. 때문에 이 부문의 표준은 대부분의 국가에서 기술규정으로 전환되었을 뿐만 아니라 유럽연합의 경우에도 적지 않은 내용들이 강제규범으로 정착되었다. 이것은 곧 국가마다 다른 법과 제도 및 관행들이 새로운 국제 규범으로 수렴되고 그에 따라 다시 국제 사회적으로 통합되어가는 것을 의미한다.

한편 기존 규범이 약화되거나 사라지고 새로운 규범이 등장하는 것을 볼 수 있는데, 그것은 그 규범이 통합의 기능을 상실했기 때문이다. 국제 규범으로 작용하고 있는 국제 표준의 경우에도 마찬가지다. 주요 경제 강국들이 제정해 '사실 국제표준'으로 작용했던 국가신용등급체계의 기능 상실이 좋은 예다. 국제 금융 질서의 붕괴와 더불어 최근 미국의 재정 파탄과 신용등급 하락으로 인해 보다 폭넓은 동의와 합의에 기반한 새로운 국제 표준으로 바뀌어야 할 처지다. 그러나 동의와 합의에 기반하고 자발적 수용을 전제로 한다는 점에서 표준은 다른 국제 규범들과 달리 새로운 표준 제정이 큰 저항에 부딪힐 가능성이 상대적으로 적고, 마찬가지 의미에서 표준 제정의 규칙을 정하는 메타표준의 제정이 수월하다.

실제 통합 기능을 상실한 규범임에도 불구하고 이 규범을 통해 이익을 보는 세력들은 자신의 영향력을 유지할 목적으로 이 규범을 강제하기 위해 강압적 수단을 동원하는 경우도 종종 있다. 그러나 동의와 합의에 기반하지 않는 강제력은 결코 오래 지속될 수 없다. 그러한 규범은 아무리 강압적일지라도 언젠가는 동의와 합의에 기반한 새로운 규범에 자리를 내어 줄 수밖에 없을 것이다. 동의와 합의에 기반한 규범은 본질적으로 광범위한 자발적 수용을 전제로 하는 것으로서 이로부터 일탈하는 반통합적이고 반사회적인 경우에 대비해서만 강제력을 동원하기 때문이다. 이러한 의미에서도 이미 국제적으로 새로운 통합 규범의 가능성을 보이고 있는 표준이 그 새로운 규범의 성격에 적합하다고 할 수 있다.

사회 통합 기능의 강화를 지향하는 글로벌 어프로치

국내 차원에서나 국제 차원에서 모두 일차적 통합의 대상은 경제 부문이다. 화폐와 무역으로 운동하는 경제 부문은 단일한 규범을 가장 절실하게 요구하기 때문이다. 그 다음이 사회 영역인데, 이 영역은 경제 부문의 통합에서 발생하는 각종 불평등으로 인해 사회적 약자의 보호를 필요로 한다. 더 나아가 인간 삶과 직접 관련되는 부문을 거쳐 점차 문화와 가치의 영역으로까지 새로운 규범의 필요성은 확대되어 간다. 이때 각 나라와 문화 공동체들의 다양성을 훼손하지 않고 상호 동의와 합의를 추구해나갈 때 새로운 규범으로서의 표준은 더욱 큰 시너지 효과를 발휘할 수 있다.

이제 국제표준화 움직임은 공학과 산업 분야뿐 아니라 생명 윤리와 관련된 분야까지 포괄해간다. 2003년 ISO 생체인식분과위원회가 일반생체인식변환구조포맷CBEFF 등 7종의 국제 표준을 제정하기로 결정했으며, 우리나라도 2007년에 식물 바코드를 개발해 유력한 국제표준 후보가 되었다(이데일리, 2003.10.05; 한겨레, 2007.12.27.). 이제는 전 인류가 수긍할 수 있는 생명윤리 국제표준이 정립될 때가 되었다는 징조다. 인간의 생명이 가격 논리나 안보 경쟁 논리에 의해 값이 매겨지는 것이 아니라 국제 표준을 통해 본래의 가치로 인정받아야 한다는 것이다.

표준이 수행하는 사회통합 기능을 일찍 인식한 유럽연합은 제도와 관행이 다른 회원국들을 하나로 통합하기 위해 유럽표준화위원회CEN를 적극 활용하고 있다(정병기 2008, 41~42). 곧, 유럽연합 집행위원회는 유럽표준EN을 기초로 각 국가의 법과 제도를 개선하도록 권고하는 뉴 어프로치New Approach 정책을 구사한다. 보건이나 안전 및 환경과 관련된 기술규정들을 유럽표준에 따라 강제하도록 했을 뿐만 아니라, 기타 많은 민간 부문에서는 CEN과 CENELEC(유럽전기표준화위원회)가 유럽표준으로 정한 것을 CE표기를 통해 인증해준다. 유럽연합의 이러한 노력은 비단 유럽연합 내에서뿐만 아니라 유럽 인근을 포함해 그 유용성을 인정하는 세계 각국의 통합에도 영향을 미치는 글로벌 어프로치Global Approach가 되어가고 있다. 급변하는 다극화된 국제 사회에서 모든 행위자들을 포괄하고 통합하는 국제규범성이 글로벌 어프로치가 담을 내용이다.

제4장

국제 표준 정립을 위한 노력과 협력

동북아시아 삼국인 한국, 중국, 일본은 오랜 역사를 거치면서 갈등과 협력을 반복해왔다. 그리고 그 부침에 따라 침략과 공존이 엇갈리면서 서로 미워하면서도 상호 의존 관계는 더욱 깊어졌다. 최근 미국 중심의 세계화 추세로 인해 인접 국가들 간의 이러한 상호 의존과 협력에 대한 요구가 더욱 높아지고 있다. 유럽 통합이라는 지역적 세계화를 이루어 지구적 세계화에 대응하고 있는 유럽은 이 요구를 충족시킨 대표적 예다. 동북아 국가들 간의 협력도 더욱 가시화될 필요가 있다. 그럼에도 불구하고 한국, 중국, 일본은 다른 지역에 비해 정치적 · 경제적 차이가 두드러지며 협력과 통합이 미약하다. 이러한 상황은 역설적으로 협력과 통합의 필요성을 더욱 강화하며, 이러한 협력과 통합은 공동 표준의 제정 노력에서 시작될 수 있다.

이와 같은 관점에서 볼 때 2010년 5월 29일 제주에서 발표된 한 · 중 · 일 표준협력에 관한 공동 성명은 매우 시의적절하고도 중요한 의미를 갖는다(제주일보, 2010.05.29.). 이 공동 성명을 통해 삼국은 국제표준의 공동 개발 및 제안을 위해 주요 관심 분야에 대한 공통표준화를 연구하고, 정보와 전문가 교류, 동북아시아 지역의 국제표준화 및 공통표준화 촉진을 위해 동북아 표준협력 포럼을 활성화하며, 무역 촉진을 위해 표준과 적합성 평가의 기여도 향상 방안을 공동으로 연구한다는 데 합의했다. 동북아 삼국의 표준 협력을 통해 지구적 세계화에 공동으로 대응한다는 뜻을 명확히 밝힌 것이라 할 수 있다.

2011년 6월 1일 개최된 '제1차 한-아프리카 표준협력 포럼'도 국제 표준 정립을 위한 협력에서 중요한 의미를 갖는다(전자신문, 2011.06.01.). 1980년대에 영화 〈부시맨〉이 아프리카에 대한 새로운 관심을 불러일으킨 것을 우리는 기억한다. 이 영화는 우리나라에서도 개봉되자마자 선풍적 인기를 끌며 검은 대륙에 대한 호기심을 자극했다. 특히 기존 헐리웃 영화들이 아프리카에 대해 미개한 대륙이라는 부정적 시각으로 묘사하거나 백인 중심적 사고를 견지한 것과 달리 아프리카인의 시각에서 서구 문명을 보았다는 점에서 이 영화는 더욱 가치 있다. 헐리웃 영화들은 주로 서구인의 시각에서 동양을 신비롭지만 문명이 발달하지 못한 사회로 바라보는 오리엔탈리즘처럼 아프리카에 대해서도 그와 유사한 이른바 아프리카니즘을 갖고 있었던 것이다. 그러나 영화 〈부시맨〉에서는 오히려 부시맨의 시각으로 바라본 서구인과 그들의 문명이 우스꽝스러운 촌극으로 비친다.

30여년이 지난 지금 아프리카 대륙은 다른 모습으로 우리들의 관심을 자아낸다. 아프리카 대륙은 여전히 많은 인도적 지원과 경제적 개발이 필요하긴 하지만, 이제는 더 이상 미개한 문명 지역이 아니라 매우 큰 잠재력을 가지고 발전해가는 다른 문명 지역으로 인식된다. 우리나라에게도 아프리카 대륙은 새로운 교역 상대자로서 그 의미가 커져가고 있다. 이러한 의미에서 한 · 아프리카 포럼은 더욱 중요하게 다가온다.

아시아태평양 표준화 기구의 한계와 동북아 표준협력

사실 동북아 표준협력은 이미 여러 해 전부터 시작되었다. IT표준협력회의를 비롯해 동북아 표준협력 포럼은 2002년부터 시작해 벌써 아홉 번째 해를 거듭하고 있다. 그러나 2010년 삼국 공동성명은 국가 정상급에서 적극적인 관심을 표명했다는 점에서 커다란 의미를 가질 뿐만 아니라 협력을 더욱 구체화해가는 진전을 의미했다. 더욱이 태평양지역표준회의 PASC 총회를 2012년 여수에서 개최키로 한 것은 삼국 공동성명이 제주에서 이루어진 것처럼 동북아 표준협력에서 우리나라가 차지하는 역할과 위상이 중대해졌다는 것을 시사했다. 이를 계기로 기술표준원은 녹색기술 강국으로서의 위상을 한층 높일 것으로 기대했다.

그러나 보다 중요한 것은 PASC의 한계를 잘 인식하고 동북아 지역의 표준협력을 더욱 강화하는 것이다. PASC는 지역별 표준의 필요성 제기 외에도 국제 표준화 기구들, 특히 유럽 중심적인 ISO의 배타적이고 차별적인 운영에 대한 비판이 동기가 되어 1971년에 결성되어 현재 24개국이 참여하고 있다(PASC 홈페이지 참조). 그러나 동질성 수준이 높은 유럽 국가들의 협력체로서 체계적인 조직을 갖추고 실제 유럽표준을 제정하고 있는 유럽표준화기구(CEN)와 달리 PASC는 남아프리카공화국처럼 태평양권에서 먼 국가들까지 포함하고 있을 뿐만 아니라 태평양 연안 국가들의 경우도 동서양을 포괄하는 매우 이질적인 국가들로 구성되어 있다. 또한 PASC 조직은 총회PASC meeting와 사무국PASC Secretariat 및 상임위원회SC: Standing Committee를 중심으로 구성되는 단순한 구조를 보인다.

PASC의 업무도 태평양 지역 국가들의 산업 발전을 위해 이해관계를 조정하고, 표준화 관련 국제 활동에서 회원국들의 상호 결속을 도모하며, 회원국들간 표준화 관련 의견과 정보를 교환하고, 국제 무역과 통상의 촉진을 위해 국제표준화 활동을 조정하며, ISO/IEC 등 국제 표준화 기구에 대한 건의문을 작성하고 이 기구들과 업무 협력을 수행하며, 그밖에 향후 국제표준화에 필요한 사항과 표준화 구조상의 개선점에 대해 논의하는 것이다(한국표준협회 2007, 128~130 참조). 곧, PASC는 표준을 제정하고 적합성 평가를 수행하는 표준화 기구가 아니며, 표준과 관련된 사항에 대해 논의하고 조정하며 기타 필요한 사항을 수행하는 표준화 관련 회의체라고 할 수 있다.

실제로 표준화와 관련해 PASC가 직접 수행하는 활동으로는 상임위원회가 아시아태평양경제협력체 표준적합성소위원회(APEC/SCSC: Asia-Pacific Economic Cooperation/Sub-Committee on Standards and Conformance)로부터 PASC와 관련된 특정 표준이나 적합성 기획 과제를 제안 받았을 때 수행하는 작업이 거의 유일하다. PASC의 주요 전략은 국제 표준화 기구의 전략과 움직임에 맞추어 활동을 전개하는 것이다. 예를 들어 ISO에서 태평양 연안국들의 목소리를 높이기 위해 총회와 병행해 PASC 임시회의를 소집하여 구체적인 전략을 마련하는 것 등이다. 무엇보다 이는 지역 차원의 중요성이 커지고 있음에도 여전히 세계화 추세에 비추어 볼 때 새로운 지역적 이해관계를 형성하기보다 세계적 차원에서 표준화를 추구할 수밖에 없다는 딜레마를 안고 있기 때문이다.

이와 같은 PASC의 한계는 지구적 세계화에 대응하는 토대로서 표준 협력을 올바로 세워내기 위해서는 동질성 수준이 높은 동북아시아 지역의 결속이 필요하다는 것을 시사한다. 동북아 지역의 표준 협력을 먼저 강화한 후 PASC를 전략적으로 활용하여 국제표준화 경쟁에 대응하는 것이 효과적이라는 말이다. 이러한 의미에서 기술표준원이 PASC 총회에 앞서 한국, 중국, 일본의 국장급이 참여하는 표준화 협의체와 동북아 표준협력 포럼 구성을 추진해 동북아 지역의 표준화를 주도한다는 방침을 세운 것은 적절한 대응이라고 할 수 있다.

공통표준 제정을 토대로 표준 협력을 넘어 효과적 세계화 대응으로

물론 2002년부터 시작된 동북아 표준협력 포럼은 그동안 각국이 제안한 다양한 표준화 의제에 대한 상호 정보교환 수준에 머물러 있었던 것이 사실이다. 그러나 앞으로는 별도의 기술위원회를 만들어 개별 표준에 대해 논의하고, 포럼 총회에서는 매년 에너지 효율, 서비스, 생활 복지 표준 및 물류 등 특정 의제 한 가지를 선정해 심도 있게 다루기로 함으로써 실질적 구체화에 박차를 가하고 있다.

국가기술표준원은 이를 통해 삼국 공통표준의 제정이 가능하게 되어 미국과 유럽이 선점하고 있는 국제표준 제정 주도권이 자연스럽게 아시아권으로 분산 · 이동하는 효과를 얻을 것으로 전망하고 있다. 한국표준협회도 마찬가지로 미국 · 유럽 주도로 진행되는 국제적 기술 및 표준 경쟁에 동북아 삼국이 공동 대응하는 협력체제 구축이라는 의미를 이 포럼에 부여하였다. 또한 포럼의 주요 사업으로 국제표준 공동대응, 공동활용 국제표준 세부지침 개발, 표준화기반 연구 및 개발, 동북아 표준협력회의 순환 개최, 지역 표준협력체와의 연계 추진을 들었다.

이러한 기대와 사업 목표에 부응하여 동북아 표준협력 포럼은 장차 고령자 친화 용품과 한자 용어 및 한의학과 관광 서비스 같은 문화적 동질성을 감안한 분야, 공산품과 전기 등의 비관세 장벽이 있는 산업 분야, 전기자동차 충전단자와 스마트그리드 및 교통카드 같은 신규 인프라 구축이 필요한 분야에서 한 · 중 · 일 공통표준을 개발하게 될 것이다. 이러한 동북아 표준협력 포럼에 거는 기대는 지대하다. 공동선언에서 제시된 바와 같이 공통표준 제정을 토대로 지역적 표준 협력을 넘어 효과적인 세계화 대응을 도모할 수 있기 때문이다.

한국과 아프리카 간 무역 증진의 발판, 한 · 아프리카 포럼

미국과 중국이 아프리카를 석유를 중심으로 하는 자원 시장으로 주목한 후 러시아와 일본 및 유럽 국가들도 앞 다투어 아프리카 대륙을 순방하며 외교 경쟁을 벌이고 있다. 우리나라도 노무현 전 대통령의 아프리카 순방 이후 '한 · 알제리 포럼' 같은 특정 국가와의 외교뿐 아니라 '한 · 아프리카 포럼' 같은 다자간 외교에도 힘을 쏟고 있다.

우리나라와 아프리카의 무역 규모는 전체 무역 규모의 1~2%에 불과한 수준이다(김윤진 2007 참조). 그러나 우리나라는 이 대륙을 석유, 천연가스, 광물 자원 등 풍부한 천연 자원과 조선업, 가전 제품, 하이테크 제품의 새로운 시장으로 파악하고 적극적 진출을 모색해 왔다. 그 결과 2000년대에 우리나라는 주요 석유 수입국을 사우디아라비아 등 중동 국가에서 나이지리아와 앙골라 등 아프리카 국가들로 바꾸고 그밖에 각종 자원들을 중심으로 수입을 늘려가고 있다. 또한 전자기기, 자동차, 선박 등의 수출 규모는 라이베리아, 앙골라, 남아공 등을 중심으로 1998년 28억 2,100만 달러에서 2006년에는 77억 3,000만 달러로 7년 사이에 무려 250%가 증가했다. 그에 따라 남아공 등 아프리카 국가들도 과일, 와인, 기타 가공식품 등의 한국 수출을 적극 지원하며 증가시키려고 노력하고 있다.

우리나라와 아프리카 국가들 간의 표준 협력은 이러한 교역 증진의 새로운 발판이 될 것으로 기대된다. 표준 협력을 통해 무역 기술 장벽이 해소될 수 있으며 서로 다른 문화에 대한 이해도도 높아질 수 있을 것이다. 표준은 산업과 기술 분야뿐만 아니라 감성과 문화적 측면에서도 상징적 기표로 작용하기 때문이다.

한편 이와 같이 급속하게 발전하고 있는 한국과 아프리카 국가들 간 무역 증진은 부작용도 낳고 있다. 아프리카 무역 사기가 최근 극성을 부리고 있다는 것이다. 특히 특정 국가의 로고를 사용해 공신력을 위장하고 수출업자에게 유리한 조건을 제시하는 사기로 인해 국내 사업자들이 입은 피해가 막대하다고 한다. 이러한 부작용은 물론 급속한 발전의 이면에 따라다니는 일시적 현상으로서 교역 증진에 따라 점차 해소될 것으로 전망된다. 그러나 투명한 교역 관계의 발전을 촉진하면서도 이러한 부작용도 속히 시정하려는 노력을 경주하는 것이 필요하다.

무역 촉진과 산업 발전의 토대가 되는 표준 협력이 이러한 노력의 대표적 예라고 할 수 있다. 집단 간 갈등과 위해의 발생은 대개 정보와 소통이 막혀 상호 이해가 이루어지지 못한 데에서 비롯된다. 표준 협력은 상호 거래 조건과 무역 주체들에 대한 정보를 공유하고 상호 인정과 이해의 가능성을 높일 수 있을 것이다.

국가기술표준원과 아프리카표준화기구의 적극적 활동이 필요

제1차 한-아프리카 표준 협력 포럼은 아프리카표준화기구ARSO, 아프리카연합AU, 동아프리카 상공회의소EABC, 아프리카 5개국 표준화 기구, 아프리카 수출 기업 관계자 200여명이 참석한 가운데 성공적으로 치러졌다. 이 포럼은 유망 시장으로 급부상하고 있는 아프리카 국가에 대한 국내 기업의 수출 장벽 해소 전략을 모색하기 위한 자리이자 아프리카 국가들이 한국을 전망 있는 무역 파트너로 확인하는 자리였다. 이를 통해 주요 시험 인증 기관과 아프리카 국가 표준화 기구들의 네트워크가 구축되는 한편, 아프리카 표준 및 인증 제도 설명과 국내 기업 대상 수출 애로 상담 등 무역 기술 장벽에 관한 정보 소통의 장이 마련되었다.

우리나라 기술표준원과 아프리카표준화기구가 체결한 표준 협력 MOU의 실행 계획에 따라 이후 우리나라와 아프리카 기구들은 교육과 컨설팅 등의 협력 프로그램을 운영하고 무역 기술 장벽에 대한 정보를 교환하며 국제 표준화 무대에서 상호 지지하는 등 다양한 분야에서 서로 협력해 왔다. 이러한 의미에서 국가기술표준원의 활동도 중요하지만 아프리카표준화기구의 적극적 활동도 필요하다.

아프리카표준화기구ARSO는 아프리카연합AU과 국제연합아프리카경제위원회UNECA가 1977년에 창설한 아프리카 국가들의 지역 국제 표준화 기구다(ARSO 2010 참조). ARSO는 현재 29개국으로 구성되어 있으며 아프리카 국가들의 무역 촉진과 산업 발전 및 소비자 복지 향상을 위해 표준화 활동을 추진한다. 구체적으로 ARSO는 국가 표준들과 아프리카 지역 표준ARS을 조화시키고 이를 다시 국제 표준과 부합시키도록 노력한다. 특히 2009년부터 ARSO는 '2009-2014 전략 목표'를 수립해 지역 표준화 활동에 더욱 박차를 가해 왔다. 이 전략 목표의 주요 내용은 표준 부합화 향상, 국내 및 국제 무역상 표준 활용 제고, ARSO 역량 강화, ARSO와 주요 국제기구들 간 협력 증진, 회원국 참여 촉진 등이다.

1961년 유럽표준화기구CEN가 창설된 이후 유럽의 표준 협력이 도약을 거듭하고 급기야 1967년에는 유럽공동체가 가시화되어 유럽의 정치 · 경제적 통합이 촉진된 것처럼 장차 ARSO가 아프리카 국가들의 협력과 통합에 기관차 역할을 할 것으로 기대된다. 최근 아프리카 국가들 간에 진척되고 있는 협력과 통합 노력은 각국의 경제 발전을 위해 더욱 강화될 것으로 보인다. 향후 아프리카 국가들 및 ARSO와의 표준 협력은 이러한 전망을 염두에 두고 추진될 필요가 있다.

아프리카 칼라하리의 원시생활을 영위하며 순진무구한 인간성을 간직한 부시맨은 이제 우리 주변에 가까이 다가왔다. 콜라 병을 신의 물건으로 생각하고 신에게 돌려주기 위해 땅 끝까지 여행하던 부시맨 카이의 대륙은 동북아시아 끝에 위치한 한국과도 교역하는 새로운 국제적 행위자로 부상했다. 서구 문명을 촌극처럼 바라보던 카이는 한국을 이해하고 소중한 파트너로 받아들이고 있으며 우리나라 입장에서도 아프리카를 새로운 중요한 파트너로 인식하게 되었다. ARSO가 아프리카 대륙의 협력과 통합에 기관차 역할을 하듯이 한국과 아프리카 간 표준 협력이 상호 교역의 발전과 문화적 교류의 튼튼한 디딤돌이 될 수 있을 것이다.

제5장

통일 국가의 사회 통합 규범

2010년 이명박 전대통령이 광복절 경축사에서 통일세를 언급한 이후, 통일세 논의는 정국을 뜨겁게 달구었다. 경위야 어떻든 통일을 당연시하고 그 준비를 하기 위한 취지에는 대한민국 국민들 누구나 공감할 것이다. 반면 박근혜 대통령은 통일대박론을 제기해 장기적 이익을 조망했다. 하지만 통일이 되면 재정 부담이 있을 것이고 많건 적건 이를 십시일반의 조세로 충당해야 한다는 점은 누구나 인정할 것이다. 그러나 막상 세금을 걷는다고 하면 모두가 선뜻 찬동하지는 않을 듯하다. 그 이유는 크게 두 가지로 생각할 수 있다. 첫째는 막대한 통일 비용에 대한 두려움이고, 둘째는 통일의 민족적 당위성에도 불구하고 엄청난 통일비용을 부담하면서까지 통일을 해야 하는가라는 경제적 당위성에 대한 의구심이다.

그러나 이제 통일에 관한 문제는 비단 비용과 당위성에 국한되지 않는다. 북한이 3대 세습으로 체제를 공고화하는 듯 보이지만, 역사적 경험으로 볼 때 개인적 카리스마에 의존하는 체제는 오래 가지 못한다. 동구 국가들이 집단적 카리스마에 의존했기 때문에 당내 이념 투쟁을 통해 다른 정파가 집권하더라도 체제가 유지될 수 있었지만, 북한은 초대 통치자였던 김일성의 개인적 카리스마를 세습하는 형태기 때문에 카리스마의 세습이 사라진다면 체제는 붕괴할 가능성이 높다. 만일 그럴 경우 통일은 독일에서처럼 걷잡을 수 없는 속도로 다가 올 수 있다. 이미 오랜 분단 기간을 겪고 다른 문화를 갖게 된 남북 주민들이 사회문화적으로 통합하기도 쉽지 않을 뿐 아니라 심각한 경제력 차이에 따른 사회경제적 통합도 어려워졌다. 지금부터라도 통일 이후의 사회·경제·문화적 통합을 염려하고 준비해야 한다. 표준의 화두는 통일 비용을 넘어 통일 이후의 통합의 문제와도 맞닿아 있다.

통일비용 절감과 표준 통일

문제는 막대한 통일 비용을 어떻게 조달할 것인가다. 그에 따라 통일의 경제적 당위성과 기대도 커질 수 있기 때문이다. 그러나 통일이 되기 전에는 비용 조달을 걱정하기에 앞서 비용 절감을 먼저 고민할 필요가 있다. 북한 주민의 1인당 국민소득을 남한 주민의 그것과 같게 하기 위해 지출하는 재정 소요액을 가리키는 남북한 통일 비용은 적게는 3,000억 달러에서 많게는 2조 5,000억 달러에 이를 정도다(이승현·김갑식 2011과 경향신문, 2006.05.18. 참조). 우리보다 경제 규모가 큰 독일이 통일 이후 20년간 2조 5,000억 달러를 사용했으며 이를 조달하기 위해 1991년 이후 개인 소득세와 법인세의 7.5%에 달하는 통일세를 거두었다. 1년 예산이 2,500억 달러에 불과한 한국이 과연 이를 감당할 수 있을까라는 걱정이 앞설 수밖에 없다.

그러나 민족적 당위성뿐만 아니라 경제적 당위성으로 보더라도 통일은 마땅히 이루어야 할 뿐만 아니라 앞당길 필요가 있다. 남북 대치로 인한 군사비 등 분단 상황에서 발생하는 각종 인적·물적 손실에 대한 비용인 분단 비용이 그 수십 배에 달하기 때문이다. 독일의 경험을 보면 급격한 통일로 인해 통일 이후 통일세를 신설했지만 우리는 그보다 앞서 통일을 준비하면서 통일세를 걷자는 것은 반면교사를 통한 건전한 깨우침이라 할 수 있다. 그러나 통일비용 확보뿐 아니라 통일비용 절감에도 노력해야 하며, 이는 곧 분단 비용의 최소화를 통해 가능하다.

독일 통일의 일등 공신은 서독 콜 총리나 소련 고르바초프 서기장보다 TV방송이라는 얘기가 있다. 통일 전에 동서독은 TV 수상기 방식을 통일해 두 지역에서 서로 방송을 시청할 수 있었으며, 그 문화적 효과가 급속한 통일을 가능하게 한 문화적 자본이 되었기 때문이다. 이는 분단 상황에서 비롯되는 문화교류 장애를 해소함으로써 분단 비용을 줄여 결국 통일비용 절감을 거둔 대표적 사례다.

대개 산업표준 통일에 드는 비용은 일반 통일 비용의 8~17%로 추계된다. 산업 비표준화에서 기인하는 비용이 인력 3~4%, 자재 손실 2~3%, 생산성 저하 3~10%임을 감안한 것이다. 따라서 정치적 통일 이전에 표준을 통일한다면, 통일 비용의 8~17%를 절감할 수 있다는 얘기다. 독일도 다소 늦기는 했지만 베를린 장벽이 붕괴되기 한 달여 전인 1989년 10월 6일에 서독표준협회(DIN)와 '동독 표준화와 측량 및 상품 검사국ASMW' 이 제휴 계약을 체결하여 표준 통일을 추진하였다(한국표준협회 2003, 25). 이후 1990년 7월 1일에 동서독 경제 사회 및 화폐 통합이 이루어졌고 같은 해 10월에 정치적 통일이 달성되었다. 곧, 표준 통일이 경제사회적 통합을 수월하게 하고 정치적 통일에 기여했다고 할 수 있다.

그럼에도 불구하고 표준 통일이 다소 늦어진 점은 물론 통일 후 비용에 적지 않은 부담으로 작용했다. 독일이 통일 후 표준 통일비용으로 약 1백80조 원의 엄청난 돈을 투자했다는 것은 이미 잘 알려진 사실이다. 우리나라가 독일식의 급속한 통일을 했을 경우 표준통일 비용은 골드만삭스에 따르면 92조~1백95조 원이며 미국 국방관련 연구소인 RAND 연구소에 따르면 50조~6백70조 원에 달한다. 현재 남북 표준의 차이가 심각하다는 것을 웅변적으로 대변하는 수치다.

우선 철도만 보더라도 문제가 심각하다. 현재 남북한 철도 연결 작업이 추진되고 있지만 우리는 2만5천V 교류를 사용하는 반면 북한은 3,000V 직류를 사용한다. 기관차의 신호제어 방식도 달라 물리적으로 단절된 철도가 연결된다고 하더라도 전기기관차 운행은 불가능하다. 자체 동력으로 움직이는 디젤기관차를 북측 기관사가 동행해 저속으로 운행해야 하는 상황이다. 생산 현장에서 사용하는 산업 용어도 천차만별이며, 이를 해결하는 데 드는 추가 비용도 만만찮다. 드라이버는 나사틀개, 케이블은 까벨, 사인sine은 시누스로 부르는 게 그 예다. 이외에 컴퓨터 자판이나 목차 배열에도 많은 차이가 있다. TV전파 송출 방식도 북한은 PAL 방식을, 남한은 NTSC 방식을 각각 사용하고 있다. 일상적으로 사용하는 배전 전압은 220V로 같지만 발전소에서 철탑을 통해 개별 변전소로 보내는 송전 전압도 다르다. 남측에서 북측에 직접 전력 지원을 할 경우 추가 비용이 많이 드는 것은 이 때문이다.

그러나 독일과 달리 우리나라는 아직 통일이 가시화되지 않은 상태이므로 표준 통일을 미리 이룩하면 상당 부분 통일 비용을 줄일 것이며, 표준 통일을 앞당긴다면 그 효과가 더욱 클 것으로 예상된다. 경제 규모의 차이가 작을수록 통일 비용도 적을 것이기 때문이다.

컴퓨터 표준을 예를 들 수 있다. 2007년 남한은 1인 1PC 시대로 다가가는 반면, 북한의 컴퓨터 보급 대수는 15만여 대였다. 이와 달리 1990년대 중반 컴퓨터 보급 대수는 남한이 약 700만 대였음에 비해 북한은 5,000여 대에 불과했다. 1990년대 중반에 컴퓨터 표준을 통일했다면 그 교체 비용은 5,000여대에 불과해 2007년 이후 비용의 절반에도 미치지 못했을 것이며, 그 절감 효과는 통일 후 통일 비용을 고스란히 상쇄하고도 남을 것이었다.

통일 한국의 사회 통합 규범화

독일의 경우는 통일 이전부터 사회문화적 교류를 통해 문화적 괴리를 방지했다. 동서독 양국이 서로를 인정하고 TV 수신과 송신을 차단하지 않았고, 베를린의 경우는 지하철을 통해 언제라도 국경을 넘나들 수 있었다. 또한 다섯 군데의 체크 포인트를 두어 특별한 신고 절차 없이 자유로운 왕래가 가능했다. 비록 이념은 달랐지만, 초기의 베를린 봉쇄 기간을 제외하면 상호 소통의 가능성을 열어놓았고 실천에 옮겼다. 다른 사상을 가지고도 두 독일은 언어적 동질성을 잃지 않았고 민족 문화를 함께 창출해 갔다.

통일 후 20여년이 지난 지금 아직도 사회경제 통합이 제대로 이루어지지 않았고, 서로 상대방을 비하하는 오시쓰Osiss, 베시쓰Wesiss라는 표현이 존재한다는 비판도 틀리다고만은 할 수 없다. 그러나 물이 반쯤 들어 있는 물병처럼, 그 평가는 관점에 따라 다르다. 교류와 소통이 대단히 어렵고 여전히 분단의 고통을 겪고 있는 남북한의 시각에서 보자면 독일 통일은 평화롭게 이루어졌으며 통일 이후에도 큰 충돌이 생겨나지 않아 부러운 사례로 보일 뿐이다.

물론 우리는 민족 상잔의 고통을 안고 있다. 그러나 그 고통을 언제나 되씹고 서로 미워할 수만은 없다. 이제는 그 고통을 딛고 일어나 다시는 그러한 고통이 재발하지 않도록 해야 한다. 그것은 평화적인 통일과 통일 이후의 순조로운 통합이다. 그 통일과 통합을 앞당기고 준비하는 데 표준 통일이 기여하는 바는 대단히 크다.

표준 통일은 비단 경제적 효과에 한정되지 않는다. 통일과 관련해서도 표준은 정치, 경제, 사회를 포괄하는 넓은 의미의 사회통합 규범으로 더욱 적극적으로 고려될 필요가 있다. 경제적 비용의 절감이라는 측면 못지않게 중요한 것이 남북의 생활 방식과 심리적 괴리를 통합하는 것이기 때문이다. 산업 용어 외에 여러 가지 문화 용어들과 생활 용어들의 표준을 교환하고 합의점을 형성해나가는 작업이 긴요하다. 일상생활과 밀접한 관련이 있는 표준들의 통합은 심리적 · 문화적 통일을 앞당기는 효과를 가져와 통일 후의 사회적 통합에 크게 기여할 것이다.

다행히 2000년대 중반부터 정부는 남북 표준의 차이에 따른 문제점을 해소하기 위해 남북표준협력단을 구성해 표준 통일화 작업에 나섰다. 이 맥을 이어 정부와 표준화기구 및 여러 경제사회단체들이 모두 통일에 대비하여 통일 비용과 분단 비용을 줄이기 위해서뿐만 아니라 통일 후 사회적 통합을 위해서도 표준 통일에 더욱 매진해야 할 때다.

에필로그

표준학의 가능성과 전망

2009년 한 정치학회 학술대회에서 "표준의 사회경제적 효과와 새로운 규범의 가능성 및 표준학의 전망"이라는 논문을 발표한 적이 있습니다. 학술대회의 대주제는 "정치학의 새로운 지평"이었습니다. 당시 정치학계로서는 새롭고도 신선한 시도였지요. 그러나 거기까지였습니다. 이 발표문을 다시 보완해 학술대회를 주최한 학회의 학술지에 투고했지만 심사에서 보기 좋게 탈락했지요. 이유는 '주제가 정치학의 영역이라고 볼 수 없다.'는 것이었어요. 결국 다른 학술지에 투고해 게재가 되었지만, 이 경험은 저에게 뼈아픈 기억으로 남아 있습니다.

2010년 10월 오랜 준비 끝에 출범한 사단법인 '표준학회'는 이런 저에게 특히 중요한 의미를 갖겠지요? 영문 표기는 Society for Standards and Standardization인데, 직역하면 '표준과 표준화를 위한 협회'고 약자로는 SSS를 씁니다. 그 목표는 "표준 및 표준화에 관한 연구 활동, 학제간 교류, 이해관계자 간의 소통 등을 활성화하여 국가, 기업 및 소비자의 표준 및 표준화 수요를 충족시키고 삶의 질 향상에 기여"하는 것으로 명시되었습니다(표준학회 홈페이지). 학회 창립 준비위원의 한 사람으로서 '표준학'이라는 개념을 뚜렷이 정의하지 못한 점이 아쉬웠지만, 학문적 연구 단체로서 표준을 대상으로 한다는 점을 분명히 한 것은 대단히 뜻 깊은 일이라고 생각합니다.

'표준학회' 는 활동 무대가 국내에 한정되지 않는다는 뜻에서 학회 명칭 앞에 굳이 '한국' 이라는 단어를 넣지 않았습니다. 1993년 독일 함부르크Hamburg에서 창설된 유럽표준화학회EURAS: the European Academy for Standardization e.V.에 이어 세계에서 두 번째로 창설된 세계적 차원의 표준학회라고 할 수 있어요. EURAS도 '표준학' 이라는 단어를 사용하지는 않았지만 학회academy라는 용어를 통해 연구 모임이라는 점을 분명하게 드러냈어요EURAS 홈페이지. EURAS는 경제학을 비롯한 사회과학과 공학, 법학, 정보과학을 아우르는 명실상부한 통섭학회로서 비록 독일법에 준거한 사단으로 성립되었지만 유럽 전체를 활동 무대로 합니다.

또한 EURAS는 2006년에 교육, 갈등 해결, 표준 역사, 산업 요건이라는 네 가지 연구 분과를 설치하여 표준 연구를 더욱 발전시켰지요. 사회과학적 연구와 과학기술적 연구 및 교육을 잘 조화시킨 것으로 보입니다. EURAS가 더 발전하면 국제 표준과 지역 표준 및 국가 표준의 관계나 각국 표준의 특성 등을 다루는 비교표준론이나, 법과 표준의 관계와 표준의 규범성을 대상으로 하는 표준사상 등으로 연구 영역을 확대할 수 있을 거예요. 우리 표준학회도 EURAS를 참조하되 보다 폭넓고 체계적인 조직을 염두에 두어야 하겠죠.

이제 표준은 국민 경제에서 차지하는 효과가 클 뿐만 아니라 사회적으로도 사회적 책임 등으로 확대되어 사회 통합의 중요한 수단으로 등장했습니다. 국제적으로도 정치적 협정이나 국제법으로 다룰 수 없는 영역까지 아우르는 새로운 시대 규범으로 성장하고 있어요. 표준을 대상으로 하는 학회까지 성립되어 표준은 학술적 연구의 대상으로도 그 가치가 충분히 드러나고 있습니다. 이제 표준학을 명실공히 독자적 학문으로 정립시키는 일이 남았습니다. 사실 정보 표준이나 품질 표준처럼 세부 영역에서는 기존의 분과학문 구분에 준하여 각종 학회들이 성립된 경우가 적지 않아요. 그러나 표준의 영역이 확대되어 가면서 이제는 표준 자체가 갖는 효과와 성격을 종합적으로 연구하는 독자적 학문의 수립이 필요합니다.

독자적 학문의 성립은 고유한 연구 대상의 존재, 이론과 방법론의 발전, 연구 결과물의 축적이 있어야 가능합니다. 그리고 그 분과학문이 속하는 계열학문은 연구 대상의 성격에 따라 규정되지요. 표준은 자연과학과 공학의 도움을 필요로 하고 이 분야와 중복되는 부분이 없지 않지만, 인간사회의 중요한 수단이 될 뿐만 아니라 새로운 규범으로까지 발전하고 있습니다. 따라서 사회과학과 인문학의 대상이 되기도 합니다.

어떤 대상이 인간과 인간사회의 본질을 구성하거나 심대한 영향을 미칠 때 학문적 대상으로 독립될 수 있습니다. 근대 사회에서 법치국가가 생겨나고 법이 더 이상 권력 현상의 수단이 아니라 근대 국가의 존재 근거로 확립됨으로써 법학이 발전했던 것에서도 알 수 있어요. 이와 같이 표준도 그 영역과 기능 및 사회경제적 효과가 확대됨으로써 새로운 시대 규범으로 발전할 가능성이 커졌습니다. 따라서 표준을 대상으로 하는 사회적 요구와 조건은 충분히 갖추어졌다고 할 수 있지요.

이론과 방법론도 다양하게 발전되어 왔습니다. 일일이 거론할 수 없을 정도로 많이 제출된 표준 연구들에서 경제학과 공학 및 행정학 이론과 방법론들이 활용되어 왔지요. 그것은 표준에 대한 연구가 정보나 제품 및 기술과 공정들 중 개별 품목과 사안에 대해서만 이루어져 왔기 때문입니다. 심지어 어문학에서도 맞춤법통일안과 같은 개별 표준에 대한 연구가 별도로 진행되어 왔어요. 따라서 이론과 방법론의 발전도 충분히 이루어졌다고 할 수 있습니다. 문제는 이 이론과 방법론의 체계화입니다. 개별 분과학문에서 독자적으로 전개되어온 이론과 방법론들을 학제적으로 엮어 체계화하는 작업이 요청되는 것이지요.

연구 결과물도 각론 차원에서는 헤아릴 수 없이 방대하게 축적되었어요. 그러나 이론과 방법론이 분과학문별로 발전해왔듯이 연구 결과물도 분과학문들 내에서 개별적으로 축적되었습니다. 때문에 표준 연구의 결과물은 개별 대상에 대한 사례연구의 형태를 띨 수밖에 없었지요. 모든 학문은 총체적 체계화를 필요로 합니다. 이론과 방법론의 체계화와 마찬가지로 연구 결과물의 체계화도 총론의 구성을 통해 가능할 수 있거든요. 표준 연구의 학문화는 이제 총론 작업만을 남겨두고 있어요.

표준의 사회경제적 효과 확대와 새로운 시대 규범의 성격을 볼 때 표준학의 계열학문적 위상을 굳이 정하자면 사회과학이 가장 적절하다고 생각합니다. 기호학이 철학 내에 위치한 것처럼 사회과학의 한 분과학문 속에 위치할 수도 있지만, 표준학의 특수성은 대단히 학제적이라는 점이 강조될 필요가 있습니다. 이와 관련해 아직 부족한 점이 있다면 사회학적 접근과 정치학적 접근입니다. 표준 이해당사들간 분쟁의 조정이나 제정 과정에 대한 연구는 사회학이나 정치학적 접근을 통해 가능할 수 있다는 얘기에요. 사회학과 정치학을 포함하는 학제적 성격을 충분히 갖춘 표준학의 성립도 총론 작업과 동시에 이루어질 수 있지요.

그러나 표준학의 학제적 성격은 비단 사회과학이라는 한 계열학문의 경계도 넘나듭니다. 이미 연구방법론과 각론의 발전에서 보았듯이 이공계뿐만 아니라 인문사회계까지 아우르고 있습니다. 여러 계열학문들까지 섭렵하는 통섭 학문의 성격을 잘 갖추었지요. 표준학의 총론적 연구는 이러한 통섭적 성격을 충분히 살릴 수 있어야 하고 그것이 성공할 때 비로소 표준학의 전망은 밝을 수 있습니다. 학문의 모든 분야에서 표준에 대해 관심을 갖고 새로운 세상을 상상하기를 기대합니다.

참고 문헌

강병구, 2009, 『표준이 시장을 지배한다』, 서울: 삼성경제연구소.

경향신문, 2006. 05. 18. http://news.khan.co.kr/kh_news/khan_art_view.html?artid=200605181815011(검색일: 2010.08.25.).

국가표준심의회, 2000, 국가표준기본계획.

『국어대사전』, 2001, 한갑수 감수, 서울: 교육서림.

『국제인권조약집』, 2000, 정인섭 편역, 서울: 사람생각.

권현지, 2008, "기업의 사회책임경영과 노동조합," 이장원(편), 『기업의 사회적 책임과 노동: 2007 CSR 노동포럼 논문집』, 서울: 한국노동연구원, 391~462쪽.

기상청 보도자료, 2011.09.27. "제3차 아시아 기후변화감시 국제워크숍 개최를 통한 세계기상기구 온실가스 세계표준센터 유치 추진."

국가기술표준원 홈페이지, http://www.standard.go.kr/code02/user/0A/02/StdOutline_Intro.asp?OlapCode=STAU010201(검색일: 2008.07.20.).

기술표준원, 2008, "선진 일류국가를 실현을 위한 「글로벌 스탠더드 2020」 구상." 기술표준원 문건.

기술표준원, 2011, 『2010 기술표준백서』, 과천: 지식경제부 기술표준원.

김상배, 2005, "기술과 지식, 그리고 기식(技識): 정보혁명의 국제정치학적 탐구를 위한 개념적 기초," 『국제정치논총』 제45집 1호(한국국제정치학회), 57~82쪽

김상배, 2007, 『정보화 시대의 표준경쟁: 윈텔리즘과 일본의 컴퓨터 산업』, 파주: 한울.

김용호, 2011, "G20 정상회의: 국내 연구에 대한 비판적 검토와 향후 연구 과제," 『국제정치논총』 제51집 1호(한국국제정치학회), 299~309쪽.

김윤진, 2007, "한국과 아프리카의 경제관계," 『국제지역정보』 통권 제155호(한국외국어대학교 외국학종합연구센터), 2~6쪽.

김창수, 2001, 『21세기 표준과 인증의 이해』, 서울: 대광서림.

김형욱, 2010, "ISO 26000(사회적 책임) 국제표준 제정과 이행이 우리 산업에 미치는 영향과 효율적 대응방안: 국내 기업에 대한 ISO 26000의 영향력 분석을 중심으로," 『품질경영학회지』 제38권 2호(한국품질경영학회), 236~247쪽.

남상열 · 김성웅, 2008, "한-EU FTA와 기술표준," 정보통신정책연구원 이슈리포트 08-11.

노광표, 2008, "기업의 사회적 책임(CSR)은 노동의 새로운 과제인가?," 이장원(편), 『기업의 사회적 책임과 노동: 2007 CSR 노동포럼 논문집』, 서울: 한국노동연구원, 84~116쪽.

노병철 · 변종헌 · 임상수, 2000, 『현대 사회와 이데올로기』, 서울: 인간사랑.

뉴질랜드 트리뷴, 2009.11.04.
http://www.nztribune.com/news/articleView.html?idxno=763(검색일: 2012.03.20.).

도종환, 2005, 『시창작 교실』, 서울: 실천문학사.

대한민국과 유럽공동체 및 그 회원국 간의 자유무역협정(국문본).

동아일보, 1980.10.20. 네이버 뉴스 라이브러리.

동아일보, 2011.05.07.
http://news.donga.com/3/all/20110506/36995514/1(검색일: 2011.05.26.)

디지털타임스, 2011.09.06.
http://www.dt.co.kr/contents.html?article_no=2011090702011232614002(검색일: 2011.09.30.).

매일경제, 2006.03.14.
http://news.naver.com/main/read.nhn?mode=LSD&mid=sec&sid1=101&oid=009&aid=0000355615(검색일: 2012.03.29.).

민재홍 · 조평동 · 정해원, 2009, "정보통신 표준특허 확보 전략 동향 분석," 『전자통신동향분석』 제24권 1호(한국전자통신연구원), 113~121쪽.

산업자원부, 2006, 제2차 국가표준기본계획(2006~2010).

서울경제, 2011.02.06. http://economy.hankooki.com/lpage/economy/201102/e2011020616393770070.htm(검색일: 2012.03.25.)

성재호, 2003, 『국제기구와 국제법』, 서울: 한울아카데미.

시민사회신문, 2008.08.11. http://www.ingopress.com/ArticleRead.aspx?idx=3451(검색일: 2012.03.25.).

신명재, 2007, 『신표준화개론』, 서울: 한국표준협회.

연합뉴스, 2006, 『총성없는 3차대전 표준 전쟁: 진시황에서 와이브로까지』, 서울: 연합뉴스.

연합뉴스, 2011.05.04. http://news.naver.com/main/read.nhn?mode=LSD&mid=sec&sid1=100&oid=001&aid=0005046309(검색일: 2011.05.26.)

오마이뉴스, 2011.04.05. http://www.ohmynews.com/NWS_Web/view/at_pg.aspx?CNTN_CD=A0001547388(검색일: 2011.4.25.).

오제명 외, 2006, 『68 · 세계를 바꾼 문화혁명: 독일 · 프랑스를 중심으로』, 서울: 길.

유광찬, 2008, 『교육과정의 이해』, 서울: 교육과학사.

이기성, 2010, "한국 국제 표준안 제정, '서두르다 체할라...'," IT 동아, 2010.10.25. http://it.donga.com/newsbookmark/3432(검색일: 2010.10.30.).

이덕희, 2008, 『네트워크 이코노미: 부분과 전체의 복잡성에 대하여』, 서울: 동아시아.

이데일리, 2003.10.05. http://news.naver.com/main/read.nhn?mode=LSD&mid=sec&sid1=101&oid=018&aid=0000078940(검색일: 2012.03.20.).

이데일리, 2010.10.13.

http://www.edaily.co.kr/news/NewsRead.edy?SCD=DA14&newsid=02118886593132592&DCD=A00105&OutLnkChk=Y(검색일: 2010.10.30.).

이데일리, 2011.08.31.
http://www.edaily.co.kr/news/NewsRead.edy?SCD=DH21&newsid=02040166596352896&DCD=A00704&OutLnkChk=Y(검색일: 2011.09.25.).

이명남, 2004, 『현대 정치 이데올로기』, 광주: 전남대학교 출판부.

이승현 · 김갑식, 2011, "한반도 통일비용의 쟁점과 과제," 『정책연구』 통권 171호(겨울호, 국가안보전략연구소), 163~206쪽.

이준구, 2008, 『미시경제학』, 제5판, 서울: 법문사.

이진경, 2007, "생명복제와 생명의 경제학," 이진경(편저), 『모더니티의 지층들: 현대사회론 강의』, 서울: 그린비, 348~377쪽.

이철희, 2010, "표준특허 분쟁 대응 및 표준특허 전략," 『TTA 저널』 제132호(한국정보통신기술협회), 114~115쪽.

전자신문, 2009.09.21.
http://www.etnews.com/news/economy/economy/2169114_1493.html(검색일: 2010.05.30.).

전자신문, 2011.06.01.
http://www.etnews.com/news/device/device/2494262_1479. html(검색일: 2011.06.25.).

전자신문, 2011.12.20.
http://www.etnews.com/news/device/device/2529577_1479.html (검색일: 2012.03.25.)

정병기, 2007a, "21세기 자본주의 사회의 혁명과 반혁명: 68혁명운동의 의미와 교훈," 『21세기 자본주의와 대안적 세계화』, 제3회 맑스코뮤날레 발표 논문집, 문화과학 이론신서 52, 서울: 문화과학사.

정병기, 2007b, "독일의 표준정책과 독일표준협회(DIN)의 표준화활동: 조직구성과 표준화전략 및 유럽표준위원회(CEN)와의 관계를 통해 본 한국에의 시사점," 서울대학교 행정연구소, 『효율적 국가표준체계에 관한 연구』, 기술표준원 연구보고서, 63~98쪽.

정병기, 2008, 『표준: 새로운 시대 규범 - 국가표준정책 교육교재』, 기술표준원 정책보고서.

정병기, 2009, "표준의 사회경제적 효과와 새로운 규범의 가능성 및 표준학의 전망,"『한국정치연구』제18집 3호(서울대학교 한국정치연구소), 87~111쪽.

정병기, 2010, "공적 표준화의 이해갈등구조와 코포라티즘적 갈등조정,"『국가전략』제16권 3호(세종연구소), 119~141쪽.

정병기, 2012, "사회적 책임(SR) 국제표준이 노동계에 미치는 영향 및 한국 노동조합의 인식과 대응," 근간.

정승국 · 강충호 · 한동균, 2011,『노조의 사회적 책임(USR) 논의의 현황 및 발전 전망』, 서울: 한국노동연구원.

제주일보, 2010.05.29. http://www.jejunews.com/news/articleView.html?idxno=607174 (검색일: 2010.06.25.)

중앙일보, 2005.06.24. http://article.joinsmsn.com/news/article/article.asp?total_id=1622396&ctg=12(검색일: 2012.03.21.)

중앙일보, 2005.08.22. http://article.joinsmsn.com/news/article/article.asp?total_id=1660725&ctg=11(검색일: 2011.12.20.).

지속가능경영원, 2010, "신무역장벽 ISO 26000에 대한 기업 인식 조사," http://www.bisd.or.kr/bbs/viewComment.asp?code=bnews&uid=127&fid=127&style=1(검색일: 2010.11.30.)

지식경제부 보도자료, 2011.10.15. "2011 세계 표준의 날 기념식 개최."

지식경제부, 2011, 제3차 국가표준기본계획(2011~2015) 2011년도 시행계획 공고.

표준학회 홈페이지, http://www.standards-standardization.org.

한겨레, 2007.12.27. http://www.hani.co.kr/arti/science/science_general/259469.html (검색일: 2012.03.20.).

한겨레, 2011.04.07. http://www.hani.co.kr/arti/society/society_general/471978.html (검색일: 2011.05.25.).

한국경제, 010.10.11.

http://bntnews.hankyung.com/apps/news?popup=0&nid=04&c1=04&c2=04&c3=00&nkey=201010111906483&mode=sub_view(검색일: 2010.10.30.).

한국표준협회, 2003, "독일의 표준 통일 사례 및 우리의 대응 전략," 2002년도 연구결과 보고서.

한국표준협회, 2007, 『미래사회와 표준』, 개정 2판, 서울: 한국표준협회.

현대원 · 김광재, 2007, 『디지털 미디어 혁명과 표준 전쟁』, 서울: 디지털미디어 리서치.

Agreement on Technical Barriers to Trade, WTO 홈페이지, http://www.wto.org/english/docs_e/legal_e/17-tbt.doc (검색일: 2012.03.05.).

ARSO, 2010, "AESO Strategic Framework 2009~2014," The Secretary General African Organization for Standardization.

Arthur, W. Brian, 1996, "Increasing Returns and the New World of Business," *Harvard Business Review*, July-August, pp.1~10.

Attali, Jacques, 2005, 『호모 노마드, 유목하는 인간』, 이효숙 역, 서울: 웅진 지식 하우스.

Bell, Daniel, 1960, *The End of Ideology: On the Exhaustion of Political Ideas in the Fifties*, 2. ed., New York: The Free Press.

CEN 홈페이지, http://www.cen.eu/cen/NTS/What/Pages/default.aspx(검색일: 2012.03.05.).

Darwin, Charles Robert, 2009, 『다윈 종의 기원』, 송철용 역, 서울: 동서문화사.

Deleuze, Gilles and Félix Guattari, 2003, 『천개의 고원: 자본주의와 분열증 2』, 김재인 역, 제4판, 서울: 새물결.

DIN 홈페이지, http://www.din.de/cmd level=tpl-unterrubrik&menuid=47421&cmsareaid=47421&menurubricid=47429&cmsrubid=47429&languageid=de(검색일: 2007.09.30.).

DIN. 2000. *Economic Benefits of Standardisation*. Berlin: Beuth Verlag.

DIN, 2004, *German Standardization Strategy*, Berlin: DIN.

EURAS 홈페이지, http://www.euras.org/about-us.

Freud, Sigmund, 2004, 『꿈의 해석』, 김인순 역, 개정판, 파주: 열린책들.

GRI 홈페이지, http://www.globalreporting.org.

Habermas, J?rgen, 1997, Theorie des kommunikativen Handelns I, II. 4. Aufl., Frankfurt a. M.: Suhrkamp.

Hallstr?m, Kristina Tamm, 2004, Organizing International Standardization: ISO and the IASC in Quest of Authority, Cheltenham, UK and Northampton, MA: Edward Elgar, pp.3~15.

Horkheimer, Max, 1988, Gesammelte Schriften, Bd. 12, Frankfurt a. M.: Fischer Taschenbuch Verlag.

ISO. 2010. *ISO 26000: Guidance on Social Responsibility*. Geneva: ISO.

ISO/IEC Guide 2, ISO 홈페이지, http://www.iso.org/iso/standards_and_regulations(검색일: 2012.02.25.).

IT Daily, 2008.07.06. http://www.itdaily.kr/news/articleView.html?idxno=14720# (검색일: 2012.03.21.).

Lemberg, Eugen, 1971, *Ideologie und Gesellscaft: Eine Theorie der ideologischen Systeme, ihrer Struktur und Funktion*, Stuttgart und Berlin u.a.: Kohlhammer.

Mannheim, Karl, 1991, 『이데올로기와 유토피아』, 임석진 역, 서울: 청아.

Marcuse, Herbert, 1980, Der eindimensionale Mensch, 14. Aufl., Darmstadt, etc.: Luchterhand.

Marx, Karl and Friedrich Engels, 1992, "독일이데올로기," 『칼 맑스 프리드리히 엥겔스 저작 선집』, 김세균 감수, 서울: 박종철출판사, 191~264쪽.

Marx, Karl, 1992, "정치경제학 비판 기본 개요의 서설," 『칼 맑스 프리드리히 엥겔스 저작 선집』, 김세균 감수, 서울: 박종철출판사, 443~480쪽.

McNichol, Tom, 2007, 『표준 전쟁 AC/DC』, 박병철 역, 파주: 알마.

Miller, Danny, 1995, 『이카루스 패러독스』, 정범구 역, 서울: 21세기 북스.

Mitchell, Ronald K., Bradley R. Agle and Donna J. Wood, 1997, "Toward a Theory of Stakeholder Identification and Salience: Defining the Principle of Who and What Really Counts," Academy of Management

Review, vol.22, no.4, pp.853~886.
OECD 홈페이지, http://www.oecd.org.
Parsons, Talcott, 1951, The Social System, Chicago: The Free Press.
PASC 홈페이지, http://www.pascnet.org.
Porter, Michael E., 1980, *Competitive Strategy: Techniques for Analyzing Industries and Competitors*, New York: Free Press, etc.
Post, James E., Lee E. Preston and Sybille Sachs, 2002, *Redefining the Corporation: Stakeholder Management and Organizational Wealth*, Stanford, CA: University Press.
Repussard, Jacques, 1995, "Problems and Issues for Public Sector Involvement in Voluntary Standardization," Richard Hawkins, Robin Mansell and Jim Skea (eds.), *Standards, Innovation and Competitiveness: The Politics and Economics of Standards in National and Technical Environments, Adlershot, UK and Brookfield, Vt.: Edward Elgar*, pp.62~66.
Touraine, Alain, 1966, *La Conscience Ouvrière*, Paris: Editions de Seuil.
UN Global Compact 홈페이지, http://www.unglobalcompact.org.
Voelzkow, Helmut, 1996, *Private Regierungen in der Techniksteuerung: Eine sozialwissenschaftliche Analyse der technischen Normung*, Frankfurt am Main und New York: Campus.
Vogel, David, 2006, 『기업은 왜 사회적 책임에 주목하는가』, 서울: 거름.
WeeklyKorea.net, 2010.07.13. http://www.weeklykorea.net/nznews/5498(검색일: 2012.03.20.).